中文社会科学引文索引（CSSCI）来源集刊

中国人文社会科学期刊综合评价（AMI）核心集刊

中国经济史学会会刊

中国经济史评论

CHINA
ECONOMIC
HISTORY
REVIEW

2023 年第 1 辑
（总第 19 辑）

主　　编 / 魏明孔　戴建兵

执行主编 / 隋福民

社会科学文献出版社

SOCIAL SCIENCES ACADEMIC PRESS (CHINA)

主办：中国经济史学会

河北师范大学历史文化学院

《河北师范大学学报》编辑部

目　录

1

丝路商贸古镇：北宋秦州（天水）永宁寨浅议

摘　要： 北宋初年，秦州乃宋极边之地，永宁寨乃秦州极边之地。熙宁、元丰（1068~1085），绍圣、元符（1094~1100），崇宁、大观（1102~1110）年间的熙河兰会拓边以后，秦州、永宁寨成为次边地带。永宁寨土地肥沃，森林茂密，蕃部聚居。在笼络蕃部，遏制西夏，稳定秦州，乃至稳固西北边疆方面，永宁寨起着重要的防御作用；永宁寨是北宋和诸多蕃部进行茶马贸易的重要基地，也是各类商品货物的集散地，加之市易务的经营，酒业发达，木材生意兴隆，永宁寨当之无愧成为西北地区的商贸中心，在中外贸易、汉蕃贸易、私人贸易中占有重要地位。

关键词： 北宋　秦州　永宁寨　茶马贸易　商贸中心

北宋秦州（天水）永宁寨（今甘肃省甘谷县磐安镇四十里铺），旧尚书寨，建隆二年（961）置。至道三年（997），改永宁寨。[①] 熙宁五年（1072）升秦州古渭寨为通远军，割永宁寨隶之。[②] 崇宁三年（1104），通远军升为巩州，[③] 永宁寨则升为永宁县（1104~1126年）。[④] 永宁寨蕃部聚居，在北宋初年属宋的极边之地。熙宁年间开拓熙河之后，内属成为次边地区。永宁寨土地肥沃，森林茂密，人口稠密，商贸发达。乾隆《伏羌县

---

* 杨小敏（1966—　），女，甘肃甘谷人，天水师范学院历史文化学院教授，研究方向为中国古代史。

① （清）徐松辑，刘琳、刁忠民、舒大刚、尹波等校点《宋会要辑稿》方域18之14，上海古籍出版社，2014，第9636页。

② （元）脱脱：《宋史》卷87《地理志三》，中华书局，1977，第2155页。

③ 《宋会要辑稿》方域5之44，第9378页；《宋史》卷87《地理志三》，第2164页。

④ 《宋史》卷87《地理志三》，第2164页。

志》卷 13 载伏羌邑令曹思义的《便商桥记》写道："永宁，伏邑巨镇也。南山崎于左，北山拱于右。沿北山东下，渭河环流，水淖而土肥。林木蓊郁，嘉禾秀发。烟火数千家，四方行旅商贾杂遝辐辏，附近村落骈趋入市，阛阓喧嚣，邑城远不逮，盖由来旧矣。"[①] 永宁寨在北宋经营秦州及开拓西北、笼络蕃部、抗击西夏方面具有不可或缺的防御功能，永宁寨又是西北地区茶马贸易的重要基地，还是西北地区的商贸中心。关于永宁寨及当地茶马贸易和其他商贸活动，杜建录、刘建丽、任树民、魏明孔、雍际春、方文述、聂传平、安北江、刘缙等学者的研究均有涉及[②]，但专门研究永宁寨的学术成果较少。下面将从三个方面加以论述，求教于方家。

一 永宁寨是北宋西北地区重要的防御屏障和拓边前站

唐朝安史之乱以后，西北地区是一个多民族杂居的地区，除汉族外，尚居住着吐蕃、党项、回鹘、氐等少数民族。北宋建立之初，以党项族和河湟吐蕃势力发展最快。11 世纪初，党项人李继迁已实际拥有夏、绥、银、宥、静、灵、盐、会、凉等州，形成割据之势。与此同时河湟地区也出现了一个以吐蕃族为主体的地方政权——唃厮啰，其辖区"北占河湟间二千余里。河湟间有鄯、洮、河、渭、岷、叠、岩（宕）、寻（等）州"[③]。西夏、唃厮啰政权出现后，对北宋的国防安全影响很大，西北沿边地区在军事地理方面也显得尤为重要，成了宋朝与西夏、唃厮啰政权之间的缓冲地带，同时也

---

① 《（乾隆）伏羌县志》，《中国地方志集成·甘肃府县志辑》，凤凰出版社、上海书店、巴蜀书社，2019，第 81 页。

② 见杜建录《宋代沿边市马贸易述论》（《固原师专学报》1991 年第 3 期），刘建丽《北宋的秦州蕃部与堡寨》（《西北史地》1995 年第 1 期），任树民《宋代蕃部对西北边疆的开发》[《西藏民族学院学报》（社会科学版）1998 年第 2、3 期]，魏明孔《西北民族贸易述论——以茶马互市为中心》（《中国经济史研究》2001 年第 4 期），雍际春、吴宏岐《宋金元时期陇西、青东黄土高原地区城镇的发展》（《中国历史地理论丛》2004 年第 4辑），方文述、喻学忠《北宋御边战略的演变与西北市马贸易》（《青海民族学院学报》2009 年第 3 期），聂传平、侯甬坚《采造务、堡寨、弓箭手：北宋对西北吐蕃居地的开发与开拓》（《中国边疆史地研究》2015 年第 1 期），安北江《北宋时期丝绸之路上的秦州》（《天水师范学院学报》2015 年第 6 期），刘缙、康蕾《北宋西北城镇布局、治理与边疆社会稳定研究》（中国社会科学出版社，2021）等。

③ （宋）李远撰，马志辑注《青唐录》，载青海省民委少数民族古籍整理规划办公室编《青海地方旧志五种》，青海人民出版社，1989，第 9 页。

成了各方争夺的地带。① 北宋不得不在西北地区投入更多的精力和兵力，维护其稳定。这时秦州地理位置的重要性也凸显了出来。

北宋初年的疆域，西部以镇戎军、渭州、秦州、阶州、成州为边郡。秦凤路的秦州位于陇山以西，为宋极边之地，宋初领有成纪、陇城、清水、天水、长道、大潭等六县。秦州大约以渭水为界，水北属诸戎，水南属宋②。宋朝在秦州以东地区，于开宝九年（976）建床穰寨。太平兴国三年（978），建弓门寨。四年（979），建冶坊寨、静戎寨。③ 四寨位于陇州至秦州之间，目的在于屏藩秦、陇，确保关中至秦州交通线的安全。④ 在秦州以西地区，则沿渭水流域，修筑堡寨，稳步西进。建隆二年（961），建定西寨、尚书寨［至道三年（997）改永宁寨］、伏羌寨。开宝元年（968），建三阳寨⑤。其中永宁寨为秦州最西之边寨。这些堡寨的修筑，以防御秦州周边蕃部为主，党项崛起和建立西夏前后，亦起到抵御党项族和西夏的作用。秦州地区蕃部以吐蕃为主，据不完全统计，秦州境内的吐蕃部族主要有：尚波于部族，大石、小石族，安家族，大、小马家族，延家族，药令族（又称裕勒凌族），野儿和尚族，颇忠族，隆中族，般擦默星族（又称"末星族"⑥），丁家族，宗哥族，陇波族、他厮麻族、朵藏、枭波等族⑦。安北江考证为40余个。⑧ 北宋朝廷在修筑堡寨，进行防御的同时，对这些部族采取安抚为主、剿抚并用之策来维护秦州地区的安全。而这些部族或献地归附、依倚朝廷，与北宋保持良好关系⑨；或劫掠财物，

---

① 周振鹤主编，李昌宪著《中国行政区划通史·宋西夏卷》，复旦大学出版社，2007，第1页。
② （宋）李焘撰，上海师范大学古籍整理研究所、华东师范大学古籍研究所点校《续资治通鉴长编》卷3"建隆三年六月辛卯条"，中华书局，1995，第68页。（以下简称《长编》）
③ （宋）王存等撰，王文楚点校《元丰九域志》卷3《秦州》，中华书局，1984，第124页。
④ 周振鹤主编，李昌宪著《中国行政区划通史·宋西夏卷》，第4页。
⑤ 《元丰九域志》卷3《秦州》，第124页。
⑥ 《长编》卷90，"天禧元年十月辛卯条"，第2084页。
⑦ 《宋史》卷266《温仲舒传》载："（淳化）四年，罢知秦州。先是，俗杂羌、戎，有两马家、朵藏、枭波等部，唐末以来，居于渭河之南，大洛、小洛门寨，多产良木，为其所据。"第9182页。
⑧ 安北江：《北宋时期丝绸之路上的秦州》，《天水师范学院学报》2015年第6期。
⑨ 《宋史》卷492《吐蕃传》载：淳化元年，秦州大、小马家族献地内附。第14154页。《长编》卷85，"大中祥符八年八月丙戌条"载："秦州言隆中族蕃部来劫，般擦默星族首领郢成斯纳等与战，胜之。"第1945页。《长编》卷85，"大中祥符八年十二月丁亥条"载："侍禁杨承吉使西蕃唃厮啰还，言蕃部甚畏秦州近边丁家、马家二族，此二族人马颇众，倚依朝廷。"第1958页。

杀略居民。如建隆二年（961）秦州首领尚波于伤杀采造务卒，知州高防捕系其党四十七人，上报朝廷，朝廷对尚波于部进行了安抚。① 咸平六年（1003）六月，知渭州曹玮言陇山西延家族首领秃逋等纳马立誓，乞随王师讨贼，以汉法治蕃部，且称其忠。诏授本族军主。② 景德三年（1006）九月，秦州言野儿和尚族部落尤大，能禀朝命，凡诸族为寇盗者辄遏绝之，请加旌别。诏补三寨都首领。③ 大中祥符九年（1016）九月壬寅，曹玮言缘边熟户，近为唃厮啰所诱，又立遵辈许以名职，若无羁縻，或虑胁去，望给以告身，从之。④ 天禧元年（1017）十月［二十］七日，秦州总管曹玮等言："本州所修大、小洛门两寨，元献地人蕃官军主末星族郚城斯纳等，望补本族都军主，月给钱三千。又当部正副军主、都指挥使等，虽各补职，未给廪禄，今请以新筑三寨地基除官廨营舍外，许民修舍，纳租钱以给其俸。"⑤ 并从之。北宋一般不主张主动出击蕃部，甚至主张息事宁人。如大中祥符七年（1014）八月，永宁寨监押杨光习除名，配隶邓州。"坐擅领兵出寨与颇忠族斗，又诬军中谋杀司马张从吉故也。"⑥ 大中祥符八年（1015）八月，曹玮言："蕃戎之情，不可专行恩惠。宜先加掩杀，使知畏惧，然后招抚，则悠久之利也。迩者秦州蕃部，本因张佶力取其地，使无粒食，以致侵扰。今或量给旷土，俾之耕作，实绥怀之策也。"诏从其请，仍戒玮不必掩杀。⑦ 真宗言："边防幸且宁静，人民安堵，何必

① 《宋史》卷492《吐蕃传》载："上乃以吴廷祚为雄武军节度代防安辑之，令廷祚赍敕书赐尚波于等曰：'朝廷制置边防，抚宁部落，务令安集，岂有侵渔？曩者秦州设置三寨，止以采取材木，供亿京师，虽在蕃汉之交，不妨牧放之利。汝等占据木植，伤杀军人。近得高防奏汝等见以拘执，听候进止。朕以汝等久输忠顺，必悔前非，特示怀柔，各从宽宥。已令吴廷祚往伸安抚及还旧地。所宜共体恩旨，各归本族。'仍以锦袍银带赐之，尚波于等感悦。是年秋，乃献伏羌地。"第14152～14153页。
② 《宋史》卷492《吐蕃传》，第14156页。
③ 《宋史》卷491《党项传》，第14146页。又见《长编》卷64，"景德三年九月丁卯条"，第1428页。
④ 《长编》卷88，"大中祥符九年九月壬寅条"，第2011页。
⑤ 《宋会要辑稿》方域19之1至2，第9649页。《长编》卷90，"天禧元年十月辛卯条"载：秦州部署曹玮等言："本州所修大、小洛门两寨元献地人蕃官军主末星族郚城斯纳等望补本族都军主，月给钱三千；又永宁、大小洛门、威远等寨见管蕃官正副军主、指挥使等，虽各补职，未给廪禄。今请以三寨地基除官廨营舍外，许民造屋，纳租钱以给其俸。并从之。"第2084页。
⑥ 《长编》卷83，"大中祥符七年八月丙辰条"，第1890页。
⑦ 《长编》卷85，"大中祥符八年八月乙未条"，第1946页。

生事。"① 对于一意对抗，袭扰当地居民的秦州蕃部，北宋则采取军事行动打击震慑之。如开宝八年（975），秦州大石、小石族寇土门，略居民，知州张炳击走之。② 太平兴国二年（977），秦州安家族寇长山，巡检使韦韬击走之。③ 大中祥符九年（1016）三月，"秦州曹玮言熟户郭厮敦、赏样丹皆大族，样丹辄作文法谋叛，厮敦密以告，约半月杀之，至是，果携样丹首来。……及玮破鱼角蝉，戮赏样丹二酋，由是前拒王师者伏匿避罪，玮诱召之，许纳罚首过。既而至者数千人，凡纳马六十匹，给以匹彩。或以少为诉者，玮叱之曰：'是赎罪物，汝辈敢希利耶！'戎族闻之，皆畏服。八月，曹玮言伏羌寨厮鸡波与宗哥族李磨论聚为文法，领兵趣之，悉溃散，夷其城帐。九月，玮又言宗哥唃厮啰、羌族马波叱腊鱼角蝉等率马衔山、兰州、龛谷、毡毛山、洮河、河州羌兵至伏羌寨三都谷，即率兵击败之，逐北二十里，斩馘千余级，擒七人，获马牛、杂畜、衣服、器仗三万三千计。吹麻城张族都首领张小哥以功授顺州刺史。玮又言永宁寨陇波、他厮麻二族召纳质不从命，率兵击之，斩首二百级"④。宋朝在咸平（998 ~ 1003）以后，经略重点是秦凤路。在陇山以西，秦州以北，屡屡出现羌、戎向宋献地的现象。如大中祥符时（1008 ~ 1016），陇山外熟户蕃部献笼竿川，秦州熟户郭厮敦献南市城地。天禧元年（1017），秦州末星族献大、小洛门两寨地。庆历三年（1043），德顺军生户大王家族献水洛城。皇祐时（1049 ~ 1054），蕃部讷支蔺毡献古渭州。治平末（1067），秦州青鸡川蕃官药厮哥献地。熙宁初（1068），秦州心波等族献甘谷地。这当是宋朝剿抚并用政策之成功的明证。

不仅秦州是北宋重要的边防之地，秦州永宁寨的地理位置也十分重要。它不仅是秦州的极边之地，且是防御西夏来犯，保障秦州乃至西北安全的重要据点。永宁寨西北控龛谷路，至兰州五百五十里。"置稻田以为

① 《长编》卷85，"大中祥符八年八月戊戌条"载："初，张佶至秦州，拓地，立四门寨，据大洛门，而不以恩信待蕃部，由是戎人蓄怨，屡来抄夺。上以问辅臣，王旦曰：'佶轻信而易争，恐生边隙。如闻王怀信所至，宽猛适中，请改任之。'向敏中曰：'顷年温仲舒逐蕃部过河，人以为便。'上曰：'朕亦曾询访，盖顷岁益屯兵七千，始得无患，边防幸且宁静，人民安堵，何必生事。'遂有是命，寻又徙佶为邠宁环庆驻泊钤辖。"第1946 ~ 1947页。
② 《宋史》卷492《吐蕃传》，第14153页。
③ 《宋史》卷492《吐蕃传》，第14153页。
④ 《宋史》卷492《吐蕃传》，第14159页。

险固。东至伏羌寨三十里，西至来远寨二十里，南至小洛门三十里，北至宗哥城九百里。"① 永宁寨主要有药令族、陇波、他厮麻、李宫等蕃部，其他蕃部亦杂出其间。由于永宁寨为秦州的极边之地，某种程度上讲，永宁寨安全，秦州即安全，秦州安全，则北宋西北边疆安全。北宋为了保障永宁寨这一带的安全，同样以安抚为主打击为辅，密集修筑堡寨加以防范。除建隆以来修筑堡寨之外，大中祥符七年（1014），建威远寨。天禧元年（1017），建来远寨。二年，建安远寨。三年，建宁远寨。这几个堡寨，都在永宁寨附近。皇祐四年（1052），建古渭寨。熙宁元年（1068），建通渭、熟羊寨。随着周边堡寨的兴筑，熙宁五年（1072），遂以古渭寨设通远军。在秦州以北地区，为遏制西夏，宋于治平四年（1067），建鸡川寨。熙宁元年（1068），于筚篥城、樕珠谷建甘谷城、通渭堡。②

随着党项族的崛起，永宁寨成了抗击西夏的前沿阵地，在维护本地安全及秦州和西北安全方面就显得更为重要。宋太宗至道三年（997），永宁寨由原尚书寨更名，当有维护西边安全的用意。永宁寨承担着防范当地吐蕃诸族叛乱和防范西夏进攻的双重责任，亦利用当地蕃部力量抗击西夏进攻。景德元年（1004），"李继迁党寇永宁，为药令族合苏击败之，斩首百余级"③。永宁寨也通过加固城寨，加强和邻近堡寨的联结，防御蕃部和党项族的袭扰。大中祥符八年（1015）七月甲子，因蕃部时有抄掠，秦州伏羌城寨户文禹伐登闻鼓，"复请于山丹峡口广吴岭上古城、大洛门城、永宁城隘路口置寨，以遏戎寇"④。大中祥符九年（1016）四月十一日，知秦州、兼泾原路安抚使曹玮言："西路旧无壕堑，致蕃部屡有侵略。今规度，自永宁寨西城掘壕，至捗啰呱凡五十五里，已召集厢军、寨户赴役，二十二日而毕。"⑤ 加固了永宁寨东西沿线的寨堡防御工事。五月，"诏奖知秦州、兼泾原路沿边安抚使曹玮。〔以〕开浚壕堑，自弓门、冶坊、床穣、静戎、三阳、定西、伏羌、永宁、小洛门、威远凡十寨，共三百八里，又

① （宋）曾公亮等撰，郑城整理《武经总要前集》（下册）卷18上，湖南科学技术出版社，2017，第1109页。

② 《宋会要辑稿》方域8之23，第9437页；方域20之7，第9681页。

③ 《宋史》卷492《吐蕃传》，第14157页；《长编》卷57，"景德元年八月乙亥条"，第1253页。

④ 《长编》卷85，"大中祥符八年七月甲子条"，第1941页。

⑤ 《宋会要辑稿》方域19之1，第9649页。

添筑拥城板桥，皆以寨户、厢兵充役，无扰于民故也"①。九月，曹玮言："宗哥昨遣马波叱腊率兵到大、小洛门胁诱熟户，寻呼集令纳质于永宁寨，有陇波、他厮麻二族不至。臣在城假牒请高继忠、王怀信领兵招唤，续得继忠等报，二族合众拒战，破马波叱腊，斩首二百余级，晚度渭河，水涨失道，为蕃众所袭，溺死者二十五人，伤死者百人。"②"以渭州吹麻城张族都首领张小哥为顺州刺史，大首领叶篯等五人并为本族军主，秦州永宁、小洛门、威远寨大首领四十七人并补军主，加检校官阶勋，皆奖其内附也。"③天禧元年（1017）二月甲午，曹玮言永宁寨大马家族军主阿厮铎等捕得宗哥蕃部卓萨沁格，请授以刺史，从之。④天禧二年（1018）四月，曹玮等言伏羌、永宁、大小洛门、威远寨今定蕃官月俸，正军主二十一人，内六人各二千，一十五人各一千；副军主四十六人，各七百；指挥使百二十七人，各五百。⑤天禧三年（1019）正月，"赐秦州永宁寨蕃僧策凌班珠尔、伊朗颇斡二人紫衣，以部署曹玮言其屡经指使故也"⑥。

永宁寨及周边蕃部时叛时服，西夏也虎视眈眈，加强构筑防御工事和加强军事打击，是最有效之举。庆历三年（1043）六月，知秦州文彦博言："本州西路蕃部李宫等八族寇永宁、来远寨，都监齐再昇为贼追袭，坠崖而死。其后数入寇钞，而（冯）诰能于来远寨北八里野勺口筑堡以扼其要冲。贼计窘，于是入献甲器，愿纳质内附及以再昇之丧来还。"⑦庆历六年（1046）五月辛卯，秦凤经略司言："奉诏相度修秦州夕阳镇。且秦最为关陇之盛，而复在一隅，黠羌久有窥图之心，伏羌寨之北，尽是属户蕃部所居，距西界止百余里，无山川之险，苟贼马忽逾伏羌以南断入州道，则失腹背之援，有不测之虞。其夕阳下镇，东距州六十里，岁积粮草而无城壁器械之备，贼至徒委以资之。又西北五里，有夕阳上镇，当伏羌、永宁两路之隘，古有城基尚存，若就上镇创一寨，置兵戍守，缓急有

① 《宋会要辑稿》兵27之19，第9191页。
② 《长编》卷88，大中祥符九年九月己酉条，第2015～2016页。《宋史》卷492《吐蕃传》载："玮又言永宁寨陇波、他厮麻二族召纳质不从命，率兵击之，斩首二百级。"第14159页。
③ 《长编》卷88，"大中祥符九年九月丁未条"，第2013～2014页。
④ 《长编》卷89，"天禧元年二月甲午条"，第2045页。
⑤ 《长编》卷91，"天禧二年四月甲申条"，第2109页。
⑥ 《长编》卷93，"天禧三年正月丁卯条"，第2135页。
⑦ 《长编》卷141，"庆历三年六月壬寅条"，第3387页。

警，收旁近蕃汉老幼孳畜而入保之，实为经久之利。"从之。[1]

西夏正式建国以后，北宋秦凤路、六盘山以北地区皆为西夏所有，而北宋的势力范围却局限于陇山、六盘山以东以南地区。有感于西夏长期以来给北宋的国防压力，宋神宗即位以后，有了向西夏用兵的想法。而欲用兵西夏，先要断西夏右臂，于是宋神宗做出了开拓熙河的决定。为了开拓熙河，宋神宗熙宁年间宋朝向秦州、渭州、镇戎军以西以北方向实行稳步进逼，建立了大大小小许多堡寨，并由此设置了德顺军。在众多的堡寨中，最重要的莫过于古渭寨。熙宁时（1068～1077），以此为桥头堡，挺进河湟，一举收复熙、河、洮、岷、叠、宕诸州。熙宁元年（1068），王韶向宋神宗上《平戎策》三篇，主张恢复河湟，使"夏人有腹背受敌之忧"[2]。神宗采纳了王韶的建议，并命其率兵实施"熙河开边"的战略。王韶以为"要重点经营开发秦渭地区，招抚当地蕃部为宋所用。同时，利用河湟吐蕃政权内部分裂，力量削弱之机，进取熙河，切断西夏伸向河湟的触角，并以之为基地，组织力量，夹击西夏"[3]。熙宁二年（1069），"三月，夏人入秦州，陷刘沟堡，杀范愿"[4]。秦州告急，这也是西夏势力彼时南侵陇右之地所到达的最远处。当年，王韶招抚青唐族。[5] 随着宋朝用兵的深入，熙宁五年（1072）五月，北宋将秦州所属古渭州之古渭寨（今甘肃陇西县）升为通远军，割秦州永宁、宁远、威远、通渭、熟羊、来远等六寨属之[6]，以之作为开拓熙河的根本，永宁寨成为开拓熙河的前站。熙河拓边以后，由于元祐年间和哲宗去世后两次朝政的翻覆，神宗和哲宗在位期间收复的河湟和西夏部分地区丢失，于是又有了哲宗绍圣、元符年间和徽宗崇宁（1102～1106）、大观（1107～1110）年间继续对河湟吐蕃和西夏的用兵，并取得了成功。崇宁三年（1104），升通远军为巩州，永宁寨和宁远寨升为县，这是宋徽宗进一步用兵河湟和对付西夏，加强这一地区军事力量的策略，也进一步说明永宁寨在宋夏对峙和宋与吐蕃交往中的重要性。

---

① 《长编》卷158，"庆历六年五月辛卯条"，第3827～3828页。
② 《宋史》卷328《王韶传》，第10579页。
③ 祝启源：《唃厮啰——宋代藏族政权》，青海人民出版社，1988，第83页。
④ 《宋史》卷486《夏国传下》，第14007～14008页。
⑤ 《宋史》卷328《王韶传》，第10579页。
⑥ 《宋史》卷87《地理志三》，第2164页。

二 永宁寨是北宋西北地区茶马贸易的重要基地

北宋建立伊始，面临着"唐之牧地，西起陇右金城、平凉、天水，……今则没入蕃界，沦于侵佃，不可复得"的境况。① 北宋朝廷主要通过市场，来解决缺马的问题。长期以来，秦州一直是北宋重要的马匹交易中心。咸平元年（998），秦州置市马务，以布帛、茶叶交换马匹。咸平五年（1002）四月，择三班使臣自秦州入蕃界招马。宝元二年（1039）五月，秦州增价市马。② 庆历年间，"沙苑阙马，诏秦州置场以券市之"③。宋夏战争以后，一段时间唯秦州为北宋市马重地④。至和二年（1055），诏陕西转运使司每年以银十万两市马于秦州。嘉祐元年（1056），诏三司出绢三万，市马于秦州以给河东军。嘉祐五年（1060），因为秦州券马到达开封，沿途费用太高，薛向请求在原州等地同时市马，但仍保留秦州券马。⑤

除秦州本处以外，秦州所辖周边地区亦是蕃部马匹出产重要地方，北宋也设置马匹交易市场。永宁寨即是如此。明年（嘉祐六年，1061），（薛）向又言："原渭州、德顺军水洛城及秦州外寨，系蕃部马所由，必欲询究利害，宜得泾原、秦凤两路帅臣同议，庶诸部承禀。"又明年（嘉祐七年，1062），"（吴）奎等复列上向所议买马利害：'秦州古渭、永宁寨并原州、德顺军，今悉置场。请自京师岁支银四万两、绸绢七万五千匹充马直。银以二万两并绸绢并充边库钱，余阙万缗，以解盐钞并杂支钱给之。'诏皆施行"⑥。可见，秦州乃至永宁寨一直是北宋看重的马匹交易中心，且马匹交易是以银、丝绸和解盐钞等支付。永宁寨马匹交易中心应该是在短暂的停办以后，又恢复起来。主要是考虑到北宋在修筑古渭寨以后，边境互市活跃，蕃汉交易频繁，钱币因此流入西夏，而北宋一直存在钱荒问

---

① 《宋史》卷198《兵志十二·马政》，第4937页。
② 《长编》卷123，"宝元二年五月丙申条"，第2904页。
③ 《宋史》卷468《李继和传》，第13651页。
④ 《长编》卷177，"至和元年十二月丙午条"载："群牧司言：'旧制，陕西、河东路十七州军市马。自西事后，止置场于秦州。今内外诸军皆阙马，欲请于环庆州、保安军、德顺军仍旧市马。'从之。"第4295页。
⑤ 《宋史》卷198《兵志十二·马政》，第4935页。
⑥ 《长编》卷192，"嘉祐五年八月甲申条"，第4644页。

题。嘉祐八年（1063）正月，"宰臣韩琦言：'秦州永宁寨以钞市马。自修古渭寨在永宁之西，而蕃、汉多互市其间，因置买马场，凡岁用缣钱十余万，荡然流入敌境，实耗国用。'诏复置场永宁，罢古渭寨所置场，蕃部马至，径鬻于秦州"①。秦州马匹交易数额巨大，"嘉祐以前，原、渭、德顺凡三岁市马至万七千一百匹，秦州券马岁至万五千匹"②。这其中当有一部分属于永宁寨市马。为了保障蕃部往永宁寨等地市马的交通畅通，熙宁元年（1068）七月，宋神宗诏陕西经略使韩琦"纳迷山丹堡正系秦州入古渭寨径直大路，及蕃部往来至永宁寨解卖鞍马道，仰常切照管，（勾）〔勿〕使向去别致梗涩"③。

熙宁年间（1068～1077），为了应对与西夏的战争，北宋在秦州设立了买马务，大量购买或利用茶马贸易获取战马。熙宁七年（1074）六月二十五日，熙河路经略使王韶言："奉诏募买蕃马，今黑城夷人颇以良马至边，乞指挥买马司速应付。"从之。④ 九月，以秦州买马务隶提举熙河路买马司，仍以秦州通判兼提举牧养，岁终计纲拨发。⑤ 熙宁九年（1076）又置熙、河、岷州、通远军、永宁寨买马场。⑥ 由于蕃部与秦州的地理距离较熙、岷州为远，为了吸引蕃部赴秦州卖马，元丰五年（1082）二月十八日，提举陕西买马监牧、兼同提举成都府利州秦凤熙河等路茶场公事郭茂恂奏："勘会熙、岷、秦州马价并合一般，其蕃部就秦州中卖，比熙、岷州远七八程，有刍秣裹粮之费。欲乞因今来均定马价，于逐等内将熙、岷州各减五百文，秦州各添五百文，所贵稍得均当。"⑦

绍圣年间（1094～1098），秦州依然是茶马贸易的重镇。陆师闵元丰间都大提举成都、永兴路榷茶，又兼买马、监牧，元祐初罢，哲宗亲政之

---

① 《长编》卷198，嘉祐八年正月戊辰条，第4789页。《宋会要辑稿》食货67之1至2载：嘉祐八年正月二十六日，宰臣韩琦言："秦州永宁寨元以钞市券马之处，昨修古渭寨，绝在永宁之西，而蕃汉多互市其间，因置买马场，凡岁用缣钱十余万，苟荡然流入虏中，实耗国用。请复置场于永宁而罢古渭城买马。"

② 《宋史》卷198《兵志十二》，第4936页。同卷又载："市马之数，以时增损。初，原、渭、德顺凡三岁共市马万七千一百匹，而群牧判官王海言：'嘉祐六年以前，秦州券马岁至者万五千匹。今券马法坏，请令增市，而优使臣之赏。'"第4952页。

③ 《宋会要辑稿》兵28之4，第9210页。

④ 《宋会要辑稿》职官43之47，第4134页。

⑤ 《长编》卷256，"熙宁七年九月壬子条"，第6255页。

⑥ 《长编》卷272，"熙宁九年正月庚午条"，第6659页。

⑦ 《宋会要辑稿》职官43之60，第4141页。

后，"复领秦、蜀茶事，……又使掾属诣阙奏券马事，……师闵遂请令蕃汉商人愿持马受券者，于熙、秦两路印验价给之，而请直于太仆，……明年，太仆会纲马之籍，死者至什二，而券马所损才百分一"①。绍圣二年（1095）四月二十二日，都大提举成都府利州陕西等路茶事兼提举陕西等路买马公事陆师闵奏："陕西卖茶、买马，比较赏罚，素有成法。今来券马初行，已见得沿边州军买卖各与前日事体不同，盖贩马客人多是就便入钱买茶结券。如前日沿边入纳见钱十余万贯，并于秦州茶场算请。又如熙、岷、通远马场岁额不少，今来客人多就秦州结券，则诸场必亏旧额。"②说明此时秦州茶马交易额增加很多。而虽在熙宁五年（1072）割隶通远军，但距蕃界较近的永宁寨，券马贸易亦当不少。

永宁寨和秦州一样，除茶马贸易之外，还有专门的茶叶买卖。秦州设置有卖茶场。熙宁六年（1073）六月丁丑，"诏徙秦州茶场于熙州，以便新附诸羌市易故也"③。但收购、出卖茶叶的机构仍然存在。秦州购销的茶叶主要是来源于四川的川茶，卖茶收入用于博马。熙宁七年（1074），"始遣三司干当公事李杞入蜀经画买茶，于秦凤、熙河博马。而韶言西人颇以善马至边，所嗜唯茶，乏茶与市。即诏趣杞据见茶计水陆运致，又以银十万两、帛二万五千、度僧牒五百付之，假常平及坊场余钱，以著作佐郎蒲宗闵同领其事"④。规定，"客人兴贩川茶入秦凤等路货卖者，并令出产州县出给长引，指定只得于熙、秦州、通远军及永宁寨茶场中卖入官"⑤。熙宁七年（1074）七月八日，因中书奏"达、涪州税到客茶不少"。诏令于成都府等处收买茶货主管茶马贸易之事的李杞等相度此两州茶色额，"如可以应副秦州博马，即合如何擘画津般到得本处应副支用，速具的确事状以闻"⑥。十月十四日，太子中舍、三司干当公事、经画成都府利州路茶货李杞等奏，与成都府路转运司同共相度到于雅州名山县、蜀州永康县、邛州在城等处置场买茶，般往秦凤路、熙河路出卖博马。⑦十一月二日，又奏："准朝旨于本路出产茶州军相度计置买茶，津般往熙河、秦凤路出

① 《宋史》卷332《陆诜传附子师闵传》，第10682~10683页。
② 《宋会要辑稿》职官43之72，第4146~4147页。
③ 《长编》卷245，"熙宁六年六月丁丑条"，第5964页。
④ 《宋史》卷184《食货志六下·茶下》，第4498页。
⑤ 《宋会要辑稿》食货30之11至12，第6660页。
⑥ 《宋会要辑稿》职官43之47，第4134页。
⑦ 《宋会要辑稿》职官43之48，第4134页。

卖。……有兴元府、洋州广产茶货，自来通商兴贩。乞与转运司同共相度，于兴元府、洋州置场收买，津般往熙河、秦凤路出卖。"从之。① 十一月三日，诏："李杞、蒲宗闵并专令提举买茶等事，……李杞于秦州，蒲宗闵于成都府，踏逐空闲廨宇居住。"② 川茶运输到秦州以后，只允许茶场收购售卖。熙宁八年（1075）四月十九日，提举成都府等路茶场司言："雅州名山县发往秦、熙州等处茶，乞听官场尽买，不许商贩。"③ 熙宁八年闰四月，官府所设卖茶场秦州有在城及〔清〕水县、陇〔城〕县、百家镇、铁冶镇、伏羌城、甘谷城、三阳寨、安宁寨、弓门寨、鸡川寨、陇城寨、永宁寨。④ 据《宋会要》食货30之11至12记载熙宁七年七月十六日中书札子和九月八日中书札子，则之前熙州、秦州、通远军、永宁寨已有茶场。且永宁寨茶场是与熙州、秦州、通远军、岷州茶场并称的，可见其重要性。这些茶场货卖的主要是四川雅州名山、洋州、兴元府、大竹等处茶。⑤ 川茶运到秦州以后，销售收入主要就是用于购买马匹或者籴买粮草。熙宁十年（1077）五月，同提举成都府等路茶场公事蒲宗闵，请求每年起发茶四万驮赴秦州、熙河路依市价卖，仍认定税息钱，应副博马籴买粮草。⑥ 元丰元年（1078）四月七日，提举成都府利州秦凤熙河等路茶场公事李稷奏："今勘会熙宁十年卖茶倍于常年，欲立条下项：诸博马场所用茶，秦州额熙宁十年支卖茶五千九百二十四驮，今定六千五百驮；熙州额熙宁十年支卖并博马共一万三百七十九驮，今定一万九百驮；通远军熙宁十年支卖并博马共六千九百六十驮，今定七千六百驮；永宁寨熙宁十年支卖并博马共七千九十一驮，今定七千五百驮；岷州熙宁九年〔支〕卖并博马共三千九百四十六驮，熙宁十年〔支〕卖并博马共三千三百八十六驮，今定（卖并博马共）四千驮。"并从之。⑦ 这一组数据显示出永宁寨在这些卖茶场中茶叶交易额较大。元丰元年（1078）十一月，提举成都府等路茶场司言："欲割永宁寨额茶一千五百驮，立为河州茶场额，仍分年额酬赏

① 《宋会要辑稿》职官43之48，第4134页。
② 《宋会要辑稿》职官43之48，第4134页。
③ 《宋会要辑稿》食货30之12，第6660页。
④ 《宋会要辑稿》食货29之14，第6646页。
⑤ 《宋会要辑稿》食货30之11至12，第6660页。
⑥ 《长编》卷282，"熙宁十年五月庚午条"，第6914页。
⑦ 《宋会要辑稿》职官43之51，第4136页。

与河州监官。"①

为了便于管理秦州的茶叶销售，元丰二年（1079）八月己亥，权陕西转运使、都大提举成都府等路茶场李稷乞徙提举茶场司于秦州。从之。②由于永宁寨等处茶场交易额大，工作繁重，元丰三年（1080）十月七日，提举成都府利州秦凤熙河等路茶场司奏请增加监官："勘会熙、秦、岷、河、阶州、通远军、永宁寨七处茶场，各系依条不拘常制奏举监官一员。今相度秦、熙州、通远军、永宁寨四场，岁收本息不下七十余万贯，比其余场分给纳浩〔瀚〕。乞将上件四处茶场监官各以两员为额，并依元条奏举。"从之。③除卖茶场外，秦州还有榷茶司，管理茶叶销售。"自熙、丰以来，始即熙、秦、戎、黎等州置场买马，而川茶通于永兴四路，故成都府、秦州皆有榷茶司。"④

茶马贸易、茶叶买卖、互市交易，市易务的设置，客商和使节等的往来停留，寨户、厢军、禁军等重要消费群体的居留，使永宁寨人流巨大，促进了当地工商业的发展。

三　永宁寨是北宋西北地区商贸中心

无论公私，无论蕃汉、中外，永宁寨总是吸引招徕众多的客商、使节在此贸易，这造就了永宁寨西北边地商贸中心的地位。

首先，永宁寨是商品货物的集散地和各类客商、使节的聚居地。前已述及，永宁寨有接收西北蕃部马匹的买马场，有接收川茶的买茶场，还有出卖茶叶或者茶马贸易的卖茶场。除了茶叶、马匹之外，当还有琳琅满目的其他商品。元丰二年（1079）七月，经制熙河路边防财用李宪建言采取措施，加强对来自蕃部和外国的商品在秦熙河岷州、通远军等地交易的管控，防止私人非法贸易，以增加商税收入。其言："卢甘、丁吴、于阗、西蕃，旧以麝香、水银、朱砂、牛黄、真珠、生金、犀玉、珊瑚、茸褐、驼褐、三雅褐、花蕊布、兜罗绵、碙砂、阿魏、木香、安息香、黄连、牦牛尾、狨毛、羚羊角、竹牛角、红绿皮交市，而博买牙人与蕃部私交易，

---

① 《长编》卷294，"元丰元年十一月丙戌条"，第7168页。
② 《长编》卷299，"元丰二年八月己亥条"，第7277页。
③ 《宋会要辑稿》食货30之17，第6663页。
④ 《宋史》卷374《李迨传》，第11593～11594页。

由小路入秦州，避免商税打扑。乞诏秦熙河岷州、通远军五市易务，募博买牙人，引致蕃货赴市易务中卖，如敢私市，许人告，每估钱一千，官给赏钱二千，如此则招来远人，可以牢笼遗利，资助边计。"① 这说明永宁寨这些地方不仅有朝廷管控下的交易，私人贸易也很活跃。包括割属通远军的永宁寨在内的秦州辖境之所以货品云集，与其便利的交通有关。"时议者谓蜀商多至秦。"② "盖秦州南通巴蜀，控引诸蕃，自关中诸路商旅之所萃止，又自展置古渭一带堡寨，深在蕃界，蕃部交易为便，故货利凑集。"③ 由于大宗商品和各类商品的集聚，永宁寨自然也商贾云集，货品堆积如山了。庆历二年（1042），"尝有诏于永宁寨以官屋五十间给唃厮啰收贮财物。韩琦奏曰：'使外蕃居边城非便，未敢奉诏。'诏曰：'唃氏已有谢表，不可失信生事，自应与屋宇，亦不绝秦州往来。可于闲慢处修盖，常关防觉察之。'琦曰：'秦州居常盖暂往来，今既许置屋贮财，必留人主守，岂能旦夕伺察，使朝廷举动皆知？况契丹、元昊亦未曾缘边给屋。昨杨勤至龟兹一行皆锁之于馆，我使至唃氏，在驿亦禁出入。远蕃于中国尚备虑如此，防微杜渐，不可忽也。臣以为勿给便。'从之"④。韩琦从边防安全的角度出发，上奏反对在永宁寨给唃厮啰房屋收储财物。这从另一角度说明西北蕃部乃至一些国家的商人、使节到永宁寨等地，当地往往提供住宿和储存货物的方便。这还有史料为证。仁宗天圣三年（1025）十月，陕西转运司言，秦州蕃官军主策拉等请于来远寨置佛寺，以馆往来市马人，从之。⑤ 苏轼撰《陈公弼传》载："于阗使者入朝，过秦州，经略使以客礼享之。使者骄甚，留月余，坏传舍什物无数，其徒入市掠饮食，人户昼闭。公闻之，谓其僚曰：'吾尝主契丹使，得其情，虏人初不敢暴横，皆译者

① 《长编》卷 299，"元丰二年七月庚辰条"，第 7272 页。《宋史》卷 186《食货志下八》载："（元丰）二年，经制熙河路边防财用李宪言：蕃贾与牙侩私市，其货皆由他路避税入秦州，乃令秦熙河岷州、通远军五市易务，募牙侩引蕃货赴市易务中卖，私市者许纠告，赏倍所告之数。"（第 4552 页）《宋会要辑稿》食货 37 之 28，载：（元丰二年）七月十三日，"李宪言：'乞诏秦、凤、河、岷州、通远军五市易务募博买牙人，引致蕃货赴市易务中卖。如敢私市，许人告，每估钱一千，官给赏钱二千。如此，则招来远人，可以牢笼遗利，资助边计。'从之。"（第 6821 页）

② 《长编》卷 160，"庆历七年二月己酉条"，第 3862 页。

③ （宋）张方平：《乐全先生文集》卷 22《秦州奏唃厮啰事·奏第二状》，《宋集珍本丛刊》第 6 册，清钞本，线装书局，2004，第 11 页。

④ 《长编》卷 135，"庆历二年三月庚辰条"，第 3220 ~ 3221 页。

⑤ 《长编》卷 103，"仁宗天圣三年十月庚申条"，第 2390 页。

教之。吾痛绳以法，译者惧，则虏不敢动矣，况此小国乎！'乃使教练使持符告译者曰：'入吾境，有秋毫不如法，吾且斩若。取军令状以还。'使者亦素闻公威名，至则罗拜庭下，公命坐两廊饮食之，护出诸境，无一人哗者。"① 这些资料都说明因为路途遥远，人马困顿，为了便于商品交换或者给长途跋涉的使节、商人休整提供方便，北宋在秦州、永宁寨、来远寨这些沿边地区提供居住场所。而且，为了笼络西部蕃部，北宋在永宁寨、来远寨等处设佛寺，由蕃部僧人主持，这些寺院也成为蕃部客商和使节居住、交易的处所。元丰二年（1079）六月甲寅，"董毡贡奉大首领景青宜党令支等辞，上召逼殿陛，谕曰：'归告董毡，所遣贡奉人甚恭恪，今已许汝纳款，此后可数遣人来任便交易。又闻部落子欲侵汝疆境，祖父土田，宜善守勿失。'皆奉诏唯唯。因奏本土永宁寨赐紫蕃僧实宁巴、李锡新等已授紫衣，愿赐师号，及来远寨蕃官吴恩乞授本族巡检，上令谕押伴官具奏以闻，皆从其请"② 更多的使节、商人停留永宁寨，给永宁寨带来了更多商机，也加强了北宋和西北地区各民族的联系和友好关系。当然，为了安全起见，北宋也是注意采取一些防范措施的。如明道元年（1032）七月，王博文言："河西回鹘多缘互市家秦、陇间，请悉遣出境，戒守臣使稽察之。"③ 徽宗宣和三年（1121）十月八日，臣僚言："回鹘因入贡，往往散行陕西诸路，公然货易，久留不归者有之。恐习知沿边事〔宜〕，及往来经〔由〕夏国，传播不便。乞除入贡经由去处，其余州军严立法禁。"从之。④

其次，永宁寨商业活动十分活跃，商业收入十分可观。

大宗的茶叶、马匹集聚永宁寨，不仅使永宁寨形成繁忙的茶马交易活动，自然还会带动其他一系列商品经营活动的开展，如为茶商、马匹商人、从事茶马贸易管理的官吏提供衣食住行服务、马匹的草料等。由于永宁寨交易货物多，交易量大，又属经秦州往首都开封的交通要道，过往客商、使节往往暂住永宁寨，这也使永宁寨客流量大。客商、使节住留永宁寨，为永宁寨带来商机。

永宁寨设有市易务。熙宁年间，王安石变法，设立市易法。熙宁五年

---

① （宋）苏轼撰，孔凡礼点校《苏轼文集》卷13《陈公弼传》，中华书局，1986，第418页。
② 《长编》卷298，"元丰二年六月甲寅条"，第7256～7257页。
③ 《长编》卷111，"明道元年七月甲戌条"，第2584页。
④ 《宋会要辑稿》蕃夷4之9，第9772页。

（1072）三月，朝廷在京师设立了市易务。此后的几年当中，京师市易务改为都市易司，同时在边境及许多重要城市相继设立了市易务。秦州、通远军即在列。① 熙宁五年从秦州割属通远军的永宁寨，也设置了市易务。熙宁九年（1076）四月二十四日，措置熙河财利孙迥乞移通远军市易务于秦州，罢秦州、通远军、永宁寨市易三外场。诏刘佐相度以闻。② 孙迥提出罢这些市易务名义上的原因是裁减官吏数目，但实际上似与朝廷中的斗争及十月份王安石罢相有关。而根据后来的情况看，这些市易务后来应该仍存在。永宁寨市易务就是一个商品交易的中心。

永宁寨还有酒务。熙宁年间，秦州酒务包括旧在城及太平监、清水、长道县、盐官、白石、艾蒿、百家、白沙镇、来远、伏羌、三阳、定西、宁远、永宁、安远、弓门寨十八务③，酒曲岁额三十四万六百六十贯，银五十两。熙宁十年（1077），祖额二十一万三千六百九十三贯五百一十文，买扑九千九百七十九贯八十文，银五十两。④ 永宁寨岁额应不少。

永宁寨作为西北商业重镇，当之无愧，从商税征收额亦可看出。我们看以下数字：秦州"旧在城及弓门、定西、长道、伏羌、三阳、白沙、床穰、大潭、冶坊、静戎、清水、盐官、白石、百家、夕阳、陇城、永宁冶、太平监十九务，岁六万三千三百八十一贯。熙宁十年，在城：七万九千九百五十九贯三百七十二文；陇城县：三千六百一十三贯二百七十五文；清水县：二千二百三十五贯七百六十一文；太平监：五百二十贯六百四文；百家镇：五百七贯二百五十八文；夕阳镇：五百七十一贯九百八十四文；白沙镇：二百三十五贯九百五十五文；铁冶镇：五百一十八贯一百三十六文；伏羌城：三千八十四贯七十三文；静戎镇：九十八贯一百八文；三阳寨：二百四十四贯五百九十三文；弓门寨：三百九十贯二百一十五文；定西寨：八十八贯三百六十六文；陇城寨：四百六十二贯九百一十七文；冶坊堡：一百三十四贯四百一十六文"⑤。通远军"熙宁十年，在军：二千四百九十贯八百九十九文；威远镇：八百五十九贯一百五十四

---

① 漆侠：《王安石变法》，河北人民出版社，2001，第152页。
② 《宋会要辑稿》食货37之24，第6819页。《长编》卷274，"熙宁九年四月己酉条"，载："措置熙河财利孙迥乞移通远军市易务于秦州，罢秦州、通远军、永宁寨市易三外场，熙河、通远三茶场，可省官吏五十余人。诏刘佐相度以闻。"第6713页。
③ 此处缺一务名称。
④ 《宋会要辑稿》食货19之8，第6401页。
⑤ 《宋会要辑稿》食货15之18，第6314～6315页。

文；永宁寨：五千八百三十二贯九百五十文；宁远寨：一千四百二十三贯八百七文"①。数字显示，秦州的商税收入熙宁十年与之前相比有很大提高，属于通远军的永宁寨的商税收入在熙宁十年是除秦州在城等个别地区之外最高的。

来秦州永宁寨的商人，除了从事茶叶、马匹、酒、丝绸的贸易以及上面提到的各色商品贸易以外，还有入中粮草的商人。秦州地处边地，驻军及承担各类职役的人较多，朝廷往往用入中粮草的办法来部分解决这些人员的军需供应。天禧四年（1020）正月，屯田员外郎杨峤请于秦州入中商贾刍粮，就川界给现钱。从之。② 天圣四年（1026）三月六日，三司言："陕府西转运司勘会：'辖下秦州所入纳粮草，取客稳便指射，赴永兴、凤翔、河中府及西川嘉、邛等州请领钱数。'"③ 又知渭州康继英言："秦州每年入中到粮草万数不少，只是招诱客旅，出给四川益州路交引，或令于嘉、邛等州取便请领铁钱，虽虚实钱上量有利息，且不耗京师见钱，及不烦本路支拨钱帛。川中客旅将到罗帛锦绮赴秦州货卖，其秦州不惟增添商税，更兼入中到粮草。"④ 庆历七年（1047）二月，"诏取益州交子三十万于秦州，募人入中粮草"⑤。熙宁五年（1072）九月，"权三司使薛向言：'延、秦、庆、渭等九州旧皆有折博务，召商人入刍粮钱帛，偿以解盐，岁收缗钱一百六十六万，而秦州当四十万。'"⑥ 尽管此时永宁寨割属通远军，但由于有茶叶、马匹交易，当亦有入中粮草的贸易活动。

永宁寨周边森林茂密。伏羌寨南至永宁寨三十里，大洛门寨东至永宁寨三十里，来远寨东至永宁寨二十里，小洛门寨东至永宁寨三十里，其他威远寨、宁远寨、安远寨等都离永宁寨不远。⑦ 这一带均盛产林木，从北

---

① 《宋会要辑稿》食货15之20，第6316页。
② 《宋会要辑稿》食货36之15，第6793页。
③ 《宋会要辑稿》食货36之18，第6794~6795页。
④ 《宋会要辑稿》食货36之19，第6795页。
⑤ 《长编》卷160，"庆历七年二月己酉条"，第3862页。
⑥ 《长编》卷238，"熙宁五年九月丙午条"，第5787页。《宋会要辑稿》食货38之32载：（熙宁）五年九月一日，"权三司使薛向言：'延、秦、庆、渭等九州旧皆有折博务，召商人入刍粮、钱帛，偿以解盐，岁收缗钱一百六十六万，而秦州当四十万贯。今割秦之古渭寨以为通远军，兼新城、镇洮军皆未有折博务，故商旅未行。臣以为并边新造之地，宜有储积，以待警急。愿以其事下张诜、张穆之，使并置折博务，仍分十五万与通远，七万与镇洮。'从之。"第6843页。
⑦ 《武经总要前集》（下册）卷18上，第1110、1114、1115页。

宋初年开始，就引进采伐，木材用于修城建寨，造船编筏，修河架桥，营建宫室，或者修造私舍，贩卖赢利，供应京师木炭，当地修建庙宇、军营等。① 永宁寨当亦免不了林木的砍伐和贸易活动。

永宁寨的各类商业活动不仅繁荣了永宁寨，商人、商品的流动交换也促进了西北众多边贸市场的形成。西北边贸市场与内地的联系也日益密切，逐渐连成整体，永宁寨这样的西北边贸市场成为西北诸蕃利用朝贡同诸部族频繁交易，和进行朝廷指定贸易的最主要场地。②

综上所述，秦州永宁寨在宋初为极边之地，熙河拓边后为次边地区。由于永宁寨蕃汉杂居，蕃部聚居，永宁寨的稳定是秦州稳定的关键，秦州稳定又是西北稳定的关键，所以北宋初年朝廷就关注永宁寨的状况，通过建立堡寨防范蕃部袭扰。西夏崛起后，永宁寨又是西夏侵宋的必经之地，故永宁寨成为北宋西北地区重要的防御屏障，而且在北宋神宗年间改变对西夏战略后，永宁寨又成了断西夏右臂，开拓熙河兰会的前站。永宁寨不仅在西北边地有重要的防御功能，而且因处在通往秦州直至到达宋都开封的交通线上，又成为外国使节、蕃部商人过往歇脚、贸易的场所，北宋朝廷为了补充军费开支、购买战马而进行的茶马贸易、入中粮草、市易活动等更使永宁寨的商品交易繁荣，人流聚集，货物堆积，物流繁富。永宁寨的酒务酒税、商税收入巨大，永宁寨的木材交易也支援了京师的宫殿、佛寺建造。这一切造就了永宁寨商业的繁荣，也使得北宋时期的永宁寨成为西北的商贸重地。概言之，北宋秦州永宁寨既让人感受到一种西北边疆战马嘶鸣的紧张氛围，又展现出了一幅农牧经济繁盛、市场繁荣、人口稠密的浓厚的城镇烟火气息。

An Ancient Town on the Silk Road: A Brief Discussion of Yongning Township of Qinzhou (Tianshui) in Northern Song Dynasty

Yang Xiaomin

Abstract: In the early years of Northern Song Dynasty, Qinzhou was the

---

① 何玉红：《宋代西北森林资源的消耗形态及其生态效应》，《开发研究》2004 年第 6 期。

② 燕永成：《熙丰变法时期的西北边贸开发》，《中国社会经济史研究》1999 年第 1 期。

frontier of the rein, and Yongning Township was the border of Qinzhou. After the territory expanded at Xihe area during Xining-Yuanfeng (1068 – 1085), Shaosheng-Yuanfu (1094 – 1100) and Chongning-Daguan (1102 – 1110) periods, Qinzhou and Yongning Township became the secondary border area. Yongning Township was a fertile land, densely forested and inhabited by the tribes. Yongning Township played an important defensive role in winning over the tribes, suppressing the Western Xia Kingdom, stabilizing Qinzhou and even the northwest border land. Yongning Township was an important base for the tea-horse trade between Northern Song and tribes, and was also a distribution center for all kinds of goods and commodities, coupling with the operation by the Market Trade Office, a well-developed wine industry, and a thriving timber business, Yongning Township was out of doubt the center of commerce and trade in the north-west area, occupying an important position in the trade between China and foreign countries, the Han nationality and tribes, and individuals.

Keywords: Northern Song Dynasty, Qinzhou, Yongning Township, Tea-Horse Trade, Center of Commerce and Trade

元代四川食盐的市场、交通与走私治理*

裴一璞**

摘　要：元代四川作为全国最主要的井盐产地，食盐成为朝廷军政开支的重要财政收入来源，被官方所垄断。元代川盐市场受长期战乱影响，比之宋代出现严重萎缩，主要供应川内消费，因其产量不稳定的特点，不同时期又兼有寻求接济与对外援助两种形式。川盐运输分为水、陆两种，对川南交通的拓展是其新发展。朝廷为垄断盐利，采取提高盐课、限制民营等措施，造成民食贵盐，这成为诱发食盐走私的重要社会原因。食盐走私主要集中于川北、川东行政交界区，以及川西流民区。为缓和官民与食盐相关的冲突，朝廷在盐法、缉私、盐课诸方面进行政策调控，并注意对盐户的优恤，这对减少食盐走私，缓和官民矛盾起到了积极作用。

关键词：元代　四川　食盐　交通　走私

　　元初，四川共置盐场 12 处，"俱盐井所出"，有井"凡九十五眼"。①为管理四川井盐，元廷初置拘榷课税所，"分拨灶户五千九百余隶之，从实办课"②。世祖至元二年（1265），改置兴元四川转运司，"专掌煎熬办课之事"；兴元四川转运司设立后，废置不常，"（至元）八年罢之，十六年复立转运司，十八年并入四道宣慰司，十九年复立陕西四川转运司，通辖诸课程事"③。至元二十二年（1285），置四川茶盐运司，驻成都，川盐

---

* 本文为四川省哲学社会科学重点研究基地"区域文化研究中心"2019 年度项目（项目编号：QYYJC1902）的阶段性成果。
** 裴一璞，男，1982 年生，山东安丘人，历史学博士，聊城大学运河学研究院副教授、硕士生导师，主要研究方向为宋元盐业史。

① （明）宋濂等：《元史》卷 60《地理志三》，中华书局，2005，第 1434 页。
② 《元史》卷 94《食货志二》，第 2390 页。
③ 《元史》卷 91《百官志七》，第 2314 页。

20

管理机构方才稳定下来。四川茶盐运司级别为"从三品",设置"使一员,同知、副使、运判各一员,经历、知事、照磨各一员",盐场置"司令一员,从七品;司丞一员,从八品;管勾一员,从九品"。① 有关元代川盐的研究,因史料较为匮乏,成果数量较少②,对其市场、交通及私盐治理尚少专门探讨,故本文试予论述。

一 元代川盐的市场与交通

元代川盐的生产呈现出产量低、产额不稳定的特点,因长达40余年宋元(蒙)战争造成的破坏,盐井数量锐减,恢复缓慢。与全国其他盐区相比,四川井盐的修复更为艰难,"惟四川之盐出于井,深者数百尺,汲水煮之,视他处为最难"③。在宋元(蒙)战争中前期,蒙古政权已在四川占领区着手恢复井盐生产,但因时局不靖,加之管理不善,成效甚微,"盐井废坏"④。世祖至元二年(1265),立兴元四川盐运司,再次下令"修理盐井"⑤。可知,元代川盐的生产恢复是一个缓慢的过程,此种情况对其食盐市场的开拓显然会造成不利的影响。

元代川盐的产量因史料未过多提及,如今所知不如宋代详尽,仅知"(至元)二十二年……岁煎盐一万四百五十一引。二十六年,一万七千一百五十二引。皇庆元年,以灶户艰辛,减煎余盐五千引。天历二年,办盐二万八千九百一十引,计钞八万六千七百三十锭"⑥。顺帝元统三年(1335),四川行省据盐茶转运使司申奏:"至顺四年,中书坐到添办余盐一万引外,又带办两浙运司五千引,与正额盐通行煎办,已后支用不阙,

---

① 《元史》卷91《百官志七》,第2314页。
② 目前对元代四川盐业的研究主要有陈世松《绍熙府与元代四川盐业的兴衰》(《盐业史研究》1988年第2期),程龙刚《元代四川盐业生产》(《盐业史研究》2000年第3期),吉成名《元代食盐产地研究》[《四川理工学院学报》(社会科学版)2008年第3期],张宇、闫金强《元代建筑题记见证的卓筒井盐业与乡土社会史》(《建筑遗产》2019年第4期)等,主要讨论其产地分布、产量变化、技术沿革、盐井恢复等;此外,笔者亦曾撰文《宋元时期四川盐区市场的外销与内运》(《盐业史研究》2015年第1期),主要讨论川盐的销售情况,对其市场区间与交通、走私等问题则未涉及。
③ 《元史》卷94《食货志二》,第2386页。
④ 《元史》卷94《食货志二》,第2390页。
⑤ 《元史》卷94《食货志二》,第2390页。
⑥ 《元史》卷94《食货志二》,第2390页。

再行议拟。"① 可知，从现有记载看，元代四川最高盐产量为文宗至顺四年（1333），是在天历二年（1329）28910 引的基础上，又增加了 15000 引，共计 43910 引。按太宗二年（1230），"每盐一引重四百斤"② 计算，四川最高盐产量为 17564000 斤；相较宋高宗建炎间四川的最高盐额"四川三十州，岁产盐约六千四百余万斤"③，元代只及 1/4 强。由此可知，至顺间的盐额也是元代川盐市场能够进行食盐分配或销售的最高水平，与宋代食盐市场相比呈现一种严重萎缩的态势。

元代川盐产地主要分布在"成都、夔府、重庆、叙南、嘉定、顺庆、广元、潼川、绍庆等路所管州县万山之间"④，朝廷相应置有"简盐场、隆盐场、绵盐场、潼川场、遂实场、顺庆场、保宁场、嘉定场、长宁场、绍庆场、云安、大宁场"⑤ 共 12 处盐场。可以推知其井盐产地有简州（治今四川简阳）、隆州（治今四川仁寿，世祖至元二十年"以此州地荒民散，并为仁寿县"⑥）、绵州（治今四川绵阳）、潼川府（治今四川三台）、遂宁州（治今四川遂宁）、顺庆路（治今四川南充）、保宁府（治今四川阆中）、嘉定府（治今四川乐山）、长宁州（治今四川长宁）、绍庆路（治今四川彭水）、云阳州（治今重庆云阳）、大宁州（治今重庆巫溪）共 12 地。

从地理位置上看，四川 12 盐场在川内的销售主要分割为东、西、南、北四大食盐市场，所产食盐各自对应一路。主要分为川东市场，集中在绍庆路、云阳州、大宁州等地；川西市场，集中在简州、隆州、绵州、潼川府、遂宁州等地；川南市场，集中在嘉定府、长宁州等地；川北市场，集中在顺庆路、保宁府等地。因有关元代川盐市场流通的资料极为匮乏，我们只能依据上述 12 处盐场推测其食盐买卖以此为中心，向周边辐射。

元代川盐流通主要分陆运与水运两种，陆运影响最大的是川北秦岭、米仓山谷道与川西南西南夷道。元代川盐陆运的开辟始于宋元（蒙）战争中，当时蒙古军入蜀的路线主要由陕西经秦岭、米仓山谷道进入川北利州（东、西）路。因此元初四川的食盐运输路线同宋代解盐入川或蜀盐入陕

① 《元史》卷 97《食货志五》，第 2502 页。
② 《元史》卷 94《食货志二》，第 2386 页。
③ （宋）李心传：《建炎以来系年要录》卷 17 "建炎二年八月辛未" 条，中华书局，1988，第 348 页。
④ 《元史》卷 60《地理志三》，第 1434 页。
⑤ 《元史》卷 91《百官志七》，第 2315 页。
⑥ 《元史》卷 60《地理志三》，第 1434 页。

基本相同。宋元（蒙）战争中，因四川尚未完全被元军占领，蒙古控制的川盐产地有限，主要通过陆运解盐入蜀满足当地军民需求。如宪宗三年（1253），蒙古以"河东解州盐池以供军食"①；世祖中统三年（1262），阆州元帅杨大渊"乞于利州、大安军以盐易军粮"②；四年（1263），"敕总帅汪忠臣、都元帅帖的及刘整等益兵付都元帅钦察，戍青居山，仍以解州盐课给军粮"③。

元代云南再次纳入中央管辖，当地虽有井盐，但产量较少，仍需四川食盐接济。如文宗至顺元年（1330），"命四川行省于明年茶盐引内给钞八万锭增军需，以讨云南"④。二年（1331）九月，以"钞五万锭及预贷四川明年盐课钞五万锭"给云南行枢密院，以为"军需"；十一月以"云南盐不可到，马多病死"，诏四川行省"以盐给之"。⑤元代川盐入滇通道基本遵循西汉开凿的被誉为"西南丝绸之路"的西南夷道，该道主要包括川滇西线与中线。川滇西线，又称零关道、旄牛道、清溪道等，元代对其改动是从成都南下会理后，不是像以往经金沙江渡口经今姚安入云南，而是从今江边渡口，经元谋县入云南。⑥川滇中线，亦称五尺道、僰道、西南夷道、乌蒙道，是历史上川南取道滇东北到云南的主要交通路线，元代称为石门旧道，在平定云南后才得以通畅。⑦

水运影响较大的是长江、嘉陵江、赤水河与纳溪水4条河流，其中以长江最为重要，东西两川食盐的流通主要由长江水道完成。因元代长江盐运的史料极为匮乏，其航线与作用同前代基本相同，不再赘述。元代嘉陵江水运得到积极利用，在当时陕西入川北、川东的交通中，该水运线路起着极为重要的作用。南宋时，川东嘉陵江、长江交汇处的重庆府便有"控两江之会，漕三川之粟，诚为便利"⑧、"二江商贩，舟楫旁午"⑨的美誉。虽然史料所载嘉陵江上进行的主要是粮食运输，但可以推测其盐运同样存

---

① 《元史》卷4《世祖纪一》，第59页。
② 《元史》卷5《世祖纪二》，第88页。
③ 《元史》卷5《世祖纪二》，第90页。
④ 《元史》卷34《文宗纪三》，第761页。
⑤ 《元史》卷35《文宗纪四》，第791页、第793页。
⑥ 蓝勇：《四川古代交通路线史》，西南师范大学出版社，1989，第97页。
⑦ 蓝勇：《四川古代交通路线史》，第124页。
⑧ （宋）阳枋：《字溪集》卷1《上宣谕余樵隐书》，文渊阁《四库全书》本。
⑨ （宋）王象之：《舆地纪胜》卷175《重庆府》，四川大学出版社，2005，第5118页。

在，只是这方面的记载较少。元代对嘉陵江的商运及军事作用的重视程度毫不逊色于宋代，如太宗十一年（1239），蒙古大将按竺迩攻重庆，便是沿嘉陵江谷道南下。① 宪宗时，蒙古"宿兵利州，扼四川衿喉，以规进取"，"乃募民入粟绵竹，散钱币，给盐券为直，陆挽兴元，水漕嘉陵，未期年而军储充羡，取蜀之本基于此矣"。② 可知嘉陵江成为川北重要的食盐水运通道。

赤水河是元代川盐入黔的水运通道，除继承宋代由绍庆路经乌江入播州（治今贵州遵义）等地外，元代另开辟由泸州经赤水河至贵州的水运通道。元代泸州是川南为数不多的盐产地之一，境内淯井、南井在宋元（蒙）战争后继续得到开发。世祖至元十五年（1278），元军刚刚平蜀，四川转运司即令"本州兴工开淘，自十八年为始，岁以课额一十二万斤"③。元代赤水河盐运线路为从泸州合江县沿赤水河溯行运到仁怀、古磁等处，然后卸载转为陆运，经崇盘、七里坎至小关子，再沿赤水河岸经猿猴、土城、茅台，转运到亦溪不薛（今贵州）等地。④

纳溪水（今永宁河）是元代川盐入滇的重要河运通道，在泸州纳溪县汇入长江。泸州因地处川南的便利位置，成为入滇食盐的重要起运地，主要经由纳溪水完成。纳溪水航线俗称川滇通道东线，事实上称纳川道、乌撒入蜀旧路、入蜀西路，元代成为连接川滇黔的骨干通道，元廷出于统一的需要对这条路线重新进行了整治，使其发挥更为重要的作用。⑤

二 元代川盐走私的产生及路线

（一）川盐走私原因

古代食盐作为国家税收的重要来源，向来受到统治者的重视，如《元

① 《元史》卷121《按竺迩传》，第2985页。
② 《元史》卷163《李德辉传》，第3816页。
③ （元）孛兰肹：《元一统志》卷5《四川等处行中书省·重庆路》，中华书局，1966，第527页。
④ 遵义地方志办公室：《川盐入黔的历史见证——古盐渡》，遵义地方志，http://fzb.zunyi.gov.cn。
⑤ 蓝勇：《四川古代交通路线史》，第135页。

史》所言："国之所资，其利最广者莫如盐。"① 元代官方为实现对盐利的垄断，推行食盐官营政策，"元初，以酒醋、盐税、河泊、金、银、铁冶六色，取课于民"②。因食盐为民生必需之品，"十口之家，十人食盐；百口之家，百人食盐"③，故盐税征收需要掌控好国家与民众之间的利益平衡。如果官府过分追求产量、提高课税，再加上地方官员执行不力，肆意压榨盐民，过分与民争利，则必然会刺激食盐走私，加剧官民之间的冲突。

早在宋元（蒙）战争中，四川盐课便成为元廷军政开支的重要来源，世祖至元元年（1264），曾诏以"四川茶、盐、商、酒、竹课充军粮"④。战乱导致四川经济残破，致使元廷对盐课的依赖较前代更为严重，虽然"于时盐井多寡及各井拘榷课税所数目无征"，然"榷法至重，为古今所未有"。⑤ 地方盐官为求己私，强增产量，导致盐课越来越重，"自兴利之臣，图进身之阶，但知数羡，遑恤额亏，视初立法，不啻数倍"⑥。至元十九年（1282），四川盐课为17152引；而文宗天历二年（1329），增至28910引，计钞86730锭，后又添办余盐10000引，带办浙运5000引。⑦ 因盐课不断增加，灶民负担过重，"灶丁外窜，反妨正课"⑧。总体而言，元代四川盐课呈愈来愈重的趋势，以致后期"视中统、至元之数，已增几二十倍矣"⑨。盐课过重除破坏正常的食盐生产、销售秩序，致使"灶丁外窜"、盐井荒废外；另一方面官盐价高，亦造成民食贵盐，这些后果均将加剧食盐走私。如民众冒法私开盐井贩卖，"不过以官盐价贵，私盐价贱而已"⑩。因官盐定价过高，"今之官盐，计其工本，每引止于半锭，而卖之于民，则价不止四锭，而一引之中，本居其一，而利居其七也"；而私盐之贱者

---

① 《元史》卷94《食货志二》，第2386页。
② 《元史》卷94《食货志二》，第2386页。
③ （元）马端临：《文献通考》卷15《征榷考二·盐铁矾》，中华书局，2011，第417页。
④ 《元史》卷5《世祖纪二》，第96页。
⑤ （清）高承瀛、吴嘉谟等：《（光绪）井研志》卷6《食货二·盐法上》，学生书局，1971，第459页。
⑥ 李修生主编《全元文》卷560《陆文圭一·流民贪吏盐钞法四弊》，江苏古籍出版社，1999，第17册，第466页。
⑦ （明）刘大谟、杨慎等：《北京图书馆古籍珍本丛刊·（嘉靖）四川总志》卷16《经略志·盐法》，书目文献出版社，1996，第305页。
⑧ 《北京图书馆古籍珍本丛刊·（嘉靖）四川总志》卷16《经略志·盐法》，第305页。
⑨ （元）苏天爵：《元文类》卷40《经世大典序录·盐法》，清光绪十五年（1889）江苏书局刻本。
⑩ 《全元文》卷1434《史伯璇一·代言盐法书》，第46册，第421页。

"或一贯四斤，甚者或一贯五六斤，或七八斤"，所谓"一贵一贱，相悬如此，宜贫民之不肯买食官盐，而但食私盐，虽有严法，不可得而禁遏也"。① 故民间出于与官方争夺盐利的目的，食盐走私屡禁不止。

元代四川茶盐运司对当地食盐基本实施官营，其生产、买卖也由官府严格控制，只在不长时间内实施过官督民办。官方对民间食盐经营、商贸的过度限制，也是造成川盐走私的重要原因。如世祖至元八年（1271），"申严东川井盐之禁"②。顺帝后至元元年（1335），朝廷曾诏："四川盐运司于盐井仍旧造盐，余井听民煮造，收其课十之三。"③ 但官督民办并未持续多久，后至元二年（1336），元廷"复四川盐井之禁"④。

官府对民间食盐商贩的阻碍，以川北广元路等地较为典型。世祖至元二年（1265），"立兴元四川盐运司，……仍禁解盐不许过界"⑤。该期四川盐井因战争破坏，荒废严重，民间乏盐的情况较为突出，但朝廷仍然阻止民间自行商贩；尤其对山西解盐入川实施严格限制，抛弃了宋代以来川盐不足即运解盐的传统，这只能更加激起民间的不满，以走私食盐相对抗。

（二）川盐走私路线

元代四川因宋元（蒙）长期战乱的影响，盐井损坏严重，加之官府"划界行盐"及禁止民间商贩，造成四川民间食盐匮乏的情况远甚于宋代。因此元代食盐走私更是难以避免，然而史料中这方面的记载较为匮乏。从元初"盐井废坏，四川军民多食解盐"⑥ 看，川北成为食盐走私的重点地区，解盐从广元路翻秦岭、米仓山谷道偷运入境，再走嘉陵江水路售往四川内地。这条走私路线与宋代解盐的私贩路线基本一致，如"景绍华等私盐案"即体现了这一情况。

成宗大德元年（1297），有船户景绍华等人走私解盐入川，被重庆路录判乞石烈等捉获，共缴获"私盐三千二百二十六斤，追到私盐财产等没

① 《全元文》卷1434《史伯璇一·代言盐法书》，第46册，第421页。
② 《元史》卷7《世祖纪四》，第134页。
③ 《元史》卷38《顺帝纪一》，第831页。
④ 《元史》卷39《顺帝纪二》，第834页。
⑤ 《元史》卷94《食货志二》，第2390页。
⑥ 《元史》卷94《食货志二》，第2390页。

官钱中统钞一百定（锭）二十一两五钱"，四川茶盐运司将该案牒发西蜀四川道廉访司"以赃罚通类起解陕西行省了当"，廉访司随后向户部请求将所获走私款抵充盐课，以作奖励，"今后应犯私盐茶课等追到没官钱数，依例令运司作横收结课相应"，得到批准。①

元代川盐走私除传统的经陕入川外，在川东经由长江入湖广的水路走私亦较为突出。如仁宗延祐四年（1317），湖北道廉访分司判决的归州巴东县三起"犯界食余盐货"案便体现了这一路线的走私情况。该年正月十一日，四川商人王执祖约合同伴王阿孙"收买被毡，驾船前来江陵"，乘船沿江东下"到西川夔路巫山县，用中统钞五钱买到大宁蜀盐一斤，除食用外，剩下约有一十两五钱重，到于巴东县东界越过，盘捉到官"，以"犯界蜀盐"而被抓获。廉访分司因其食盐数额较少，"若比依犯界兴贩盐货等例论罪，似涉太重"，最后判定"量情决四十七下"。同月十九日，随州应山县（治今湖北广水）人李子顺，原在四川重庆路"涪州管下杨北市何道士土地上耕作"，回乡时"用中统钞一两，从涪州文把头处买到蜀盐一斤四两，除在船食用，将余剩盐一十一两包藏裙腰，意图食用，越过巴东县界，致被盘获，秤计蜀盐七两"。廉访分司因其案前"先犯偷羊切盗刺断贼人"，今"又将食用蜀盐犯界"，两罪并罚，判其"押发涪州收管，以例施行"。二月二十三日，巴东县商人祝元广"因变卖牛只，前到西川夔路巫山县信田村，将木盆二个送于白庆、刘文禄作土仪，各人共将蜀盐一斤一十二两作回礼"，祝回乡后"除食用外，将盐四两与外甥谭应兴食用"，被谭告发，由巴东县衙擒获。廉访分司议得"祝元广即系犯界盐货，依例杖六十，将犯界蜀盐发付巫山县收管发落"，此外"刘文禄、白庆不应将蜀盐与祝文广回礼，以致犯界罪犯"，另通知巫山县予以惩处，"就便施行"。延祐六年（1319），湖广行省向中书省报告这三起食盐走私案时，认为"各人沿途食用不尽，因而将带越过巴东县界，盘捉到官，原其各人所犯，正是元买食用不尽零盐，既非兴贩盐货，今归州照依犯界盐货例，已将各人杖断，似涉太重"。既承认犯人罪轻罚重，判决有所不公；同时认为相关官员在缉私上存在漏洞，亦应相应担责，"提点官禁治不严罪责，

---

① （元）佚名：《元典章》卷22《户部八·盐课》，中华书局、天津古籍出版社，2011，第859页。

亦系一体"。① 由此可知，食盐经水路向下游犯界已成为元代川东食盐走私的典型特征。

元代川西食盐走私以嘉定路绍熙宣抚司（治今四川荣县）最为突出，其路线以该司所辖盐井为中心，向周边私运。如顺帝后至元二年（1336），众多襄、汉流民"聚居宋之绍熙府故地，至数千户"，这些流民为求生计，在当地"私开盐井，自相部署，往往劫囚徒，杀巡卒"，形成较大的食盐走私集团。②

三　元代川盐走私的治理

（一）整顿盐法，加强缉私

元代盐法创制于太宗二年（1230），蒙古"始行盐法"③，内容借鉴宋代，对民间私自煮盐、贩盐予以严厉禁止。世祖中统四年（1263），"以成都经略司隶西川行院，禁蒙古、汉军诸人煎、贩私盐"④。至元二十年（1283），"申私盐之禁"，盐司如管理不力"许按察司纠察盐司"。⑤ 元代盐法继承了宋代"划界行盐"制度，规定"行盐各有郡邑，犯界者减私盐罪一等，以其盐之半没官，半赏告者"⑥。同时创立"首告"制度，规定"凡伪造盐引者皆斩，籍其家产，付告人充赏。犯私盐者徒二年，杖七十，止籍其财产之半；有首告者，于所籍之内以其半赏之"。⑦ 如前述仁宗延祐四年，祝元广携带"犯界盐货"案中，因将多余食盐送与外甥谭应兴，而被谭"首告到官罪犯"。⑧ 谭之所以能够大义灭亲，获取奖赏是其次，更多是与元代盐法的严厉有关，如知情不报同样予以重罚，"失觉察者，邻佑不首告，杖一百"⑨。

---

① 《元典章》卷22《户部八·盐课》，第862~863页。
② 《元史》卷190《赡思传》，第4352页。
③ 《元史》卷94《食货志二》，第2386页。
④ 《元史》卷5《世祖纪二》，第93页。
⑤ 《元史》卷12《世祖纪九》，第254页。
⑥ 《元史》卷94《食货志二》，第2386页。
⑦ 《元史》卷94《食货志二》，第2386页。
⑧ 《元典章》卷22《户部八·盐课》，第863页。
⑨ 《元史》卷104《刑法志三》，第2647页。

元代为防止民间私自凿井煮盐，对盐户立有专门的户籍，与民户分开，归盐运司管理，盐户都隶属于固定的盐场，不能随意移动；除重大刑事案件仍由"有司归问"之外，其余都由本管盐司理问；盐户世代在盐场上劳动，不得改业，子女"析居"分家时，分出去的也要充灶户。① 通过对灶户身份的严格控制，从源头上杜绝私盐流出。

元代无专置缉私机构，只通过地方官府层层设防，务至禁绝，所谓"州有补司，县有尉，固关津要紧所在，则有巡检司，及镇守军官分任巡逻。私盐之禁，至于网罗总统督董而运掉之，则一以寄之转运使司，设法之意如此固密"②。在强化私盐缉私上，要求极为严厉，规定地方官要随时巡察以观勤惰，如办理不力则加以处分，"如有犯界获盐情事，罚俸一月"③。尤其元代中后期，盐法愈加严密与严厉，对私盐贩及缉私不力的官员皆用重法，规定"提点官禁治不严，初犯笞四十，再犯杖八十，本司官与总管府官一同归断，三犯闻奏定罪；如监临官及灶户私卖盐者，同私盐法；诸伪造盐引者斩，家产付告人充赏"④。

元廷虽然在盐法制定与缉私上要求较为严厉，但也注意视情况采取宽严相兼的原则，缓和与民众在食盐利益中的冲突。太宗二年（1230），规定"每盐一引重四百斤，其价银一十两"；世祖中统二年（1261），"减银为七两"，至元十三年（1276）"既取宋，而江南之盐所入尤广，每引改为中统钞九贯"。⑤ 将盐价逐步下调，以减少民间走私。同时在食盐经营中注意遏制权势之家对盐法的破坏，以平抑盐价，维护盐区市场秩序的稳定。世祖至元二十六年（1289），下诏："禁江南、北权要之家毋沮盐法"⑥；仁宗延祐元年（1314），下诏"禁诸王、驸马、权势之人增价鬻盐"⑦。另外元代虽然禁止灶户凿井私营，但有时也会开例允许民间自煮。如文宗至顺三年（1332），川西邛州（治今四川邛崃）有二井，旧名金凤、茅池，"天历初，九月地震，盐水涌溢，州民侯坤愿作什器煮盐而输课于官"，元

① 郭正忠主编《中国盐业史·古代编》，人民出版社，1997，第455页。
② 《全元文》卷1434《史伯璇一·上盐禁书》，第46册，第418页。
③ 吴炜：《四川盐政史》卷9，民国二十一年（1932）四川盐政史编辑处铅印本。
④ 《元史》卷104《刑法志三》，第2647页。
⑤ 《元史》卷94《食货志二》，第2386页。
⑥ 《元史》卷15《世祖纪十二》，第327页。
⑦ 《元史》卷25《仁宗纪二》，第567页。

廷诏"四川转运盐司主之"，允其官督民营。① 实际在一定时期内元廷也曾承认民间盐井在缴纳课税的基础上，可以合法经营，这对改善当时的食盐市场环境，减少走私无疑具有积极意义。

在食盐缉私中，元廷亦注意据情对私盐贩柔性处置，而非一味用重典，以避免更严重的武装对抗。如顺帝后至元二年（1336），在原宋绍熙府故地聚居数千户襄、汉流民，以走私食盐为生，朝廷派赡思前往治理。赡思"擒其魁，而释其党"，上言："绍熙土饶利厚，流户日增，若以其人散还本籍，恐为边患，宜设官府以抚定之。"得到批准，"诏即其地置绍熙宣抚司"，从而将私盐贩转化为编户齐民。②

（二）注意削减盐课

元代官方基于盐利垄断而提高盐课，造成最明显的危害便是盐民负担的不断加重，迫使盐民逃亡、盐产停顿，从而容易滋生私盐，故其征收应维持有度，所谓"额多，则亭灶之户破产，不能以克而逃移者众，故盐课有亏兑之患；价重，则贩卖私盐者多，小民利于买食，而盐法有涩滞之患。二患交作，而足国、裕民之意两失之矣"③。为此，中央通过削减课额，对不当行为明令禁止，达到缓解与民冲突的目的。如世祖中统二年（1261），四川中书左丞李德辉"以王相理赋四川"，注意削减四川盐课等事项，"凡屯田、征商，与盐、茗、竹、木、山泽之产，民已输而算未入官者，皆搜剔之"。④ 至元八年（1271），蒙古刚置陕蜀行中书省于兴元（治今陕西汉中），便下诏"以四川民力困弊，免茶盐等课税"；并禁止地方官府争夺盐利，敕令："有司自今有言茶盐之利者，以违制论。"⑤

至元十八年（1281），元廷规定川南泸州盐井"岁以课额一十二万斤"，因盐课过重，次年便出现"趁办亏额"的现象，朝廷遂一度予以减免，如"二十年四月罢之"。⑥ 仁宗皇庆元年（1312），诏"减四川盐额五

---

① 《元史》卷36《文宗纪五》，第801页。
② 《元史》卷190《赡思传》，第4352页。
③ 《全元文》卷1434《史伯璇一·代言盐法书》，第46册，第420页。
④ 《全元文》卷319《姚燧二十一·少中大夫叙州等处诸部蛮夷宣抚使张公神道碑》，第9册，第659页。
⑤ 《元史》卷7《世祖纪四》，第137页。
⑥ 《元一统志》卷5《四川等处行中书省·重庆路》，第527页。

千引"；二年（1313），又诏"免大宁路今岁盐课"。①

（三）注意优恤盐户

元代对食盐生产、买卖实施更加严格的官营政策，在四川茶盐运司所属盐场下分若干团，团下有灶，每灶由若干盐户组成，盐户固定在盐场上劳动，子孙世袭，他们对朝廷缴纳额盐，还要负担科差、税粮和差役。②元代食盐多数情况下不允许民间自行经营，而是由官营盐场生产。盐户不仅生产条件恶劣，还要受到官方盐课、差役的催征，生活较为困苦，"黠者行赇而规避，弱者吞声而受役，倚权上交于台府，发愤变激于里闾。破产立偿，轻生何忍"，以致时常出现逃亡现象，"利耗民散，亭场空虚"。③在这种情况下，盐户的产盐效率必然不高，为了生存甚至存在私产、私盗食盐以糊口的情况。在元代食盐走私来源中，盐户的私产、私盗之盐向来是一个重要构成。④如果官府对盐户压迫过重，则会加剧其反抗，故而官方为维护盐场秩序、增加盐课，会不时对其采取优恤措施，以提高食盐生产效率，意识到："官司又与免其别差以优恤之，然则亭灶何至有破产逃移之苦难矣，盐课又安得有亏兑哉？"⑤

元代盐场以四川盐井生产最为艰难，"俱在万山之间，比之腹里、两淮，优苦不同"⑥。为减轻四川盐民负担，世祖至元十五年（1278），诏"发粟钞赈盐司灶户之贫者"⑦。仁宗皇庆元年（1312），诏四川盐运司"以灶户艰辛，减煎余盐五千引"⑧；延祐七年（1320），又诏"优复煮盐、炼铁等户二年"⑨。通过采取优恤官井灶户的措施，对贫困者予以救济，对超负者予以减免，这些措施有助于缓解灶户的不满情绪，缓和官民冲突，进而减少食盐走私。

---

① 《元史》卷24《仁宗纪一》，第552页、第557页。

② 李水城、罗泰主编《中国盐业考古——长江上游古代盐业与景观考古的初步研究（第一集）》，科学出版社，2006，第568页。

③ 《全元文》卷560《陆文圭一·流民贪吏盐钞法四弊》，第17册，第467页。

④ 张国旺：《元代榷盐与社会》，天津古籍出版社，2009，第189页。

⑤ 《全元文》卷1434《史伯璇一·代言盐法书》，第46册，第421页。

⑥ 《元史》卷97《食货志五》，第2502页。

⑦ 《元史》卷10《世祖纪七》，第217页。

⑧ 《元史》卷94《食货志二》，第2390页。

⑨ 《元史》卷27《英宗纪一》，第608页。

结　语

　　元代四川盐业在长期宋元（蒙）战争的基础上缓慢恢复与发展，鉴于四川经济的残破，食盐作为一种重要的利税资源受到统治者的空前重视，其表现便是与宋代允许大量民营盐并存在相比，元代在多数时期食盐几乎全部为官营，盐户建有专属户籍，不能随便脱籍与迁移。对盐户身份的严格控制，一方面体现了官方对食盐垄断政策的强化，另一方面也与其商品经济发展的滞后相关。元代川盐生产的不稳定，严重影响了市场的开拓，从前期需要解盐的接济可以看出其存在很大程度的需求危机；在中后期随着产量的提高，始能满足川内消费的基本需求，并能一定程度上供应川外，如两浙、云南、贵州等地。同时其食盐交通与市场的变化保持了同步，西南水、陆交通的拓展既是元代盐业发展的新特点，也与其大一统王朝的地理背景密切相关，暗含了朝廷从食盐供应入手对边疆地区政治、经济控制力量的加强。

　　在元代川盐发展中，官方出于垄断盐利的考虑，过度征收盐课及控制民间对食盐的经营，不仅造成盐民困弊逃亡及盐井废坏，也导致民食贵盐，刺激食盐走私的产生。其走私区域集中在川北、川东行政交界区，分别代表了陆路与水路走私的典型特征；而川西流民区则代表了川内食盐走私所能形成的最大规模。因食盐走私破坏了官方盐税征收及食盐市场秩序的稳定，元廷不得不采取相应的措施进行治理，主要有整顿盐法、加强缉私、削减盐价、优恤盐民等。从其私盐治理看，官方在强化自身食盐利益的同时，也为民间食盐利益做出一定让步，以缓和官民矛盾与冲突。故元代四川私盐的产生与治理，实际呈现的正是食盐流通过程中国家与民间力量的角逐、互动过程，在此过程中"国家力量在查缉私盐的同时也为私盐的流通留下了一个弹性的空间"，即"将私盐的流通控制在国家可以容忍的范围内"，因此"私盐的流通空间是官盐与私盐两者力量此消彼长的动态过程，是由双方共同来形塑的"。①

---

　　① 舒瑜：《微"盐"大义：云南诺邓盐业的历史人类学考察》，世界图书出版公司，2010，第169页。

The Market, Transportation and Smuggling Control of Sichuan Salt in Yuan Dynasty

Pei Yipu

Abstract: In the Yuan Dynasty, Sichuan was the main well salt produced area in Country. Salt was monopolized by the government as an important tax source of government military and political expenditure. Affected by the long-term war, the Sichuan salt market in the Yuan Dynasty shrank significantly, compared with that in the Song Dynasty. It was mainly supplied to Sichuan consumption. Due to its unstable output, there were two forms of seeking aid and foreign aid in different periods. Sichuan salt transportation was divided into water and land transportation, and the expansion of transportation in southern Sichuan was its new development. In order to monopolize salt profits, the government took measures such as increasing salt levy and restricting private ownership, resulting in expensive salt for people's living, which became an important social reason for inducing salt smuggling. Its smuggling was mainly concentrated in the administrative border areas of northern and Eastern Sichuan, as well as the refugee areas of Western Sichuan. In order to eased the salt conflict between officials and people, the government carried out policy regulation in salt law, anti smuggling and salt levy, and paid attention to the preferential treatment of salt households, which had played a positive role in reducing salt smuggling and easing the salt conflict between officials and people.

Keywords: Yuan Dynasty; Sichuan; Salt; Traffic; Smuggling

明代官营织造业之一例

——陕西织造研究

陈支平　孟兆鑫[*]

摘　要：受蒙元文化影响，明代宫廷大量使用羊绒制品，盛产羊绒的陕西地区虽无织染局之设，却有织造羊绒的任务。陕西织造正式始于成化年间，它的规模在万历时达到顶峰，与明代内廷人数增加、开支增大的情况同步，是宫廷日益腐朽的表现之一。陕西织造由临时传旨发展为坐派，逐渐制度化，内廷、工部、陕西地方皆参与管理，而内廷起主导作用。织造经费最初来自地方杂项收入，万历以后耗费甚巨，需户工两部协济筹办，对明朝的财政、吏治及军事均产生了较大的负面影响。内廷外朝围绕陕西织造进行了一系列的争论，士大夫往往失败，反映了明朝君主专制的强大。

关键词：明代　官营织造　羊绒　运作方式　内外廷争论

明代宫廷所用服饰由官方设立的织染局置办。南北两京分别设有内廷主管的内织染局和工部主管的织染所，地方一些布政司、府也设有织染局。[①]陕西虽然没有织染局，但承担一定的织造任务，尤其是羊绒的织造。学界对陕西织造已有所论及[②]，但仍需深入考察。本文试对陕西织造的沿革、运作及经费等方面做一梳理，进而探讨围绕陕西织造的内外廷争论及

---

[*] 陈支平，男，厦门大学国学研究院教授，主要从事中国经济史、明清史、中国民族史、朱子学研究；孟兆鑫，男，厦门大学哲学系博士研究生，主要从事明清史研究。

[①]（明）申时行等修《（万历）明会典》卷二〇一《工部·缎匹》，中华书局，1989，第1010页。

[②]刘景纯：《明清时期陕西的织造局与铸钱局》，《长安大学学报》（社会科学版）2016年第1期。

其影响。

一 陕西织造的沿革

地方官府织造是中国古代官营手工业的一种方式，由来已久。西汉时期，一些地方就设置专门的纺织手工业部门，称为服官。① 唐代，两京和诸州设立了官织锦坊进行高级丝织品的制作。② 宋代，朝廷在长江中下游、四川等地设立了若干织造场务，但陕西地区在当时并未建立起与之类似的官营手工业。③ 元代，陕西奉元、延安、兴元三路均设有织染局。④ 但明初，陕西地区的织染局被废止。

陕西自唐以来就是毡、褐等毛织品的重要产地。《唐六典》记载："关内之原、夏等州贡白毡……会州贡驼褐。"⑤ 元代，马可·波罗途经宁夏地区，说"城中制造驼毛毡不少，是为世界最美丽之毡，亦有白毡，为世界最良之毡，盖以白骆驼毛制之也"⑥。由此可见，陕西生产毛织品的历史悠久，并且工艺娴熟。毡、褐深受蒙古贵族喜爱，奉元等路织染局织造的应是毡、褐等毛织品。入明之后，毛绒制品仍受皇室喜爱，宫廷内颇有需求。永乐时期便以买办的形式令内官于陕西地区索买驼毼，还"令专业者给官料织造五十匹，岁以为常"⑦，到正统元年才一度中止。另外，明前期陕西每年须解进绫、绢、毯、毼九百余匹，之后废除。⑧

陕西织造羊绒开端于弘治年间。孝宗皇帝数次下旨陕西织造，实际只施行两次，数量也不多。第一次是在弘治四年（1491），要求生产百匹左右，弘治六年（1493）在西安知府严永浚的请求下停止，最终生产不足25

① 宋治民：《汉代手工业》，巴蜀书社，1992，第110页。
② 刘玉峰：《唐代工商业形态论稿》，齐鲁书社，2002，第41页。
③ 韩桂华：《宋代官府工场及物料与工匠》，花木兰文化出版社，2010，第44～45页。
④ 《（雍正）陕西通志》卷二二《职官三》，《中国地方志集成》，凤凰出版社，2011，第621页。
⑤ （唐）李林甫等撰，陈仲夫点校《唐六典》卷三《尚书·户部》，中华书局，1992，第65页。
⑥ 〔法〕沙海昂注，冯承钧译《马可波罗行纪》，商务印书馆，2012，第150页。
⑦ 《明英宗实录》卷一九，"正统元年闰六月己巳"，"中央研究院"历史语言研究所校印本，1962，第370页。本文所引《明实录》均为"中央研究院"历史语言研究所校印本。
⑧ 陕西解进绫、绢、毯、毼九百余匹见于正统元年闰六月己巳陕西参政年富的奏章。《明英宗实录》卷一九，"正统元年闰六月己巳"，第370页。但《正德会典》《万历会典》列举的各省直岁贡数量皆没有提及，故此项岁贡或在正统元年之后废除。

匹①。另一次是弘治十二年（1499），明廷要求生产羊绒500余匹。弘治十四年（1501），兵部尚书马文升以陕西地震上疏请停，得到批准②，最终生产数量不明，但不会超过50匹。根据陕西巡按御史张文的上奏："顷者司礼监一再传写帖子，令陕西、甘肃二处守臣，如所降图式，织彩妆绒毲曳撒数百事。"③ 可见织造的是以加绒毛布为原材料，使用了妆花工艺的曳撒。而"其色有赭黄赤紫，其象有狮蟒云龙"④，规格很高。曳撒改自蒙古民族服饰腰线袄，明前中期是皇帝、内臣及百官的"燕闲之服"，之后行用范围不断扩大，上层官贵使用相当普遍⑤。陕西织造的曳撒材料昂贵、工艺先进、色彩图案尊贵，专供内廷使用。

正德、嘉靖年间，内廷人员数量膨胀，皇室需索日增，陕西织造渐多。武宗于正德十一年（1516）下令织造各色彩妆绒金衮龙绒服，具体数目不明，只知"所费不赀"⑥，数量应当不少。世宗即位短暂革除之后，嘉靖五年（1526），在太监刁永请求下，陕西开始织造羊绒。⑦ 终嘉靖之世，陕西织造屡有记载。从弘治年间开始，外朝士大夫始终反对在陕西进行织造，陕西地方凋敝与不合祖制是主要理由。弘治十三年（1500），陕西巡抚熊翀言："今天象示戒，胡虏猖獗，陕西榆林、宁夏烟火连接，仓庾刍饷在在空虚。"⑧ 嘉靖初，乔祺也说："陕西地方，连年苦于兵革，病于饥馑。"⑨ 他们认为陕西战乱频仍、民生凋敝，织造会加重地方负担。此类奏章不胜枚举。此外，陕西织造并非祖宗之制，官员们以此来否定其合法性。甚至到了嘉靖年间，还说陕西织造是"弘治、正德间偶一为之"⑩，不承认其为祖宗成例。杨一清言："羊绒初本庶民贱者之服，非宫庭所宜御，

---

① 《明孝宗实录》卷八一，"弘治六年十月庚辰"，第1540~1541页。
② 《明孝宗实录》卷一七一，"弘治十四年二月戊戌"，第3116~3117页。
③ 《明孝宗实录》卷六〇，"弘治五年二月庚午"，第1159页。
④ （明）廖道南：《楚纪》卷二六《孚谏内纪后篇·严永濬》，《北京图书馆古籍珍本丛刊》第7册，书目文献出版社，1990，第431页。
⑤ 参见罗玮《明代服饰中的蒙元影响考》，载达布扎力主编《中国边疆民族研究》（第三辑），中央民族大学出版社，2010，第17~20页。
⑥ 《明武宗实录》卷一四七，"正德十二年三月戊戌"，第2876页。
⑦ 《明世宗实录》卷六二，"嘉靖五年三月丙申"，第1443页。
⑧ 《明孝宗实录》卷一六四，"弘治十三年七月戊午"，第2974页。
⑨ （明）乔祺：《收成命以防后患疏》，（明）贾三近：《皇明两朝疏抄》卷四，《续修四库全书》第465册，上海古籍出版社，2002，第137页。
⑩ 《明世宗实录》卷六三，"嘉靖五年四月己卯"，第1469页。

故常贡之所不及。近年奸巧之徒，造为织金妆花之丽，五彩闪色之华，人始贵之。"① 认为羊绒本是平民百姓的服饰，不适合皇帝穿着，只是近年采取织金、妆花等工艺，并结合鲜艳的色彩才成为一时风尚，并指出它"常贡之所不及"，违反祖制，希望停止陕西织造。世宗去世后，陕西织造在遗诏中被宣布废除。②

虽然外朝不断反对，但羊绒逐渐成为宫廷必不可少的供应品，陕西织造因而演化为成例，且变本加厉，规模越来越大。隆庆五年（1571），明廷再度遣内臣往陕西督造，数量达到32240匹。③ 万历即位之初，下诏停免。④ 这次停免时间较长，直到20多年后才再度织造。⑤ 万历二十三年（1595），朝廷下令陕西织造，"其数七万四千七百有奇，估价一百六十余万两"⑥，数量之多、费用之大，前所未有。工部的上奏说明了此次织造具体的施行方式："陕西织造羊绒既奉明旨宽恤，每岁解进一运，以四千为率，酌工料银一十万两。"⑦ 万历三十四年（1606）的诏书披露了实施的具体情况："万历二十三年，原派四万八千余套匹，今解过三万六千余匹，当此民穷财尽之日，工料繁巨，措处实难，但系御用不可缺之需，未完数内，前岁已有旨每年织进三千匹，今于每岁再减一千匹，以苏民困。"⑧ 可以算出，除了万历二十三年（1595）织造数量较少⑨和三十三年（1605）织造3000匹外，其他年份基本完成了4000匹的任务。此后，陕西织造继续存在⑩，但织造具体数额及实际织造数量，史料中已不常见。明末，陕西地区社会动荡，战争频繁，织造逐渐废弛。

---

① （明）杨一清著，唐景绅、谢玉杰点校《杨一清集·阁谕录》卷四《论弘圣德奏议》，中华书局，2001，第906页。
② 《明穆宗实录》卷一，"嘉靖四十五年十二月甲子"，第12~13页。
③ （明）黄光升著，颜章炮点校《昭代典则》卷二八，广陵书社，1987，第34页。
④ 《明神宗实录》卷二，"隆庆六年六月癸亥"，第17页。
⑤ （明）赵志皋：《赵志皋集·内阁奏题稿》卷四《题减织羊绒》，浙江古籍出版社，2012，第191页。其中说："织造羊绒袍服，先朝已行，皇上临御二十余年，乃始传谕织造。"
⑥ 《明神宗实录》卷二八二，"万历二十三年二月壬子"，第5214页。
⑦ 《明神宗实录》卷二八二，"万历二十三年二月乙卯"，第5216页。
⑧ 南炳文、吴彦玲辑校《辑校万历起居注》，"万历三十四年二月甲寅"，天津古籍出版社，2010，第2332页。
⑨ 陕西巡抚吕鸣珂以第一年时间紧迫、机张废弛为由，请求减免第一年的织造数量，得到神宗同意。见《明神宗实录》卷二八八，"万历二十三年八月庚申"，第5339页。
⑩ 《明熹宗实录》卷一，"泰昌元年九月庚辰"，第30页。明熹宗的即位诏中提到织造羊绒。

二 陕西织造的运作

陕西织造不见于《明会典》等行政法典，缺乏明确的制度规定。据《明会典》载，织造有三种名目：岁造、坐派与召买①，而陕西织造羊绒与此三种都有所不同。弘治四年的织造是"司礼监一再传写帖子"②，令陕西地方官织造。这里的帖子指揭帖，是一种下行官揭③。嘉靖时也有官员称："弘治四年、正德十一年皆止是赍司礼监揭帖行彼处镇、巡等官织办。"④ 杨一清的一件题本记述了这种揭帖产生、施行的过程：

> 弘治十八年五月初七日，奉司礼监印信揭帖。本年四月十六日，本监太监陈宽等于乾清宫钦奉圣旨："恁司礼监写帖子去说与陕西镇、巡等官刘云等知道，今该内织染局奏行彼处变染各色银鼠皮……钦此。钦遵。"本监今将奉到旨意事理，备云前去陕西镇、巡等官太监刘云等钦遵施行。⑤

这是一道司礼监令陕西染造银鼠皮的揭帖，与下令织造的揭帖格式应大致相同。内织染局先奏请在陕西变染各色银鼠皮，然后皇帝下圣旨给司礼监，司礼监再写揭帖将此事传达给陕西地方。可以看到，整个过程完全在内廷进行，由司礼监直接向陕西镇守中官、巡抚下达命令。本应负责国家营造事务的工部被架空。

司礼监传写揭帖下达皇帝命令的现象在明中期较为常见，其中一项重要内容就是令地方进贡宫廷用品。如正德八年（1513），司礼监太监萧敬奉旨写帖令陕西镇守太监廖堂等制作毡帐房、影壁等物。⑥ 这种揭帖传旨，满足的大都是皇帝个人需求，它们既非国家制度，又无成例在先，走正规

---

① （明）申时行等修《（万历）明会典》卷二〇一《工部·织造》，第1009页。
② 《明孝宗实录》卷六〇，弘治五年二月庚午，第1159页。
③ 参见赵瑶丹《论明代官揭进呈和发抄》，《东岳论丛》2017年第11期。
④ （明）张嵩：《乞止差官织造疏》，（明）孙旬：《皇明疏抄》卷一三，《四库禁毁书丛刊》补编第18册，北京出版社，2005，第327页。
⑤ 《杨一清集·关中奏议》卷四《为谨服用以崇盛德事》，第141页。
⑥ （明）蓝章：《蓝司寇公劳山遗稿》，《四库未收书辑刊》第5辑第18册，北京出版社，1997，第6页。

渠道不仅程序烦琐，还可能遇到工部、工科甚至内阁的阻碍，使用内官直接传旨，更易于达到目的，而遍布各地的镇守中官，也能直接执行内廷的旨意。正如弘治年间陕西巡按御史张文所言："夫朝廷之事，必由有司而达于天下，今帖子出于内监，则工部之设，似为无用，然臣于是窃有以知圣心必有不自安于此者，故不欲令有司显然行之。"①

这种情况在嘉靖以后发生变化。据嘉靖五年（1526）给事中张嵩的奏疏载："近该内织染局太监刁永等题称，供应羊绒袍服不敷，欲照先年事理，请敕差官前去陕西织造，惟复敕工部另行计处。奉圣旨，准写敕差官前去织造。"② 这次织造与此前不同，在内织染局太监请求皇帝后，世宗没有直接让司礼监写帖给陕西地方官，而是令工部计处。嘉靖十年（1531），明廷撤回陕西镇守太监，③ 原来通过司礼监写帖予镇守中官织造的方式就无法继续实行了。于是，工部等外朝衙门越来越多地参与进来。

万历年间的陕西织造为坐派，由工部负责执行。据内阁大学士赵志皋奏疏载："臣等先蒙发下织染局金书御用监太监柳用等一本：钦奉圣谕，行陕西织造羊绒。奉圣旨：是，工部知道。后又发下工部一本为织造事，令臣等拟票。"④ 这次陕西织造由内织染局太监题请，皇帝同意后下发内阁，又通知工部，基本符合坐派的程序。至此，陕西织造终于被纳入正式的国家体制中。工部虽然可以对陕西织造的施行与否、如何施行提出意见，在织造经费困难时，也需筹措，但由于陕西织造没有具体规制，再加上内廷势力强大，它很难参与决策，主要负责处理具体事宜。

陕西织造从揭帖传旨发展到坐派的过程中，内廷宦官始终占据主导地位。他们是织造的提出者，一般皇帝也会批准。在织造过程中，他们也发挥重要作用。弘治年间，明廷即差内官前往陕西织造绒褐。⑤ 嘉靖年间，也时常差遣内官前往织造，"嘉靖五年差太监梁玉织造，七年以陕西灾伤取回。二十四年差太监孟忠织造，二十九年以绒匹稀松，奉旨着锦衣卫官

---

① 《明孝宗实录》卷六〇，"弘治五年二月庚午"，第 1160 页。
② （明）张嵩：《乞止差官织造疏》，（明）孙旬：《皇明疏抄》卷一三，《四库禁毁书丛刊》补编第 18 册，第 327 页。
③ 《明世宗实录》卷一二九，"嘉靖十年八月丁酉"，第 3068 页。
④ （明）赵志皋：《赵志皋集·内阁奏题稿》卷四《题减织羊绒》，第 191 页。
⑤ 《明孝宗实录》卷一七一，"弘治十四年二月己亥"，第 3116 页。

校将忠拿解来京。"① 有时，一些买办内官也进行织造，世宗即位之初清理
前朝宦官时，就说："太监张玉假采办进贡之名，于兰州等处织造各样织
金大红绒段，殆及数千，需索毡帐、帏幔之类，糜费巨万。"② 而在万历
时，陕西抽税太监梁永想要监管织造，便"交结巨珰，令棍党具本进言陕
西织造不中式，乞着税监兼管"③。在工部和陕西地方官员的抵制下才未
实现。

内官多方面参与陕西织造，引起了外朝官员的反对。嘉靖五年（1526），
工科给事中张嵩等言："陕西外困蕃丑，内被征徭，民困未息，不堪中使
之扰，请改命工部经度其费，而以其事属之抚臣便。"④ 张嵩反对的理由是
内官扰民。一方面，内官及随从官舍匠作需要地方供养，增加了织造费
用。另一方面，在士大夫眼里，内官往往挟私敛财。正德年间，廖銮为陕
西镇守太监主管织造，杨一清指斥其"以织造之故，剥民膏脂，痛苦入
骨"⑤。监管织造不仅有经济收益，还能大作威福。廖銮监管陕西织造时，
命令陕西巡抚盛应期督造绒罽，且"檄文严峻"。⑥

陕西镇守太监、巡抚、布政使等官负责具体的织造事务，包括经费筹
措、原料采买、织房建设等，织造若不能顺利完成，他们会受到惩罚，比
如嘉靖二十八年（1549），陕西左布政使王晃因为"迟误供应织造料价"⑦
被降为浙江布政使司左参政。万历二十四年（1596），"宥陕西巡抚贾待问
织造愆期罪，敕后运全数解进，不许支吾渎扰"⑧。虽宥贾待之罪，但要求
他之后的织造必须全数织造解运，不许再以各种原因请求减免。

陕西未有织染局之设，织造事宜由杂造局经办。晚清成书的《明通
鉴》记载："永乐间增设内外各织染、织造局，遂及陕西之驼氀。"⑨ 此段

---

① （明）何士晋：《工部厂库须知》卷九，《续修四库全书》第878册，上海古籍出版社，2002，第685～686页。
② 《明世宗实录》卷三，"正德十六年六月壬寅"，第143页。
③ （明）王在晋：《越镌》卷八《水衡纪略》，《四库禁毁书丛刊》集部第104册，北京出版社，1997，第355页。
④ 《明世宗实录》卷六二，"嘉靖五年三月丙申"，第1443页。
⑤ 《杨一清集·阁谕录》卷四《论弘圣德奏议》，第904页。
⑥ （明）焦竑著，唐景绅、谢玉杰点校《国朝献征录》卷五九《都察院右都御史吴江盛公应期传》，学生书局，1984，第2502页。
⑦ 《明世宗实录》卷三四九，"嘉靖二十八年六月丁未"，第6317页。
⑧ 《明神宗实录》卷三〇一，"万历二十四年闰八月己巳"，第5646页。
⑨ （清）夏燮：《明通鉴》卷二二，中华书局，1959，第893页。

史料较为模糊，未明确说明陕西建立织造局。上文论及，索买驼骓属于买办性质，官方虽提供原料给专业者进行生产，但非地方官府织造，且正统元年（1436）即废，《明通鉴》记载不知源于何处。明承元制，在各布政使司设有杂造局①，主要负责制造杂物。弘治年间，西安知府就提到陕西杂造局为织造场所。② 杂造局承担织造任务时，要设立织房。弘治五年（1492），言官张九功上奏说："今陕西诸司动支帑银，收买物料，往南京转雇巧匠，科买湖丝，又于城中创造织房。"③ 杨一清的奏疏也明确提到织房设在西安。④

织房虽然设在西安，但部分织造工人及丝绸等原材料来自江南，羊绒则取自临洮、兰州等地。据言官宁举说："丝缕并挑花人匠，又取之江南。"⑤ 江南地区织造业发达，技术先进，因此挑花等较精细的工艺需从江南雇请匠人负责。杨一清奏疏言羊绒来自临洮、兰州。⑥ 万历年间，陕西巡抚吕鸣珂也奏称"蚕丝取之异省，绒线产于临兰"⑦。当时临洮、兰州地区饲养山羊，《天工开物》记载："矞芳羊，唐末始自西域传来，外毛不甚蓑长，内毳细软，取织绒褐。秦人名曰山羊，以别于绵羊。此种先自西域传入临洮，今兰州独盛，故褐之细者皆出兰州。一曰兰绒，番语谓之孤古绒，从其初号也……此褐织成，揩面如丝帛滑腻。每人穷日之力打线只得一钱重，费半载工夫方成匹帛之料。"⑧ 昂贵精致的山羊绒应为陕西织造的羊绒来源。陕西织造的原料、工人、生产地均不一致，用料、工艺又极尽奢华，必然要耗费大量的经费。

三　陕西织造的经费

史料记载了四次织造的费用情况。弘治六年（1493）织造不足 25 匹，

---

① （清）张廷玉等：《明史》卷七五《职官四》，中华书局，1974，第 1839 页。

② 《明孝宗实录》卷八一，"弘治六年十月庚辰"，第 1540 页。

③ 《明孝宗实录》卷六一，"弘治五年三月丙子"，第 1162～1163 页。

④ 《杨一清集·阁谕录》卷四《论弘圣德奏议》，第 905 页。

⑤ 《明孝宗实录》卷一六一，"弘治十三年四月癸丑"，第 2905 页。

⑥ 《杨一清集·阁谕录》卷四《论弘圣德奏议》，第 905 页。

⑦ 《明神宗实录》卷二八八，"万历二十三年八月庚申"，第 5339 页。

⑧ （明）宋应星著，管巧灵、谭属春点校、注释《天工开物》卷二《褐、毡》，岳麓书社，2002，第 68 页。

其"买办物料及顾请匠作织造已费用银二千余两"。① 弘治十二年（1499）开始的织造在十三年七月"织成才二十匹，工程已阅十月，费用已逾万两"②。最终的费用不明。而"绒褐一匹所费不下一二百两"。③ 隆庆年间织造32240匹的计划虽未完成，但有经费预算："近据司府报监官开数，各色袍服凡三万二千二百四十匹套，而抚按诸臣会计诸物料价七十五万余金，其他进贡之盘费，匠作之工赏，机张之修整，监官之供需，傔从之廪粮，尚不及计要之，虽百万未已也。"④ 万历时期的陕西织造也估价"一百六十余万两"。弘治年间织造数量较少，虽然制作成本较高，但总体费用不多，而隆庆、万历年间，每匹的成本有所下降，但数量增加，经费预算动辄上百万，耗费甚巨。

如此巨大的经费，须多方筹措。最初，织造主要由地方财政支出。弘治五年（1492）的织造，有"陕西诸司动支帑银"⑤ 的记载，具体为"州县皂隶斋夫之所出办"⑥，即地方差役所折之银。另外，还要向下属州县征丝等原材料。⑦ 随着织造规模的扩大，地方财政已无力负担。正德十二年（1517），陕西镇巡官奏："织造上用各色彩妆织金衮龙绒服所费不赀，乞留所属州县京班匠价及诸料价，仍开知印、承差、吏典、阴阳、医学、僧道官、生员纳银例，并将淮浙四川引盐、河东户口食盐开中者，俱令本省纳银，以备用事。"⑧ 可见除了地方财政外，还截留了本应交给中央的京班匠价及诸料价，动用了供应边饷的盐引价银。甚至为此开例捐纳，通过卖官筹措织造费用。嘉靖五年织造亦是如此，据杨一清奏疏言："工部所言处借支例银陕西织造羊绒袍服，因本省赃罚银不敷，欲借支本部开纳事例银五千两。"⑨ 虽然在杨一清的多次反对下，没有使用工部开纳事例银，但

---

① 《明孝宗实录》卷八一，"弘治六年十月庚辰"，第1540页。

② 《明孝宗实录》卷一六四，"弘治十三年七月戊午"，第2974页。

③ 《明孝宗实录》卷一六一，"弘治十三年四月癸丑"，第2905页。

④ （明）萧廪：《乞恩裁省以安民生疏》，（明）孙旬：《皇明疏抄》卷二五，《四库禁毁书丛刊》补编第18册，第547页。

⑤ 《明孝宗实录》卷六一，"弘治五年三月丙子"，第1162~1163页。

⑥ 《明孝宗实录》卷八一，"弘治六年十月庚辰"，第1541页。

⑦ （清）程维雍修，白遇道纂《陕西省高陵县续志》卷四，《中国方志丛书·华北地方·第二三二号》，成文出版社，1969，第177页。

⑧ 《明武宗实录》卷一四七，"正德十二年三月戊戌"，第2876页。

⑨ （明）杨一清：《条陈修省事宜》，载（明）陈子龙等辑《明经世文编》卷一一九，中华书局，1962，第1134页。

可以看出地方财政已经难以支撑。隆庆五年（1571）织造，明廷令"免解陕西料价一年，以充织造之费"。①

万历中期，织造数量剧增和陕西地方财政不敷，迫使明廷从工、户二部库银中动支。万历二十三年（1595），工部左侍郎沈思孝说陕西织造经费"不得不取给于臣部，然所恃以协济者户部耳。臣与杨俊民酌议处银三十万两，派为三分，户部九万两，工部十一万两，该省十万两，即户部以户三工七为辞，而臣部工料银两将竭，似难准从"②。虽然工部银两短缺，但在户部的反对下，最后仍按户三工七的比例拨银。③ 根据记载，工部"岁解织造羊绒银五万"④，而户部"陕西羊绒每年借支二万二千五百两"⑤，符合户三工七的比例。万历三十三年（1605），陕西巡抚顾其志以织造工料匮诎，奏乞减免，但皇上没有同意，而是让工部"设处工料与他"。⑥ 可见除了每年定额的拨款外，在陕西地方工料不足，工部还需要提供额外的支持。万历三十三年时裁撤了一部分矿监税使，但陕西却因羊绒织造之故并没有裁撤税使。⑦ 织造经费筹措已经是陕西地方财政的一大支出，成为朝廷法外科敛的一个理由。

在明代后期财政日益紧缺的情况下，不仅陕西地方难以负担织造，中央也捉襟见肘。户部每年二万余两的协助银都难以筹措⑧，地方更是财政困难，甚至"扣兵饷二十万两为协助羊绒也"。⑨ 这时候，杂项收入已经远远不够，必须使用正额的税收甚至是兵饷。为满足皇室、内廷奢靡享受而置的陕西织造，已经对国家的财政、吏治及国防造成较大的消极影响。

---

① 《明穆宗实录》卷五九，"隆庆五年七月辛巳"，第 1450 页。
② 《明神宗实录》卷二八二，"万历二十三年二月乙卯"，第 5217 页。
③ 《明神宗实录》卷二八二，"万历二十三年二月丙辰"，第 5217 页。
④ （明）王在晋：《越镌》卷八《水衡纪略》，《四库禁毁书丛刊》集部第 104 册，第 353 页。
⑤ （明）杨嗣昌著，梁颂成辑校《杨嗣昌集》卷一《覆留金花等银充辽饷稿》，岳麓书社，2005，第 4 页。
⑥ 《明神宗实录》卷四一三，"万历三十三年九月戊寅"，第 7736 页。
⑦ 《明神宗实录》卷四五六，"万历三十七年三月甲午"，第 8602 页。
⑧ 《明神宗实录》卷五七一，"万历四十六年六月戊寅"，第 10776 页。
⑨ （明）赵世卿：《司农奏议》卷三《计储兵饷疏》，《续修四库全书》第 480 册，上海古籍出版社，2002，第 198 页。

结　语

明代内廷对羊绒制品的需求明显受到了蒙元文化影响，尤其是弘治年间织造的曳撒，完全继承了蒙元服饰的特点。此外毡帐、银鼠皮等物品，皆源于蒙古，足见明代受蒙元影响之深远。朝廷选择在陕西织造羊绒，不仅是因为当地出产原料，更因其在元代就有加工动物皮毛的传统，于是成为后世织造羊绒的首选之地。明代陕西织造在数量上经历了不断增加的过程，到万历中后期达到顶峰。这与明朝内廷人数增多、开支增大相一致。明后期陕西织造经费急剧膨胀从而造成资金匮乏的情况，是明廷财政危机的一个缩影。陕西织造对明代财政、吏治及军事都产生较为严重的消极影响。

明代陕西织造经历了一个制度化的过程。最初下达此命令的文书是司礼监揭帖，它不经过外朝，与明中期盛极一时的传奉如出一辙。更有意思的是，它与传奉都在嘉靖以后趋于消亡，这并非巧合。无论揭帖传旨还是传奉，都是非正规的政务运作形式，但经过长期延续，其所传达的内容变为"祖宗成例"，可以通过正式途径而实现。嘉靖时期撤销各地镇守中官，一定程度上也是因为镇守中官的各项职能已经制度化，可以交由巡抚等官处理。而织造的制度化，也使得工部、户部必须给予财政支持。士大夫们之所以反对宦官织造，不仅是为了减轻陕西负担，更是借此机会与内廷争夺权力。但在历次内外廷争论中，士大夫往往处在下风，这是因为宦官代表着皇帝的利益，文官集团已无法阻止皇帝的私人需求，难以改变任何内廷的决定，只能执行。皇帝的私事成为国家的公事，体现了皇权的扩张。

A Study on Official Textiles of Shaanxi in Ming Dynasty

Chen Zhiping　Meng Zhaoxin

Abstract：Under the influence of Mongolian culture, the royal family of Ming Dynasty used a large number of woollens. Shaanxi Province, which was rich in wool, had the task of producing woollens although there was no Textile Manufactory Bureau. Shaanxi official textiles began in the Chenghua period, and its scale reached its peak in the Wanli period, coincided with the increasing number of people and expenditure of the imperial court in the Ming Dynasty, which was one of the signs of the increasing decay of the imperial court. Shaanxi official textiles was gradually institutionalized, which was in the charge of the eunuch, the Ministry of Works and Shaanxi's government officials, and the eunuch played a leading role. The funds originally came from local authorities' miscellaneous income. After the Wanli period, its cost is shared by the Ministry of Works and the Ministry of Revenue. Shaanxi official textiles had a great negative impact on the Ming Dynasty's finance, official management and military affairs. The inner court and the outer court had a series of struggles about Shaanxi official textiles, and the scholar-officials often failed, which reflected the strong autocratic monarchy in the Ming Dynasty.

Keywords: Ming Dynasty; Official Textiles; Woollens; The Way of Operation; Political Struggle

从民间契约看清徐乡村
亲邻先买权制度的衰落

郝　平　张文瀚[*]

摘　要： 亲邻先买权是中国传统乡村社会中普遍存在的制度。但从自清徐乡村收集的契约来看，进入民国后，家族内部的田房交易大量减少，亲邻先买权制度趋于衰落。究其原因，很大程度上是近代以来清徐人口的大规模流动。清徐浓厚的经商风气和咸丰年间东北封禁政策的放宽共同促使清徐人口前往东北经商移民，从而削弱了宗族社会，导致亲邻先买权制度趋于衰落。

关键词： 清徐　亲邻先买权　契约文书　人口流动

在传统乡村社会中，土地、房产等买卖长期存在着亲邻先买权制度。所谓亲邻先买权，是指卖主在出卖田房时，必须询问自己的亲属和四邻，亲邻享有优先购买的权利。中国传统乡村社会是以血缘关系为基础构成的宗法社会，而亲邻先买权制度的存在不仅使本家族的土地保留在族内成为可能，而且增强了家族成员的宗族观念，从而巩固了宗族组织，维持了乡村社会的正常运转。

作为民间广泛使用的私文书，契约真实地记载了民间社会经济生活情况，是考察亲邻先买权制度最直接的材料。通过梳理契约中买卖双方之间的社会关系，可以了解传统社会中田房流转的大致方向。因此要考察和分析亲邻先买权制度，契约文书是必不可少的，笔者从清徐县东青堆村收集到93份契约，从时间上来看，这批契约跨越了从清嘉庆十年（1805）至

---

* 郝平，男，1968年生，山西大学历史文化学院教授，博士生导师，主要从事中国近现代史、区域社会史研究；张文瀚，男，1991年生，中共吕梁市委党校讲师。

民国二十六年（1937）共 132 年的时间。其中，涉及东青堆村王氏家族的契约有 47 份。

清徐历史悠久，文化底蕴深厚，是三晋文化的重要组成部分。清徐地区置县，始于春秋后期。清初，清源、徐沟两县均由太原府管辖。清乾隆二十九年（1764），清源改县为乡，由徐沟县管辖。民国元年（1912），重新设置清源县。民国四年（1915），降清源县为镇，重新隶属于徐沟县。民国六年（1917），复置清源县。1952 年 7 月，清源、徐沟两县合并，定名清徐县。① 东青堆村地处清徐县东南部，东临汾河，是一个历史悠久的村落。

东青堆村的王氏家族属于南门王氏。清徐县清源镇内王姓主要有两支（俗称"南门王""北门王"），其中南门王氏人数较多。据南门王氏家谱记载，此王氏为太原王氏后裔，今已传 26 世，其支派分居县内吴村、东青堆村、大北、六合、西谷、尧村等 20 多处。本文将从东青堆村契约入手，结合收集到的王氏家谱，围绕东青堆村王氏家族这一个案，揭示清至民国时期清徐县乡村亲邻先买权制度的变化情况。

一　契约所见亲邻先买权制度的衰落

亲邻先买权实质上就是田宅等不动产的优先购买权，是指田宅在出典、出卖时，一定范围内的主体在同等条件下，根据不同情况对该田宅享有优先购买或回赎的权利。② 中国古代的不动产优先购买权最早出现于中唐。宋代关于亲邻权已经有明确的法律规定，宋时敕文规定："［准］建隆三年十一月五日敕文……二臣等参详，自唐元和六年后来条理，典卖物业……应典、卖、倚当物业，先问房亲，房亲不要，次问四邻，四邻不要，他人并得交易。房亲着价不尽，亦任就得价高处交易。如业主、买主二人等欺妄亲邻，契贴内虚抬价钱，及亲邻安有遮都者，并据所欺钱数，与情状轻重酌量科断。"③

明清的法律中对不动产优先购买权没有规定。这是由于亲邻先买权的存在有可能损害出典人的利益，造成不公平交易，容易引发民间诉讼。雍正三年（1725），河南巡抚田文镜在河南境内否定了亲邻以此为借口告争

---

① 清徐县地方志编纂委员会编《清徐县志》，山西古籍出版社，1999，第 3 页。
② 吕志兴：《中国古代不动产优先购买权制度研究》，《现代法学》2000 年第 1 期。
③ 薛梅卿点校《宋刑统》，法律出版社，1999，第 131～132 页。

的做法。"田园房产为小民性命之依，苟非万不得已，岂肯轻弃。既有急需，应听其觅主典卖，以济燃眉，乃豫省有先尽业主邻亲之说……嗣后不论何人许买，有出价者即系售主。如业主之邻亲告争，按律治罪。"[①] 虽然官方不鼓励亲邻先买权的应用，但这种优先权是约定俗成的规定，成为田房典、卖中必须遵循的原则。如果没有向亲族、邻人等优先购买权人征求意见，把田房出典或出卖，就会被认为是私卖。

同清朝一样，民国在法律上也不支持亲邻先买权的存在。大理院在判决吉林省关于亲邻先买权的案件时认为："盖此种习惯非仅为所有权处分作用限制，及于经济上流通与地方之发达均不无障碍，为公共秩序、利益计，断难予以法之效力。"[②] 虽然亲邻先买权得不到官方的法律支持，但依然是民间约定俗成的习惯。在 20 世纪 30 年代，"满铁"调查的华北乡村，几乎都存在着亲邻先买权制度。[③]

亲邻先买权最直观的体现就是契约中交易双方存在的亲族关系。那么东青堆村的田房契约是否体现了亲邻先买权呢？换言之，田房契约中的交易双方究竟是否存在亲邻关系呢？下面以南门王氏家谱和东青堆村中南门王氏家族契约为基础，对交易双方的关系做梳理，见表1与图1。

从表 1 和图 1 可以看到，在所有交易中，王氏家族内部的交易占了62%，外部的田房交易占了 35%，王氏家族内部的土地房产交易量在总数中占据绝对优势，且有些交易双方的亲属关系相隔并不远。这些都表明亲邻先买权切实存在于王氏家族的交易中。

表 1　清代东青堆村王氏家族契约交易双方关系

题名	卖方（出租方）	买方（承租方）	双方关系
嘉庆十年（1805）徐沟县王万寿卖地基契	王万寿	王益卿	远亲
嘉庆十五年（1810）徐沟县王凤鸣等卖房契	王凤鸣等	王定	远亲
嘉庆十九年（1814）王玘泰等典地契	王玘泰等	王万寿	远亲

① （清）田文镜：《抚豫宣化录》，中州古籍出版社，1995，第 256 页。

② 因大理院认为："凡习惯法成立之要件有四：（1）要有内部要素，即人人有法之确信心。（2）要有外部要素，即于一定期间内就同一事项反复为同一之行为。（3）要系法令所未规定之事项。（4）要无悖于公共秩序、利益。"转引自张生《民国初期民法的近代化——以固有法与继受法的整合为中心》，中国政法大学出版社，2002，第 80 页。

③ 〔美〕杜赞奇：《文化、权力与国家：1900—1942 年的华北农村》，王福明译，江苏人民出版社，2010，第 132 页。

续表

题名	卖方（出租方）	买方（承租方）	双方关系
嘉庆二十年（1815）徐沟县温中栗卖地契	温中栗	王宁	无亲邻关系
嘉庆二十年（1815）徐沟县温涌龙卖地契	温涌龙	王如玉	无亲邻关系
道光七年（1827）徐沟县王锦瑞卖地契	王锦瑞	王功高	远亲
道光十二年（1832）徐沟县王泰荣卖地契	王泰荣	王如玉	远亲
道光十三年（1833）徐沟县王鹏卖地契	王鹏	王志仁	远亲
道光十七年（1837）徐沟县王保宁卖地契	王保宁	王思明	远亲
道光十七年（1837）徐沟县田赐和等卖地契	田赐和等	王上文	无亲邻关系
道光十九年（1839）清源县王保成卖地契	王保成	王上德	远亲
道光二十四年（1844）徐沟县秦汝龙卖地契	秦汝龙	王上德	无亲邻关系
咸丰三年（1853）徐沟县冀发旺卖地契	冀发旺	王功高	无亲邻关系
咸丰五年（1855）徐沟县王世才卖房契	王世才	王奉璋	远亲
咸丰五年（1855）王上德等租房契	王上德等	万兴隆记	无亲邻关系
咸丰五年（1855）王世才卖房契	王世才	王奉璋	远亲
咸丰五年（1855）徐沟县王致威卖地契	王致威	武鸿扬	无亲邻关系
咸丰九年（1859）徐沟县王致荣卖地契	王致荣	武廷玑	无亲邻关系
咸丰十年（1860）徐沟县王贤佐等卖房契	王贤佐等	王景星	远亲
咸丰十年（1860）徐沟县王庆宏卖场地契	王庆宏	王世祥	远亲
同治元年（1862）徐沟县王福星等卖房契	王福星等	王致远	远亲
同治二年（1863）徐沟县王世才卖房契	王世才	王上宾	远亲
同治四年（1865）王宝珠等卖地契	王宝珠等	秦永	无亲邻关系
同治七年（1868）徐沟县王思智卖房契	王思智	王致远	远亲
同治七年（1868）徐沟县王梁氏等卖房契	王梁氏等	王世祥	远亲
同治十二年（1873）徐沟县刘善昌等卖地契	刘善昌等	王世祥	无亲邻关系
光绪元年（1875）王泰临典地契	王泰临	王瑞临	兄弟
光绪三年（1877）徐沟县王之干卖场地契	王之干	王世英	远亲
光绪四年（1878）徐沟县秦云祥卖地契	秦云祥	王泰临	无亲邻关系
光绪七年（1881）徐沟县王承先等卖地契	王承先等	王世祥	叔侄关系
光绪十六年（1890）清源县王宠恩卖地契	王宠恩	田文秀	无亲邻关系
光绪二十八年（1902）清源县王氏等卖地契	王氏等	王照新	未知

续表

题名	卖方（出租方）	买方（承租方）	双方关系
光绪三十一年（1905）清源县王印威典地契	王印威	王来秋	远亲
宣统二年（1910）清源县王思智典地契	王思智	王殿威	远亲

资料来源：《晋中文书》第一本、《晋中文书》第二本，山西大学历史文化学院郝平整理收藏。

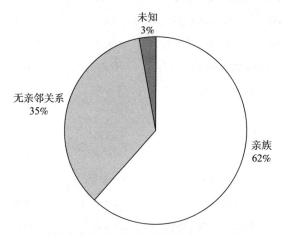

图1 清代东青堆村王氏家族契约交易双方关系比例

但是，进入民国后，东青堆村的亲邻先买权制度开始衰落。表2反映了民国东青堆村契约中田房交易双方的关系情况。

表2 民国东青堆村王氏家族契约交易双方关系

题名	卖方	买方	双方关系
民国三年（1914）清源县郭景隆典地契	郭景隆	王致远	无亲邻关系
民国六年（1917）清源县吴惠南等卖地契	吴惠南等	王照新	无亲邻关系
民国七年（1918）清源县王殿威买地契		王殿威	无（验契）
民国七年（1918）清源县王殿威买地契		王殿威	无（验契）
民国十四年（1925）清源县王建铭等卖房契	王建铭等	王殿威等	无亲邻关系
民国十八年（1929）清源县王建铭等卖房契	王建铭等	王殿威、王普威	无亲邻关系
民国二十二年（1933）清源县王双魁卖地契	王双魁	王殿威	无亲邻关系
民国二十三年（1934）清源县田锁柱卖地契	田锁柱	王殿威	无亲邻关系
民国二十五年（1936）清源县郝冠英等卖地契	郝冠英等	王殿威	郎舅关系
民国二十五年（1936）清源县张宇身卖地契	张宇身	王殿威	无亲邻关系

题名	卖方	买方	双方关系
民国二十六年（1937）清源县田根海卖地契	田根海	王殿威	无亲邻关系
民国二十六年（1937）清源县郭庆元卖地契	郭庆元	王殿威	无亲邻关系
民国二十六年（1937）清源县毕宗义卖地契	毕宗义	王殿威	无亲邻关系

资料来源：《晋中文书》第一本、《晋中文书》第二本，山西大学历史文化学院郝平整理收藏。

从表2可以看到，民国东青堆村王氏家族的土地房产交易对象基本都在家族外，既无亲缘，又非邻居。相比清代，同族内田房交易的比例大大减少，这表明田房交易中的亲邻先买权制度在衰退。不仅如此，村内的土地也被大量地出卖给外村。东青堆村的另一批契约反映了这个问题（见表3）。

表3　王震华土地契约情况

题名	性质	缘由	标的	价格	卖方	买方	中见
民国二十五年（1936）清源县康国定卖地契	红契	手中不便	地七亩	八十八元	康国定	王震华	郝冠英、程鹏高、温克俭、温起富、冯三货、王晏臣
民国二十五年（1936）清源县田二毛卖地契	红契	手中不便	地四亩	五十元	田二毛	王震华	郝冠英、程鹏高、温克俭、王培荣、王晏臣、王发祥
民国二十五年（1936）清源县田闰蛮卖地契	红契	手中不便	地四亩	五十二元	田闰蛮	王震华	郝冠英、程鹏高、温克俭、冯三货、王培荣
民国二十五年（1936）清源县王元亨卖地契	红契	手中不便	地二亩七分	三十四元	王元亨	王震华	郝冠英、程鹏高、温克俭、冯三货、王晏臣
民国二十五年（1936）清源县田锁柱卖地契	红契	手中不便	地七亩五分	九十五元	田锁柱	王震华	郝冠英、程鹏高、温克俭、王发祥、冯三货、王培荣
民国二十五年（1936）清源县温春生卖地契	红契	手中不便	麦地四亩	六十元	温春生	王震华	郝冠英、程鹏高、温克俭、王晏臣、王发祥
民国二十五年（1936）清源县成栋卖地契	红契	手中不便	地五亩	六十五元	成栋	王震华	毕富化、成性、王培荣、郝占福

续表

题名	性质	缘由	标的	价格	卖方	买方	中见
民国二十六年（1937）刘儒祥卖地契	红契	使用不足	官地五亩	八十四元	刘儒祥	王震华	刘应举、刘绍俭、孙如山、刘书义、王晏臣、王培云

资料来源：《晋中文书》第一本、《晋中文书》第二本，山西大学历史文化学院郝平整理收藏。

经查询家谱，王震华并非东青堆本村人。既非本村人又非本村人同族，却在东青堆村购买了39.2亩土地，这在清代的契约里是没有出现过的现象。王震华土地买卖契约，可以看作亲邻先买权衰落的缩影。

东青堆村的现象不是孤例，事实上不仅在华北，全国各地均有这种现象，如南方的江西省，"盖在夕有此优先权，现仅成为契约上的一种具文而已"①。从受资本主义经济影响较大的东南沿海一直到封闭的内地，都有亲邻先买权制度衰落的现象。

二 人口流动与亲邻先买权制度的衰落

一些学者认为亲邻先买权是一种落后的制度，阻碍了土地的自由流通，限制了中国资本主义萌芽的发展。然而，这项制度能长时间存在，必有其合理之处。亲邻先买权出现的根基是以血缘关系和婚姻关系构成的宗族社会。"宗法关系通常是指父系宗亲血缘关系，即同姓宗亲聚居……宗族内部各个家庭分居，各自享有私有财产的所有权。"② 由于宗族内部财产相连，互有利害关系，亲邻先买权制度将土地交易尽可能限制在家族内部进行，目的是把土地房产等不动产保留在家族内部，巩固宗族社会的经济基础。

在宗族社会的大背景下，亲邻先买权制度对于个人尤其重要。中国传统乡村社会是典型的农业社会。农业社会中，土地是中国人最重要的财富。失去土地，意味着家庭破落。所以农民一般不轻易出卖自己的土地。如果出卖，也尽量采取活卖的方式，希望将来能够将土地赎回。可是，实际上一旦将土地出卖，卖者很难按期回赎活卖的土地。而如果将土地、房屋等不动产卖给亲族，那就增加了回赎的可能。宗族社会是由具有宗法血

---

① 前南京国民政府司法行政部编《民事习惯调查报告录》（下册），中国政法大学出版社，2005，第11页。

② 李斌城等：《隋唐五代社会生活史》，中国社会科学出版社，1998，第38页。

缘关系的乡民组成的，族内之人都是亲属关系。在这种情况下，活卖人如要回赎已经出卖的不动产，难度就会很低。[①] 民国年间的习惯调查表明，在一些家族内部，不动产没有绝卖之说。[②]

但进入民国以后，亲邻先买权制度日渐衰落。赵晓力认为："土地的亲邻先买权一方面是由中国乡村的血缘和地缘关系这种'社会结构'决定的，一方面又对这种社会结构在经济领域起着不断加强和整合的作用，进入二十世纪后，某些地方的亲族先买权渐呈衰落之势，和这种社会结构的变迁是分不开的。"[③]

而具体到清徐乡村，亲邻先买权制度衰落的一大原因是人口流动。由于近代以来清徐县大规模的人口流动，本地人口处于流失状态。具体见图2。

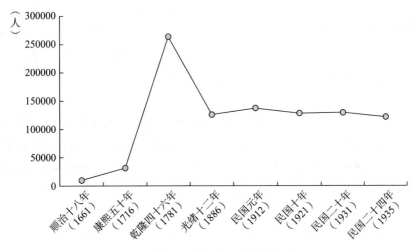

图2　清至民国清徐人口数量变化

资料来源：清徐县地方志编纂委员会编《清徐县志》，山西古籍出版社，1999；清徐县地方志办公室整理《清徐古方志五种》，清徐县地方志办公室印，1998；（清）和羹、王灏儒纂修《（顺治）清源县志》，顺治十八年（1661）刻本；（清）王嘉谟纂修《（康熙）徐沟县志》，康熙五十一年（1712）刻本；（清）费淳、沈树声纂修《（乾隆）太原府志》，乾隆四十八年（1783）刻本。

---

① 罗海山：《论亲邻先买权的社会意义——以土地为例》，《海南师范大学学报》（社会科学版）2013年第1期。

② 在山西保德县，房地等不动产卖给本族，无论契据如何书写，一概不拘年限，有钱就可以回赎。福建建阳、漳平、霞浦等地有"至亲（三服以内）无断业""同族无断业"等习惯。见前南京国民政府司法行政部编《民事习惯调查报告录》（上册），中国政法大学出版社，2005，第175、303、319页。

③ 赵晓力：《中国近代农村土地交易中的契约、习惯与国家法》，载《北大法律评论》编委会编《北大法律评论》第1卷第2辑，法律出版社，1999，第448页。

从图2可以看到，清代到民国时期，清徐人口数量变化大致可以分为三个阶段。第一个阶段是清代顺治十八年（1661）到乾隆四十六年（1716）。清王朝的统一战争，造成了很大的人口流失，顺治十八年的清徐人口只剩9963人。为了维持自己的统治，恢复农业生产，清廷实行抚民开荒、减免租税的措施，"当顺治初元，令山西新垦田免租税一岁"①。清廷所采取的这些措施，对当时社会的稳定和恢复生产起到了积极的作用，由此清徐人口取得了爆发式增长，人数由顺治十八年（1661）的9963人攀升至乾隆四十六年（1716）的253604人，是清代清徐县人口数量的最高峰。

第二个阶段是清代乾隆四十六年（1716）到光绪十二年（1886）。这一时期的人口数量出现了断崖式下降。相较最高峰的乾隆四十六年（1716），光绪十二年（1886）的人口只有125947人，下降了50.3%。之所以出现如此大幅度的人口下降现象，主要是由于始于光绪二年（1876）的"丁戊奇荒"。始于光绪二年的"丁戊奇荒"，是中国近代史上最为严重的灾害之一。山西的情形尤为酷烈，灾害时间之长、范围之广、影响之大为有清一代所未见。

山西作为"丁戊奇荒"受灾最重的省区，人口亡失极为惨重。据估计，山西省在这次大灾中人口的平均亡失率约在50%~60%，亡失数在800万~1000万人。② 如此巨大的数字，令人触目惊心。在这次史无前例的大灾中，清徐县人口也遭受了巨大的损失，"光绪三、四年，连岁大旱，西至陕，南至豫，赤地数千里，籴米一斗银二三两，民苦无食……多疫疾，有全家病死无人问者……而户口已去十之四五矣"③，全县人口数量直接腰斩。

第三个阶段是光绪十二年（1886）到民国二十四年（1935）。这一时期的人口数量非常平稳，没有大的起伏，基本在13万人上下浮动，处于停滞状态。应当说，这种停滞的状态是不正常的。在正常情况下，顺利渡灾之后，随着人口死亡率的降低和人口出生率的提高，人口自然增长率将会逐步恢复正常，再加上清徐繁荣的商业经济，一直有大量商业人口流入，人口数量应当是呈增长趋势。但结合图2、表4来看，清徐人口并没有出现较大增长。

---

① 《清史稿》卷一百二十《食货一·户口田制》，中华书局，1977，第3503页。
② 郝平：《山西"丁戊奇荒"的人口亡失情况》，《山西大学学报》（哲学社会科学版）2001年第6期。
③ 清徐县地方志办公室整理《清徐古方志五种》，清徐县地方志办公室印，1998，第373页。

表4 民国十九年（1920）徐沟商户册内本县人与外来人口统计

单位：户；口

地区	户数	口数	本县人口	非本县人口
东南坊	19	102	17	85
东北坊	63	422	90	332
西北坊	40	214	53	161
西南坊	35	212	66	146
北关	34	124	35	89
南关	18	73	16	57
第二区各村	79	未详	未详	未详
第三区各村	144	276	193	83
总计	432	1423	470	953

资料来源：刘文炳：《徐沟县志》，山西人民出版社，1992。

从表4可知，民国十九年，徐沟商户中非本县人口达953人，在商民人口中占66.97%。表4的内容是一个较小的样本，但从侧面反映了清徐人口状况，非本县人口数量的增多往往意味着人口的大量流入。清徐繁荣的商业经济吸引了大量商业人口进入清徐谋生，从而出现了商户中外县人口占多数的情况。

那么为何在顺利渡灾和人口流入的情况下，清徐人口数量仍然处于停滞状态呢？一个很重要的原因就是清徐出现了人口流失的现象。流失的人口数量抵消了人口流入的部分，从而使得总人口数量始终处于既不增长也不降低的平稳状态。而人口流失的背后是近代以来清徐人口向东北的流动。东北的清徐人如此之多，以至于七七事变后，仅从东北回乡的清徐人就多达2万人，占当年清徐县总人口的1/7。[①]

近代中国有三次较大的人口流动活动，即"走西口""闯关东""下南洋"。这三大流动活动的人口主体都具有明显的地域性。"走西口"的主体是山西人、陕西人，"闯关东"的主体是山东人、直隶人，"下南洋"的主体是福建人、广东人。

但作为"走西口"主体的山西人，由于相对靠近东北的地理优势，也有部分区域的人放弃"走西口"，选择奔向东北去寻求新的机会，清徐人

---

① 清徐县地方志编纂委员会编《清徐县志》，山西古籍出版社，1999，第89页。

就是其中的一部分。

东青堆一份题名为《咸丰五年（1855）王上德等租房契（草契）》的契约从侧面反映了闯关东的现象。以下为契约文书内容：

立租房约人王上德同子太临、瑞临，今将自置到市房店院一所，座（坐）落在开原县西法库门屯大街南头路西，计东西长三十七丈，南北宽前截十三丈，后截十三丈八尺。内计临街砖平房十间，大门一间，座（坐）南向北，砖平房三间；中截座（坐）西向东，砖平房七间；后边有座（坐）西向东，砖平房十三间；后又有小院一所，内计座（坐）北向南，砖平房三间；粮仓子五个，水井一眼，房间门窗户壁俱全，坑（炕）灶墙垣全有。央烦中人说允，情愿出租与（于）万兴隆记名下居住，生理自便，站（占）用同众言明，每年随市租价钱一千一百整，按正月一季使用，或买银两随现行，或用门帖两便，同可抹兑钱。不讲房屋坍塌渗漏，零星泥漫，住房人自行修理。四趾落地大修翻盖，房东出钱，住房人经理，佃补钱文以房租钱陆续扣补。设若房间站（占）用不穀（够），住房人自盖房屋，借地不拆屋。不准转租另兑，不拖欠房租钱及不另租他人，只许客辞主，不许房东逐撵。日后倘有不站（占）之时，住房人将自置铺垫傢俱（家具）账目随身一并带出，不与房东相干。此系两造乐存，均无返（反）悔搅舌等情之事，俱在中人一面承管，恐（空）口难凭，立此租契文约，永远为证。日后不站（占）之时，正月初一日止租，二月初一日腾房。

咸丰五年六月二十七日

立租房文约人王上德同子太、瑞临

中人：王锡龄　许廷荣

恒增永　源生当

德发魁　兴聚发

大有店

值年：广来长　永吉当

广生栈　源盛店

导言带字人：雷士元①

---

① 《晋中文书》第一本，山西大学历史文化学院郝平藏，档号：JZ-00012。

经翻阅家谱，王上德为东青堆王氏家族第二十代子孙。而从契约中可以看到，其所出租的房屋位于东北开原县。一个山西乡村中的人竟然拥有东北地区的房产，这在环境相对封闭的传统社会是不可想象的。而这种现象的背后就是清徐人口向东北的大规模流动。清徐人"闯关东"的风气十分浓厚，以至于摇篮曲中都有闯关东的内容：

> 俺娃娃亲，俺娃娃蛋，
> 俺娃娃大了捏蓝炭，
> 捏不下蓝炭吃不上饭。

> 俺娃娃蛋，俺娃娃亲，
> 俺娃娃大了走关东，
> 深蓝布，佛头青，虾米海菜吃不清。①

这里的"走关东"就是去东北。清徐人向东北流动带来的负面后果就是本地人口的流失。王氏家谱中就记载很多人移居东北的情况：第二十代子孙王金贵迁居吉林；第二十代子孙王谨诚迁居东北辽阳；第二十代子孙王大熊迁居东北；第二十一代子孙王文临、王鹏临迁居辽宁昌图庭兴隆沟；第二十二代子孙王魁临、王耀临、王桂临迁居东北法库万兴隆沟。

清徐的人口流动加剧了亲邻先买权制度的衰落。大规模的人口流动冲击了亲邻先买权赖以生存的宗族社会。宗族社会的生产方式是内向的、封闭的。它"对内要求把劳动人口牢牢固着在土地上。为了维持人口与土地的平衡状态，必须既限制劳动人口外流"②。人口的稳定是保证宗法社会正常运行的重要基础。

亲邻先买权制度存在的另一大原因是土地卖方希望降低将来土地回赎的难度。现实中，土地活卖给外族，将来回赎的难度极大。而活卖给本族，由于双方的亲族关系，回赎的难度极小。但是人口流动之后，卖方脱

---

① 刘文炳：《徐沟县志》，山西人民出版社，1992，第314页。
② 武树臣：《中国传统法律文化》，北京大学出版社，1994，第724页。

离了原有的社会环境，保留土地回赎权已无必要，是高价卖给外族还是折价卖给亲族就不再是一个难以决定的选择。所以，在大规模的人口流动下，清徐乡村亲邻先买权制度必然走向衰落。

三 人口流动之源

明清以来，清徐的经商风气极浓，很多人放弃本业投入商业。而这种经商风气的形成主要源于发达的商业经济。传统的士、农、工、商的等级秩序被冲击，"商"成为山西人的第一选择。"视读书甚轻，视为商甚重，才华秀美之子弟，率皆出门为商，而读书者寥寥无几，甚且有既游庠序，竟弃儒而就商者。亦谓读书之士多受饥寒，曷若为商之多得银钱，俾家道之丰裕也。当此之时，为商者十八九，读书者十一二。余见读书之士，往往羡慕商人，以为吾等读书皆穷困无聊，不能得志以行其道，每至归咎读书。"①

商业人口天然具有流动的特性。山西商人向外的流动不仅人数众多，而且地域广泛。"太原、汾州所称饶沃之数大县及关北之忻州皆服贾于京师、三江两湖、岭表、东西北三口致富，在数千里或万余里外，不资地力。"② 表5是通过梳理地方志统计制作，反映了清代山西某乡村的人口流动情况。

表5 清代山西某乡村人口流动规模

单位：人

	商业	远游	游学	佣工	侨居	寻亲	不明
清前期	19	3	1	1	1	2	34
清中期	69	6	4	2	3	1	64
清后期	147	10	5	1	4	0	93
合计	235	19	10	4	8	3	191

资料来源：刘焕波：《清代山西乡村人口流动》，硕士学位论文，陕西师范大学家，2007，第15页。

① （清）刘大鹏著，乔志强标注《退想斋日记》，山西人民出版社，1990，第17页。
② 《（光绪）五台新志》卷2《生计》，《中国地方志集成》，凤凰出版社，2005，第80页。

在表 5 中，出于商业原因流动的人口有 235 人，占总流动人口的 50%，是流动规模的第一位。我们通过比较可以看到，清代山西乡村人口流动主要集中在商业领域，而且越到后期，商业流动人口越多。这从侧面反映出了商业人口的大规模增长。

对于经商风气盛行这一点，契约中多有侧面反映，如题名为《光绪二年（1876）新绛县张捷武卖地产契（草契、买契）》。以下为契约文书内容：

> 立写让字文约人张捷武因久旱不雨，要外出贸易，情愿将自己应分村北坡地一段，东西畛地四亩四分，东西至道，南至堰，北至刘名世、张鸿才。南坡官道北平地一段，东西畛地五亩五分，东至道，西至千角，南至张仁，北至张捷尧。官道南坡地一段，南北畛地五亩二分，西北至道，东至张和和，南至坡。十八畔坡地一段，南北畛地一亩四分五厘八毛，东至捷舜，西南至道，北至张万尔。堡东水地一段，南北畛地七分八厘八毛，东南至堰，北至渠，西至张协和。又村内北房居西间半，东至族叔富有，西至银主，南至官院，北至道。西房居中一间，东至房院，西至张国枢，北至银主。前院东房基地一块，东至张捷舜，西至官院，南至族叔富有，北至张捷尧，以上均分明，同亲戚家族一概让与胞兄捷文，永远照管。今共同合议说明拿出银二十两整，恐后日无凭，立写让字为证。
>
> 光绪二年三月二十七日
> 立写让自约人张捷武
> 公证人　家族　福儿　玉钟
> 亲戚　陶金山　李景章
> 张获上①

从契约文书可以看到，卖主向兄长出让田土的理由是"久旱不雨，要外出贸易"。而这批田土也注明了来源，写明"应分"，即是自己应分到的遗产。在传统农村，土地在农民的生产生活中占有重要地位。"土地是农

---

① 清代契约，山西大学历史文化学院郝平藏，档号：JN-01451。

民及其家庭生命的一部分，他们对它有很深的归属感，他们对土地的珍视程度不亚于对他们的孩子。在村庄中，家庭地位很大程度上取决于其拥有土地的多寡，土地数量表明了家庭对其过去和未来的责任的关心程度，以及他们奉行这些责任的虔诚程度。"[1] 卖主张捷武将祖遗地全部卖与兄长，外出贸易，实际上也意味着相当程度上脱离了与农村的关系，全力投入经商活动之中。

同样，清徐商业气氛浓厚，民众对于商业甚为热衷，"牵车服贾贸易远方者，恒多焉"[2]。而且，相比全省，清徐农商人口之比较低。表6反映了1921年清徐县农业人口与商业人口的对比情况。

表6 清徐县农业人口与商业人口对比情况（1921年）

单位：口

区域	农业人口	商业人口	比值
全省	5396489	959358	5.63
徐沟	26725	5349	5.00
清源	31555	14100	2.24

资料来源：张正明：《山西历代人口统计》，山西人民出版社，1992。

从表6中可以看出，清徐县农商人口比值低于全省平均值。换言之，清徐县商人的占比高于全省平均值，这也意味着从事农业的人多放弃本业，转而从事商业，商业人口由此大增。

地方志中多有对清徐商业人口流动的记载。光绪七年（1881）《补修徐沟县志》卷四《人物》这样记载：

董广和，董家营人，父裕山，客敦煌二十八年，无音。
董永升，黑城营人，服贾。
贾明业，南尹村人，幼贫，奔走他乡。

清徐商业人口的流动方向主要是东北。清早期，就有一些清徐人去东北

① 杨懋春：《一个中国村庄：山东台头》，张雄、沈炜、秦美珠译，江苏人民出版社，2001，第48页。
② 《（光绪）清源乡志》卷10《风俗》，《中国地方志集成》，凤凰出版社，2005，第468页。

经商。"清徐县高白镇：清代乾嘉之后，本镇外出经商者大量增加。走外经商地点……东北有海拉尔、富锦、双城子、勃利、佳木斯、牡丹江、沈阳。"① 但总体而言，在清中期前，囿于严格的封禁政策，清徐人远赴东北的规模并不大。真正使大规模"闯关东"成为现实的是咸丰年间清廷改变了封禁政策，放宽了移民东北的限制。

咸丰年间，为应对东北边防危机，清廷决定改变东北的封禁政策，开禁放垦，移民实边，明令东北开禁。东北开禁之后，关内各省人掀起了"闯关东"的浪潮。特别是光绪四年解除汉族妇女移居关外之禁，关内人民更是携家带口而至。

开禁之后，在东北经商的清徐人无论从数量上还是从经营范围上都大规模增加和扩大，至清末达到顶峰。他们遍布东北的各个行业。如杂货商号："清徐县东罗村时成德光绪二十五年在奉天'功成裕'杂货铺当掌柜，并于数年后开办银号。"② 染布业："清徐县清源镇吴村人白树升于同治年间去吉林省间岛市（今延吉市）一家染坊当伙计。后开办了大顺号染坊，经发展，成为了延吉市著名商号，经营项目也扩展到了酒坊、木材加工、日用百货、农副产品交易等行业。"③

吉林是清徐商人较为集中的地方，时人有"到了吉林城，满街都是山西人"的说法④。据赵树林口述、张继源整理的《三大股垄断吉林城》："当时吉林市的工商业，有70%是清源人所持的三大股开的。这三大股分别是成子村的王东府、吴村的白锦亭和东罗村的时成德。三个东家控制着吉林市的二三十家买卖、商号，其中名气较大的有功成誉票号、东兴当铺、玉德龙酒坊等。"⑤

许多出关的清徐人从此就生活在东北。有很多清徐人一生都在辽经

① 山西省政协《晋商史料全览》编辑委员会编《晋商史料全览·晋中卷》，山西人民出版社，2006，第369页。
② 山西省政协《晋商史料全览》编辑委员会编《晋商史料全览·太原卷》，山西人民出版社，2006，第451页。
③ 山西省政协《晋商史料全览》编辑委员会编《晋商史料全览·太原卷》，山西人民出版社，2006，第443页。
④ 山西省政协《晋商史料全览》编辑委员会编《晋商史料全览·太原卷》，山西人民出版社，2006，第454页。
⑤ 山西省政协《晋商史料全览》编辑委员会编《晋商史料全览·太原卷》，山西人民出版社，2006，第453页。

商，甚至最终客死在那里。"王高，式版都（村）人，父殁于盛京，徒跣数千里，屡濒危，殆卒负骸骨归，已旌。"①

明清以来，清徐商业经济蓬勃发展，盛行经商之风，各阶层的人纷纷从商。由于商业的特点，商人天然具有流动的属性。自清初开始，清徐商人就涉足关外，但囿于严格的封禁政策，"闯关东"的规模一直不大。咸丰年间，随着清廷逐步放宽封禁政策，大量清徐人前往东北经商。"闯关东"造成了人口向东北的大规模流动，由之清徐出现了人口流失现象，动摇了乡村的宗族社会，导致亲邻先买权日趋衰落。

结　语

契约文书是我国民间社会长期使用，用以保证当事人权利和义务履行的文书。作为社会经济生活最直接的材料，契约记录了民间种种社会行为，真实地反映了民间社会运行状况，对于研究中国的经济社会具有重要意义。

亲邻先买权是中国传统乡村社会中普遍存在的制度。通过对契约中交易对象的考察，我们可以看出土地房屋的大致去向，进而揭示亲邻先买权制度的实际运行情况。从自清徐乡村收集的契约来看，进入民国后，家族内部的田房交易大量减少，亲邻先买权制度趋于衰落，这在很大程度上是近代以来清徐人口的大规模流动所致。

清徐的人口流动方向主要是东北。东北是山西人经商和移民较早涉及的地域。但总体而言，囿于严格的封禁政策，山西人远赴东北的规模并不大。真正使山西人大规模"闯关东"成为现实的是咸丰年间清廷改变了封禁政策，放宽了移民东北的限制。在清徐繁荣的商业经济和浓厚的经商风气下，大量人口前往东北经商移民，从而削弱了本地的宗族社会，导致亲邻先买权制度趋于衰落。

---

① 清徐县地方志办公室整理《清徐古方志五种》，清徐县地方志办公室印，1998，第154页。

The Decline in the System of Relatives and Neighbors' Preemption in Villages of Qingxu from Private Contracts

Hao Ping   Zhang Wenhan

Abstract: The preemption of relatives and neighbors was a common system in Chinese traditional rural society. However, based on the study of contracts collected from villages of Qingxu, enter the Republic of China, the land and real estate transactions within the family decreased greatly, and the system of relatives and neighbors' preemption tended to decline. The main reason is the large-scale flow of Qingxu's population since modern times. The strongly commercial atmosphere in Qingxu and the loosening of the forbidden policy in the Northeast in the reign of Xian Feng jointly promoted the Qingxu people to go to the Northeast for business and immigration, thus weakening the patriarchal society and leading to the decline in the system of the relatives and neighbors' preemption.

Keywords: Qingxu; The Preemption of Relatives and Neighbors; Contract Documents; Population Flow

谁的盐池：清代阿拉善蒙古盐池称谓与管辖权之变迁[*]

谁的盐池：清代阿拉善蒙古盐池称谓与管辖权之变迁[*]

谁的盐池：清代阿拉善蒙古盐池
称谓与管辖权之变迁[*]

李璐男[**]

摘　要： 一般认为，清代蒙古为盐法不及之地，盐池由所在旗札萨克管理。但蒙盐销售地主要为河东非解盐引区，其运销实则被纳入清代盐区和引地领域化秩序中。乾隆以降，阿拉善旗之池盐销往河东，引起该区盐政官员及枢府的重视。清廷除将蒙盐嵌入已有的盐法秩序外，还针对蒙盐运销采取限制水路运输的特定措施，但仍然遵循蒙古盐池由藩部自行经理的原则。嘉庆九年以降，清廷开始强调对蒙古盐池的管辖权，实施了历时七年的吉兰泰盐池为河东运司下属分司管辖的措施以配合蒙盐专商引岸制。专商引岸废止后，清廷出台则例禁止吉兰泰盐池招商承运与水运，并由宁夏道继续管控其运销。咸同以降，督抚权重，阿拉善盐成为陕甘和山西督抚外销财政之来源。

关键词： 阿拉善　蒙古盐　哈喇津陶里　吉兰泰　管辖权

有关清代蒙古地区自然资源管辖权，以往的研究可归纳为两种观点。一，蒙古地区经济资源的归属权由所在地札萨克支配，清廷只在照票制度下对蒙古

---

   * 本文受到贵州省 2021 年度哲学社会科学规划国学单列课题（21GZGX17）和中国盐文化研究中心青年项目（YWHQ18 - 05）的资助。本文写作过程中，林枫、叶锦花、邵华、陈鹏飞等师友均提出相关建议，在第六届民族史学前沿论坛中赵令志、刘正寅，在中国人民大学清史研究所第十二届青年学者论坛中安海燕等老师均对文章提出改进意见，在此一并致谢，当然本文文责自负。

  ** 李璐男（1998— ），女，山西繁峙人，厦门大学历史与文化遗产学院博士研究生，主要从事明清社会经济史、边疆经济史研究。

和民人①的无证或以伪证往来关口的行为进行管控。① 二，18 世纪以降随着蒙古、民人联合在蒙古地区开采资源频率的增加，清廷为维持蒙古纯洁质朴的品性，将蒙古地区"肃清"，禁止民人在蒙古进行采菇、伐木等活动。②

清代商品市场内，米粮等多数商品属于自由流通之物，另有盐、茶等物属于专营商品。在蒙旗内部，食盐亦属于自由流通之物，作为藩属之蒙古无须推行专商引岸制度。然蒙盐只有依靠内地州县之消费才能带来超额利润，内地州县又实行招商认引、划地行盐的体制。此前研究认为蒙古盐池由所属札萨克王公自行支配，札萨克自定税则，蒙盐自由运销，清廷只在封禁政策下采取禁或弛的措施。③ 金来在探讨乾隆三十四年（1769）清廷解决阿拉善与乌喇特两部对哈喇津陶里（Mon：xaljan toli）盐池所有权之纷争时，指出清廷尽管有能力将盐池收为官有、推行专商之法，但还是选择将盐池划属阿拉善，并未占据盐池管辖权。④

然同治《钦定户部则例·盐法·稽查蒙古盐贩》中有这样一条则例："吉兰泰池盐准该处蒙民自行捞运，如有兴贩入口者，由杀虎口照例收税。只准车载驴驮，自陆路贩售，不准水运。其贩盐之人并饬阿拉善亲王毋许发给执照。"⑤ 则例规定了阿拉善旗吉兰泰池盐的经营方式、运输方式及纳税方式。

---

① 清代文书中常将蒙古人称为"蒙古"，内地前往蒙地的人称为"民人"，现代边疆研究中也常用该二词指称蒙古人与内地民人。

① 〔日〕田山茂：《清代蒙古社会制度》，潘世宪译，内蒙古人民出版社，2015，第 206 页；张永江：《清代藩部研究——以政治变迁为中心》，黑龙江教育出版社，2014，第 191 页；孙喆：《清前期蒙古地区的人口迁入及清政府的封禁政策》，《清史研究》1998 年第 2 期。

② 〔美〕谢健：《帝国之裘：清朝的山珍、禁地以及自然边疆》，关康译，北京大学出版社，2019，第 100 ~ 106 页。

③ 参见日野勉『清国盐政考』東亜同文館、1905、日本国立国会図書館藏、45 页；〔日〕加藤繁『清代的盐法』（原载《史潮》1937 年第 7 卷第 1 期），载氏著《中国经济史考证》第 3 卷，吴杰译，商务印书馆，1973，第 57 页；杨久谊《清代盐专卖制之特点——一个制度面的剖析》，《"中央研究院"近代史研究所集刊》2005 年第 47 期，第 36 页；牧寒编著《内蒙古盐业史》，内蒙古人民出版社，1987，第 85 页；邢亦尘《清代内蒙古的盐政》，《内蒙古社会科学》（文史哲版）1994 年第 6 期；梁丽霞《阿拉善蒙古研究》，民族出版社，2006，第 314 页；李毕力格《清代阿拉善和硕特旗蒙盐研究》，硕士学位论文，陕西师范大学，2018，第 7 ~ 9 页。

④ 金来「清代モンゴルにおける塩湖の帰属：アラシャ旗とウラド部間のハルザン・トリ塩湖の争奪から」『内陸アジア史研究』第 35 卷、2020 年 3 月。

⑤ 惠祥等纂《（同治）钦定户部则例》卷 31《盐法四下·稽查蒙古盐贩》，早稻田大学图书馆藏，第 1 页 a ~ b。

阿拉善亲王玛哈巴拉针对此规定，上书陈其困惑："嘉庆十七年蒙圣主隆恩，赏还盐池，禁绝水路，只许旗下人等自行陆路运输贩卖糊口，我旗蒙古谨遵圣意。鄂尔多斯、苏尼特之盐运往内地食用蒙盐之州县，我旗蒙古亦用自己的骆驼驮运食盐销往内地州县，却被认为会招惹各色事端。"[①]

从户部则例可见，清廷对蒙古池盐这类经济资源，并非是任由札萨克管理，也并非是一刀切地"肃清"，而是规定吉兰泰池盐不许招商承运，严禁水路运输，只许蒙古陆路驮运。那么，清廷如何获取蒙古盐产与运销的信息，又如何基于此认知管理蒙古盐斤？为何在户部则例中只对"吉兰泰池盐"有特定规范，"吉兰泰"究竟指什么？本文依据丰富翔实的蒙古文阿拉善和硕特旗衙门档案和中国第一历史档案馆所藏汉文档案，以及河东非解盐区地方志、官员文集、盐法志等资料，试图对上述问题做出初步阐释，以求教于方家。

一 从北地之盐到阿宝部落之盐：清初宁夏边盐采运之变化

1644年，明王朝覆灭，清军攻入山海关，进驻北京，李自成率部退回西安，处在西北的明朝遗将则摇摆不定。[②] 清朝如此顺利地在北京建立政权，与同漠南蒙古的同盟分不开，1636年漠南蒙古将皇太极推戴为宽温仁圣汗。[③] 与此同一时期，卫拉特和喀尔喀诸部蒙古于1640年尊五世达赖喇嘛为宗主可汗，在天山南北开展"喀尔喀—卫拉特大朝"的统治。[④] 如上局面使得宁夏关外贺兰山以西地区处于清廷和西部蒙古管制的真空地带，双方并未在此确立有效统治。因此这一地区的盐池，[⑤] 继续延续着明代以

---

① 《阿拉善旗扎萨克亲王玛哈巴拉为吉兰泰盐陆路运输售卖事致驻扎宁夏办理蒙古民人事务衙门》（嘉庆二十一年六月二十八日），载苏雅拉图等主编《阿拉善和硕特旗蒙古文历史档案》第15卷，372，远方出版社，2016，第511～513页。

② 尹伟先等编《西北通史》第4卷，兰州大学出版社，2005，第2～12页。

③ 哈斯巴根：《清初满蒙关系演变研究》，北京大学出版社，2016，第20页。

④ 齐光：《大清帝国时期蒙古的政治与社会——以阿拉善和硕特研究为中心》，复旦大学出版社，2013，第28～38页。

⑤ 受新生代以来燕山运动和喜马拉雅山运动的影响，以及半干旱－干旱气候带的影响，长城沿线地区的断陷盆地内形成一系列大大小小的盐湖，集中分布于今阿拉善、鄂尔多斯和锡林郭勒一带。参见牧寒编著《内蒙古盐湖资源》，内蒙古人民出版社，1989，第14～19页。

来的开发和管理状态。

明代在宁夏设灵州盐课司，设大使、副使各一员，吏一名，管辖大、小池及附近锅底、花马等池的生产及掣盐，其中大使驻小池，副使驻大池。① 经制官吏人员数额的缺乏，使得其工作只能依赖从庆阳府安化县金派民人服役来完成。② 在灵州盐课司品级低微且人员缺乏的背景下，沿边军民、势要皆可以从私自开采除大小池以外的其他盐池中获利。③ 成化以降，随着边墙的修筑，狗池、花马池、锅底池等被划在边墙之外，"弃之虏"，灵州盐课司失去对这些盐池的管辖权。④ 但边民对盐池的开采并没有因战事的纷扰和边墙的修筑而终止，河套和贺兰山地区活跃着一批以贩卖"套虏""套西"之盐为生的边民。⑤ 边盐入关贩卖，须在批验所交落地税，"每盐一车，征税六分；每驮盐驴一头，征税六厘"⑥，庆阳府、固原州、宁夏镇曾为将批验所设在自己所辖领地而纷争不休。⑦

清初，沿边军民开采售卖边墙以外的盐池之局面并没有改变。河套地区神木县"地近极边，与北彝相距咫尺。至明季时，已垂念边荒，听食外盐。自我朝定鼎以来，中外一统，南北互市，相沿更非一日"⑧。府谷县"市口设在黄甫地方，相距县治百里遥途。一切市口事务，均系营将管理。一月三市，盐行不过夏秋。今议领查盐产于北地，时有时无，或多或寡，

① 范宗兴签注《弘治宁夏新志》卷3《灵州守御千户所·盐池》，宁夏人民出版社，2010，第123页。
② 庆阳地区志编纂委员会办公室：《（嘉靖）庆阳府志》卷3《诸役·安化县》，甘肃人民出版社，2001，第55页。
③ 陈明猷校勘《嘉靖宁夏新志》卷1《藩镇》，宁夏人民出版社，1982，第32~33页。
④ 陕西省榆林市地方志办公室整理《（万历）延绥镇志》卷2《钱粮下·盐策》，上海古籍出版社，2011，第165页。
⑤ 《（万历）延绥镇志》卷2《关市·盐硝市》，第162页；卷4《物产·食用类·盐》，第273页。
⑥ 《为查报惠安盐池旧有车驴税例可否照征请旨定夺以裕国储事》，顺治八年二月初四日，内阁题本，中国第一历史档案馆藏（后文所引档案如无特别说明均藏该档案馆），档号：02-01-02-2081-017。
⑦ 参见《嘉靖宁夏新志》卷3《所属各地·盐池城·萌城》，第201页；《（嘉靖）庆阳府志》卷4《公署·批验盐引所》，第67页；《（嘉靖）平凉府志》卷9《固原州·盐课》，载凤凰出版社等编选《中国地方志集成·甘肃府县志辑》13，凤凰出版社、上海书店、巴蜀书社，2008，第216页。
⑧ 《（雍正）神木县志》卷1《田赋·盐政》，《中国方志丛书·华北地方·第二八五号》，成文出版社，1970，第59页。

非腹内定可比"①。河套为鄂尔多斯蒙古驻牧地，清初沿边军民与鄂尔多斯部易换边盐，不受管制。套西贺兰山一带则并无蒙古驻牧，② 因此清初宁夏甘肃边外的食盐采运当仍由沿边军民负责。乾隆元年（1736）中卫知县黄恩锡编纂县志时回顾道"中卫河北城堡民家，历买食本地口外夷盐"③。顺治十二年（1655）灵台知县黄居中因户部强派花马盐引，控诉道"昔无销引之例，凡食盐皆散买于别处，则惠安堡小盐池，民不知为何方也"④。清初，灵台和中卫延续明代食用边盐的局面，这与宁夏边外盐池在清初依旧得到沿边军民的采运分不开。清初西北地区明朝降将的领导权并未被剥夺，⑤ 清廷亦未在贺兰山以西确立有效的管控，是这种局面得到延续的基础。

　　然而，康熙年间准噶尔部的兴起，使得喀尔喀—卫拉特大朝内部产生分歧，曾在天山以北游牧的和啰理率厄鲁特部（即后来的阿拉善旗）逃往河套以西。⑥ 由于厄鲁特部是青海和硕特蒙古的亲族、喀尔喀左翼蒙古的姻亲，清廷将其部视作牵制准噶尔、青海和硕特部、喀尔喀三汗部和西藏达赖喇嘛的重要藩属。因此，康熙三十六年（1697）清廷将和啰理族众编为札萨克旗，其上并未设盟，而是直辖于理藩院。⑦ 雍正三年（1725），清朝在罗卜藏丹津叛乱后，为安定青海社会，牵制准噶尔部，将阿拉善旗迁至青海驻牧。雍正十年（1732）又将其迁回贺兰山以西。⑧ 彼时清廷对阿拉善境内盐池资源的管理思想，从阿拉善旗回迁后发生的一桩买盐案可窥得一隅。

　　雍正十一年（1733）三月，为躲避清廷与准噶尔汗国交锋的战火，额济纳土尔扈特部首领贝勒丹忠率其部众由色尔腾迁往额济纳河流域驻牧，即阿拉善以西。因游牧地内并无盐池资源，贝勒丹忠在了解到邻近的阿拉善旗有盐池分布后，"差光塔素害台吉带领夷人三十九名……要过北边驮

① 《康熙五年五月内知县杨许玉为恳恩恤民提究东路私盐税银事》，陕西省府谷县史志办公室整理《（雍正）府谷县志》卷8《艺文·申文》，上海古籍出版社，2014，第85页。
② 齐光：《大清帝国时期蒙古的政治与社会——以阿拉善和硕特部研究为中心》，第68页。
③ 《（乾隆）中卫县志》卷3《贡赋考·盐法》，《中国方志丛书·华北地方·第五号》，成文出版社，1968，第139页。
④ 黄居中：《永新堡碑记》，《（顺治）灵台志》卷2《建置汇·堡寨》，国家图书馆藏，第3页a~b。
⑤ 尹伟先等编《西北通史》第4卷，第11~24页。
⑥ 梁丽霞：《阿拉善蒙古研究》，民族出版社，2009，第56~58页。
⑦ 齐光：《大清帝国时期蒙古的政治与社会——以阿拉善和硕特部研究为中心》，第67~91页；梁丽霞：《阿拉善蒙古研究》，民族出版社，2009，第58~71页。
⑧ 齐光：《大清帝国时期蒙古的政治与社会——以阿拉善和硕特部研究为中心》，第191~201页。

盐来变买吃粮"①。但其在行进途中遇到高台城巡逻士兵，游击王凯将此事层层上报至陕西总督刘于义，而刘于义更是将此事上奏雍正帝。为何区区一件蒙古两部买盐之事会受到如此关注，并上报至皇帝？刘于义在奏折中提到"窃思军兴之际，边防倍宜谨严，若听该夷往来行走，熟习内地情形，亦为未便"。可见，在西北局势并未稳定之时，沿边士兵对于食盐流动而带来的蒙古人越界行走之事极其谨慎。但"盐为人食所必需之物"，清廷又担心丹忠部长期缺盐会滋生事端，可北边之盐又在"额驸阿宝驻牧地"，因此清廷敕令理藩院郎中偏图会同额驸阿宝共同议定此事，尊重阿宝对其辖境内盐池的所有权。②

在康熙、雍正时期，准噶尔、青海和硕特部皆是清廷既礼仪交好又暗自防备，甚至会发生军事冲突的对象。与喀尔喀和卫拉特蒙古有千丝万缕之关系的西套蒙古各部，并不如内札萨克蒙古那般令清廷放心。于是，阿拉善境内的盐池虽被视为札萨克旗内之盐，但清廷始终提防物资流动带来的蒙古各部以及蒙古与内地民人的联合。由是，康熙至雍正年间阿拉善蒙古境内之盐外运并不活跃，这从现存阿拉善和硕特旗衙门档案中仅有寥寥数则乾隆以前之盐务档案分布中可见一斑。

二 从蒙古盐到阿拉善盐：增长的北路贸易下清廷认知的转变

乾隆皇帝登基后，与准噶尔的关系较为和缓，直到乾隆二十年（1755）才正式发兵再起战争。③乾隆二十二年（1757），随着天山南北战事的平定，阿睦尔撒纳的出逃意味着准噶尔汗国的终结，清廷不再担忧西北边境安全，清朝疆域臻于极盛，"国家之强固，前此未有"④。在此基础上，清廷对阿拉善蒙古经济资源的封禁也松动了许多。自康熙起，清廷就允

---

① 《署陕西总督刘于义等奏请查明贝勒丹忠部落果否必需往北驮盐等情折》（雍正十一年八月二十四日），载中国第一历史档案馆编《雍正朝汉文朱批奏折汇编》第30册，江苏古籍出版社，1991，第625页。

② 《为贝勒丹忠可否驮盐事致厄鲁特王额驸阿宝札文》（雍正十一年十月初一日），载内蒙古自治区阿拉善左旗档案史志局编《清代阿拉善和硕特旗蒙古文档案选编①》，国家图书馆出版社，2015，第54~55页。

③ 庄吉发：《清高宗十全武功研究》，台北"故宫博物院"，1982，第9~64页。

④ Matthew W. Mosca, *From Frontier Policy to Foreign Policy: The Question of India and the Transformation of Geopolitics in Qing China*, Stanford University Press, 2013, p. 1.

许民人前往漠南蒙古开荒耕种，也允许商人随营贸易。到了乾隆年间，部票制度的出台，意味着清廷正式承认往来于边口的北路贸易，并对其加以规范。① 西部蒙古与内地州县的经济交往变得频繁起来。

乾隆初年，宁夏理事司员允许阿拉善之盐由蒙古人驮运至山丹县这类向无盐法的地区销售，但只准蒙古人在城门外交易，"厄鲁特蒙古每月运盐两三次，行至城门外，守门兵丁向官吏汇报，命汉商至城外购买"②。

在河东非解盐引区③，因其州县招商与州县认引相结合的独特"签商认引，划界行盐"④ 实践机制，河东运司并不负责非解盐引区的招商，而是将招商任务下发至负责督销固定引额的州县官身上，"若行土盐并花马池盐之处，则销引纳课之责成皆在州县……向设土盐商，每遇更换，由地方官自行招充，仍报司院转院备查"⑤。

之所以实行州县招商与州县认引相结合，把本属于盐政衙门的任务都交由州县官负责，是由于该区食盐产地并不由运司掌握，只能由州县对其进行监管。⑥ 不控制食盐产地，却要在清代盐法构架下一体推行专商引岸，使得该地域的州县官较官盐区的官员更加为难。一地只要有盐引派发，即意味着该地的州县官不仅要征收相应数量的盐课银，还要将辖境内的食盐流通

---

① 田宓：《从随营贸易到条约体系——清代边疆秩序与归化城商人研究》，《内蒙古大学学报》（哲学社会科学版）2012 年第 5 期。

② 《宁夏理事司员为按旧有章程蒙古人应在城门外卖盐事致阿拉善旗》（乾隆九年十二月十二日），载苏雅拉图等主编《阿拉善和硕特旗蒙古文历史档案》第 1 卷，069，第 143 页。

③ 即管辖关系和盐课经征上隶属河东巡盐御史（后称河东盐政），但并不销食解州池盐的山西北部、陕西北部和甘肃东部等盐区。河东运司下属三分司只控制解池一处产地，其行盐地仅限于山西南部、陕西南部和河南北部，但隶属河东巡盐御史管辖的范围却不仅于此。有论者将陕甘视为独立的盐区，但明成化以降灵州大小池即由河东巡盐御史管理。清顺治二年（1645）派定河东巡盐御史时，依旧令其兼管陕西全省盐务（清初陕西省包括后来的陕西、甘肃二省），并将花马大小池引课和马湖峪土盐课归河东调度。康熙二十八年（1689），陕甘分省格局已定后，花马小池才改由甘肃巡抚管辖，盐课起解甘肃藩司。然花马大池和马湖峪盐课依旧自陕西解往河东运库。且被视为独立盐区核心标志的运司或提举司在陕甘无设，因而康熙《河东盐政汇纂》与民国盐务署《中国盐政沿革史》在叙述陕甘盐务时均将其置于河东篇目下，《大清会典》亦云"陕西醶法隶河东巡盐御史"。因而本文亦采纳此种观念，将其视为河东盐区。

④ "签商认引，划界行盐"是清代盐法的基本特征，即运司负责招商，商人认销引地，办纳盐课。参见陈锋《清代盐政与盐税》，中州古籍出版社，1988，第 59 页。

⑤ 蒋兆奎：《河东盐法备览》卷 7《引目门》，三晋出版社，2018 年影印本，第 542、560 ～ 561 页。

⑥ 运司未控制非解盐区食盐产地的原因有很多，其中制度因素是明代这些产地都深受卫所和王府势力影响，清初接管河东盐政时，延续了这一格局。

维持在固定的行销数额内，要维护运商在该地的垄断性经营权利。又由于运商不由河东运司统一招徕，清廷又多次出台谕令禁止将盐课银这类向商人征收的税课摊入地丁这类面向农民的税课中①，该区州县官只能亲力亲为去招揽愿意负责本地食盐运销的商人，这无疑加重了该地州县官的行政压力。

不控食盐产地，却试图控制食盐运销，尽管对州县官不利，却使得河东非解盐区的运商享有较大的经营自主权。行盐地并无指定食用的盐种，因此尽管商人运销数量和范围仍受引的限制，但食盐采买地点、运输路线、运输方式、交易方式均不似官盐②那般受限。由此，部分商人开始选择将蒙古盐作为引盐的来源。乾隆十年（1745）甘肃巡抚黄廷桂正式承认阿拉善蒙盐在花马小池引区的合法销售地位，"俟盐一到，即令照例上税，在串票内填明盐斤税银各数，切去一角，给贩盐之人收执护盐，任其所之货卖。俟盐卖完，即将串票交还在厂书役收存，该书役同所收税银数目解交盐捕通判核查，该通判一面将收过银数通报，按季将所收银两汇解司库，仍俱批回呈请发司收银，该通判将串票同流水票汇赍宁夏道，俟年底一总呈赍查销"③。

于是，阿拉善盐斤经由三条陆路运输路线运往甘肃和陕西，"其一路自中卫渡河，涉平凉府界入陇州、凤翔以达西安、汉中；其一路自大靖、皮家营至皋兰转入巩昌、秦、阶而至汉中；其一路由镇番、柳林湖达甘、凉一带"④。

与阿拉善距离较远，但一水相通的山西土盐引区，阿拉善蒙盐则是在鄂尔多斯达拉特旗贝子的引导下进入该区的。乾隆二十一年（1756）达拉特旗贝子纳木扎勒色稜"向厄鲁特贝勒罗卜藏多尔济请求开放取用他们旗（指阿拉善旗）内的陶里（Mon：toli）盐，以谋生计。我们（指达拉特旗蒙古）在渡口处等待厄鲁特人运盐过来，一年共计有五十多艘船"⑤。乾隆年间，由河套至汾州府的黄河水路已经得到开发和使用，并日益成为重要

---

① 黄国信、刘巳齐：《交易成本与课入量：清代盐课基本原理研究（1644—1850）》，《学术研究》2021年第10期。

② 即场盐，在盐政的通常运作程序中，商人赴指定盐场领盐，只能按照认课的数量和行盐地，以及运司规划的运输路线和时限将食盐运销。

③ 《吏部尚书协理户部事务讷亲题为遵旨会议甘肃巡抚黄廷桂题甘省盐政一案应令其查明再行报部查核请旨事》（乾隆九年十月十九日），题本，档号：02-01-04-13705-011。

④ 龚景瀚：《上蒋布政使论盐法书》，《澹静斋诗文钞》文钞卷2，道光二十年恩锡堂刻本，第12页b~13页a。

⑤ 《钦差驻扎宁夏办理蒙古民人事务理事司员为禁止蒙古汉人私行运盐事致厄鲁特贝勒罗卜藏多尔济咨文》（乾隆二十一年五月十八日），载内蒙古自治区阿拉善左旗档案史志局编《清代阿拉善和硕特旗蒙古文档案选编①》，第177页。

的运输商路。① 鄂尔多斯盐斤已由山西商人水运至内地行销。② 鉴于伊克昭盟内部对哈喇莽奈（Mon：xara mangnai）盐池使用权的规划，达拉特旗此举可能是想绕过盟长的监管售盐得利。③ 山西土盐商则"将蒙古盐斤装载木筏，自口外由河保营顺流而下，到境售卖"④。

面对蒙古盐进入山西土盐引区销售的情况，由于初期销售数额并不大，年仅百万斤，⑤ 于是河东盐政采取了将对其的管制嵌入山西土盐区原有盐务秩序中的方式，即以蒙古盐抵补土盐引票，二者共用盐引，"（商贩）就便买食蒙古之盐，仍照所领官引纳课"⑥。如此一来，边外蒙古得以用盐换取粮、茶等物资，沿边州县亦可享受"性重味佳"的蒙盐。⑦ 这样的情形，对于河东官员和清廷来说，无须辨明究竟是哪部的蒙盐进入内地销售，只需要对土盐区的盐务进行如常的管理即可。此一阶段，汉文资料中在河东非解盐区销售的蒙盐皆以"蒙古盐"的身影出现在文本中。⑧ 从文书行政的角度看，此阶段阿拉善盐外运只需经过理藩院和宁夏理事司员的同意即可，⑨ 也就是说蒙盐外运属于理藩院管辖的范畴。

---

① 张世满：《逝去的繁荣：晋蒙粮油故道研究》，山西人民出版社，2008；邓亦兵：《清代前期商品流通的运道》，《历史档案》2000 年第 1 期。

② 孙嘉淦：《边关盐税疏》，载孙铸《孙文定公（嘉淦）奏疏》卷 3，《近代中国史料丛刊》第 55 辑，文海出版社，1970，第 216 ~ 219 页。需要说明的是，鄂尔多斯蒙盐在山陕的销售是顺治初沿袭明末马市贸易的格局而来的。明末，陕西黄甫川、山西杀虎口、偏关老营堡等口允许蒙古以盐易换内地之物。

③ 准格尔旗衙门档案可见乾隆年间伊克昭盟对使用哈喇莽奈盐池之各旗设置销售额、收取盐税。参见金海等编译《准格尔旗扎萨克衙门档案译编第一辑（乾隆朝·嘉庆朝·道光朝）》（内蒙古人民出版社，2007）所收：《贝子纳木扎勒多尔济为盐运事呈盟长文》，乾隆二十七年九月十六日，第 18 页；《扎萨克贝子喇什多尔济为驮盐收费事宜呈正、副盟长文》，乾隆四十二年四月二十九日，第 57 页。

④ 《题为查明岢岚州等应食蒙古盐斤地方情形并酌议稽查收税办法事》，乾隆元年二月二十日，题本，档号：02 - 01 - 04 - 12849 - 019。

⑤ 《奏请买运蒙古盐斤事》，乾隆二十二年九月二十日，朱批奏折，档号：04 - 01 - 35 - 0456 - 020。

⑥ 《题为查明岢岚州等应食蒙古盐斤地方情形并酌议稽查收税办法事》，乾隆元年二月二十日，题本，档号：02 - 01 - 04 - 12849 - 019。

⑦ 阮元：《吉兰泰盐池客难》，《研经室二集》卷 8，中华书局，1993，第 584 页。

⑧ 为表示满洲、蒙古的友好关系，乾隆帝曾发布规范蒙盐使用的谕令。乾隆二十三年山西巡抚塔永宁上奏时将"蒙古盐"简称为"蒙盐"，遭到乾隆帝训斥。参见《奏报买运蒙古盐斤折内裁减古字荷蒙圣训谢恩事》，乾隆二十三年十月二十八日，朱批奏折，档号：04 - 01 - 35 - 0457 - 017。

⑨ 《宁夏理事司员为能否造船售盐事咨文阿拉善旗》（乾隆二十三年六月十日），载苏雅拉图等主编《阿拉善和硕特旗蒙古文历史档案》第 1 卷，211，第 372 ~ 373 页。

水、陆两线外运之兴盛，带动了阿拉善内部盐池之开发。据载，乾隆年间阿拉善境内共开发 9 处盐池，其中同湖 （Mon：tungxu）、白墩子（Mon：bai dun zi）、额尔克·哈斯哈 （Mon：erke xasx-a）、雅布赖 （Mon：yabarai）、察汉布鲁克 （Mon：čaɣan bulaɣ）、布鲁 （Mon：buru）、哈里雅查图 （Mon：xariyačatu） 之盐经陆路运往甘肃山丹、镇番、永昌、平番、古浪、皋兰、宽沟驿、宁夏等地。位于黄河码头磴口以东的两个盐池，吉兰泰 （Mon：jiratai） 盐 “由附近蒙古用骆驼运往石嘴子售卖换取口粮”，哈喇津陶里 （Mon：xaljan toli） 盐 “我旗众多蒙古经常将盐驮运至磴口，用船水运至内地碛口等处，由民人包卖，以资生计”①。

然而此种局面维持不久。河东官盐产地解池在卤河遭毁的局面下，直至乾隆四十年代产能仍未恢复。② 阿拉善亲王亦将境内距离磴口最近的盐池交由甘肃回民马君选兄弟承办。马氏兄弟雇佣边内贫民入池捞盐，组织化的开发使得产能大增，在沿边蒙、回、汉多族群的合作下，阿拉善盐以年销千万斤的态势发往山西地区售卖（包括原土盐引地与解盐引地）。③ 饱受解盐味道苦涩且价昂困扰④的解盐区民众，选择采买来自蒙古的食盐食用。因解盐难销而考成受影响的河东运司，⑤ 开始辨别蒙盐究竟是来自哪

---

① 《阿拉善旗协理副台吉贡格旺楚克等人为绘制盐池地图事致宁夏理事司员》（嘉庆九年九月二十九日），载苏雅拉图等主编《阿拉善和硕特旗蒙古文历史档案》第 13 卷，416，第 514~516 页。

② 解池生产主要靠汲取卤河之水晒畦生产，乾隆二十二年硝池堰附近的居民为获得农田用水，盗挖硝池，使得卤河遭大水淹没。张小也指出河东池盐歉产困扰清统治者几乎达一个世纪之久。参见陈永升《从纳粮开中到课归地丁——明初至清中叶河东的盐政与盐商》，博士学位论文，中山大学，2002；张小也《清代私盐问题研究》，社会科学文献出版社，2001，第 49 页。

③ 李飞：《吉兰泰盐务与嘉庆朝清廷治理阿拉善蒙古的政策转向》，《西北民族研究》2018年第 4 期。

④ 解池卤河对盐池生产有重要的作用，盐工以往汲卤河之水浇晒即可成盐，大水后卤河盐气不能上蒸，盐工只得另挖深沟蓄水浇晒，但所产之盐咸味不够，苦涩不堪，盐工只得重复多次浇晒以提高盐味，从而使得浇晒成本大幅增加，由是市场上之解盐呈现出价昂质劣的情形。参见《奏报遵旨会商设法调剂河东盐务事》（乾隆四十一年六月二十九日），朱批奏折，档号：04-01-35-0470-01。

⑤ 河东盐区之引额与课额重在解盐区，非解盐区虽然面积广阔，但引额为 173921 道，约为解盐区引额的 48.27%、河东全部引额的 32.56%。课额方面，非解盐区每年共纳 46273.39 两，解盐区每年则缴 142164.38 两，非解盐区仅占河东课额总数的 24.56%。对于统领河东盐务的盐政官员来说，非解盐区的盐课征收与盐务运作固然重要，但解盐区的盐务运作还是处于核心地位，以解池生产、运输、销售为主的盐政运作是河东盐政与户部沟通的主要内容。

里，采取何种方式进入山西，以便对其采取相应的管控措施。

兼管河东盐政的山西历任巡抚巴延三、喀宁阿、农起调查后得知，阿拉善旗有池盐销往平阳府一带，从磴口上船后，在托克托厅河口码头休整，之后沿黄河水路经杀虎口税关分卡河保营入关后，顺水势而下，经过保德、碛口直达平阳府峭上、船窝等处。① 他们了解到在山西解盐区销售最大宗的蒙盐来自阿拉善旗，且经由黄河水路而来。于是乾隆中后期，河东运商、运司和山西巡抚为保障河东核心盐区解盐区的利益，对保护带非解盐区的引岸制强调得更为严格，② 并出台专门针对沿黄河上游水运而来的阿拉善蒙盐的限制性措施，诸如在河保营不允许过关，在黄河沿线由附近州县和营汛加强缉私，碛口以下禁止水运等措施。对于阿拉善方面，则由理藩院令其只许在指定木场采买定额木材，打造固定数量的盐船，每船装载的食盐数额、水手人数，由理藩院与山西巡抚和陕甘总督商讨后加以规定。③ 在清廷和河东相关官员的眼中，乾隆后期河东非解盐引区内最主要的蒙古食盐来自阿拉善旗，不再是来源不明经由杀虎口过关的蒙古之盐。阿拉善距离山西数千里之遥，食盐为价值轻、重量大的货物，增加运输成本就能达到削减其销量的目的，因此对阿拉善盐的管理也得以在其主要运输路线——黄河商路上进行。

由于清廷在乾隆年间仍将阿拉善境内的盐池视为札萨克的所属物，并不曾派官对其生产经营活动进行干预。④ 这与内地"盐斤入垣"、盐场设运司分司管辖的措施大不相同。⑤ 因此枢府和河东相关官员对阿拉善旗境内到底有多少盐池、分布在哪里、分别叫什么、是否有蒙古官吏管理、用何

---

① 参见《奏报遵旨会商设法调剂河东盐务事》，乾隆四十一年六月二十九日，朱批奏折，档号：04-01-35-0470-01；《奏报遵旨办理稽查私盐以利官引畅销事》，乾隆四十六年正月十二日，朱批奏折，档号：04-01-35-0472-003；《奏报将阿拉善盐斤运至保德州销售事》，乾隆四十七年三月初八日，录副奏折，档号：03-0620-046。

② 所谓解盐区是河东核心引区，是就盐课收入而言的。又因非解盐引区在解盐区的北与西北方向，蒙古盐进入解盐区需要先经过非解盐区，因而将这一部分非解盐区称为保护带。

③ 参见《奏报遵旨办理稽查私盐以利官引畅销事》，乾隆四十六年正月十二日，朱批奏折，档号：04-01-35-0472-003；《奏报将阿拉善盐斤运至保德州销售事》，乾隆四十七年三月初八日，录副奏折，档号：03-0620-046；《奏报查明阿拉善蒙古购木制造盐船有碍甘省民用等事》，乾隆五十六年四月初八日，朱批奏折，档号：04-01-35-0475-045。

④ 参见金来「清代モンゴルにおける塩湖の帰属：アラシャ旗とウラド部間のハルザン・トリ塩湖の争奪から」『内陸アジア史研究』第35巻、2020年3月。

⑤ 参见李晓龙、徐靖捷《清代盐政的"节源开流"与盐场管理制度演变》，《清史研究》2019年第4期。

例则收取池税，诸如此类的问题并不了解。

综上所述，乾隆年间准噶尔汗国威胁的丧失使得清廷放松对阿拉善的管控，阿拉善盐得以与鄂尔多斯之盐一同由旅蒙商人带入河东销售。随着阿拉善内部包商承运，组织化规模化的运作使得河东所销售的蒙盐以阿拉善盐为大宗。解盐品质与产能的下降为阿拉善盐进入解盐区提供条件，河东运司开始核查销来蒙盐究竟来自哪里、运输手段如何。查明后，有针对性地对阿拉善盐加以限制。但由于盐池为阿拉善全权管理，在内地州县以及清廷的认知中，阿拉善盐只是个模糊的印象。

三　从吉兰泰盐到宁夏蒙古土盐：清廷对盐池管辖权之介入

鉴于回民起义、白莲教起义等西北边疆动乱，面对户部存银的耗竭，以及河东课归地丁后阿拉善盐越界销往两淮引地的事实，嘉庆中期嘉庆帝决心将河东销售最大宗的阿拉善盐纳入内地行之已久的专商引岸体制中，"阿拉善盐斤……照河东现议商运事例，一体招商代办"①。此一转变已有牧寒、方裕谨、邢亦尘、梁丽霞、李飞、韩礼涛等学者从多个角度论述。②本文此处想着重强调的是，专商引岸不仅是将吉兰泰盐商办，还将阿拉善亲王对盐池的管辖模式转为清代盐场垂直管理系统，③设河东运司吉兰泰分司，派大使一员驻扎吉兰泰池，改变了此前蒙古盐池由藩部自行经理的政策。

由于乾隆年间清廷对蒙古盐池的情况并不清楚，也无管辖权，嘉庆九年（1804）皇帝命甘肃布政使蔡廷衡"遴委妥员速赴阿拉善之南体察盐海

---

① 《清仁宗实录》卷161，"嘉庆十一年五月甲戌"，中华书局，1986年影印本，第30册，第90页上栏。
② 牧寒编著《内蒙古盐业史》，内蒙古人民出版社，1987；方裕谨：《嘉庆中期商办吉兰泰盐务述论》，《历史档案》1991年第2期；邢亦尘：《清代内蒙古的盐政》，《内蒙古社会科学》（文史哲版）1994年第6期；梁丽霞：《清前期阿拉善蒙古盐务述论》，《民族研究》2005年第2期；李飞：《吉兰泰盐务与嘉庆朝清廷治理阿拉善蒙古的政策转向》，《西北民族研究》2018年第4期；韩礼涛：《盐制自由化改革的治理逻辑：清代中期的地方游民与盐制变迁》，《社会》2022年第1期。
③ 盐场垂直管理系统的研究，参见叶锦花《在属地管理与垂直管理之间：明初到清前期福建盐场管理体制的演变》，《学术研究》2021年第11期。

出产之处"。蔡廷衡于当年并未派员直接进入阿拉善旗，而是行文宁夏理事司员，令阿拉善旗王府自行上报。颇值得玩味的是，九月阿拉善如实向布政使汇报有 9 处盐池（上文已分别列举），并将仅有哈喇津陶里盐水运至山西一事禀明。① 但随后十一月及次年初，陕甘总督那彦成及倭什布向皇帝上奏时，却说"晋省大同、朔平等府及口外五厅并太汾等府所属四十四州县，向来行销蒙古盐斤为最多，每年于二三月起在吉兰太［泰］湖内捞取，并购木植制造船只源源发运"。② 除吉兰泰池外，"阿拉善游牧之西南有通湖（即 tungxu）大盐池一处，西北鄂尔噶哈色克（即 erke xasx-a）有小白盐池一处，北边扎巴赖（即 yabarai）有黑盐池一处，西边察汉布拉克（即 čaɣan bulaɣ）有土盐池接连二处，南边哈黑牙气图（即 xariyačatu）有小盐池一处"，并说明"此外并无另有盐海名目"。③

与九月之呈文相比，陕甘地方大员在上奏时刻意隐瞒白墩子和哈喇津陶里盐池，并把向来水运之哈喇津陶里盐池说成是唯有吉兰泰盐由船只运往关内。皋兰县民人向来主张白墩子盐池是内地盐产，④ 陕甘官员或许认可此种归属。但吉兰泰与哈喇津陶里分明为两处盐池，其后嘉庆十二年（1807），钦差英和、初彭龄和甘肃布政使蔡廷衡为推行设分司之事，亲赴阿拉善地界划定吉兰泰盐池界址，奏文中显示吉兰泰为一处"东西计一十五六里，南北计一十四五里"，距离磴口"二百余里"的盐池。⑤ 因此，也并不是因二池距离相近，且同属吉兰泰巴格管辖，而将其统称为一处。⑥

---

① 《阿拉善旗协理副台吉贡格旺楚克等人为绘制盐池地图事致宁夏理事司员》（嘉庆九年九月二十九日），载苏雅拉图等主编《阿拉善和硕特旗蒙古文历史档案》第 13 卷，416，第 514～516 页。

② 《谕同兴着与钦差英和等会商河东盐务》，嘉庆十一年二月二十九日，《上谕档》，转引自中国第一历史档案馆《清嘉庆十一年河东盐务改归商业档案史料选辑》，《盐业史研究》1990 年第 1 期。上谕中提到此种说法是陕甘总督倭什布奏报的。

③ 《奏报查明蒙盐越销道路并设立查禁章程事》，嘉庆九年十二月初五日，朱批奏折，档号：04-01-35-0485-018。

④ 《宁夏理事司员为封禁偷挖食盐事致阿拉善旗》（嘉庆七年十一月初三日），载苏雅拉图等主编《阿拉善和硕特旗蒙古文历史档案》第 10 卷，400，第 456～457 页。其实从白墩子名称与档案记载也能看出，阿拉善蒙古人将白墩子以满文字母写出，其并非特有的蒙文词语。像"吉兰泰"和"哈喇津陶里"等词，皆以纯蒙文，分别意为"六十个"和"荒漠中的镜子"。清代蒙古档案中，外来词汇多以满文字母拼写。

⑤ 《甘肃布政使蔡廷衡奏为遵旨划定吉兰泰盐池界地等事》，嘉庆十二年五月十二日，录副奏折，档号：03-1776-034。

⑥ 金来文章中所引乾隆年间阿拉善旗地图显示，哈喇津陶里与吉兰泰相近，但哈喇津陶里更靠近磴口码头。

从蒙古档案来看，乾隆及嘉庆初年哈喇津陶里盐在阿拉善旗与宁夏理事司员的文书中频频出现，然而嘉庆十一年（1806）后吉兰泰盐却成为文书往来的焦点，哈喇津陶里盐池如同忽然消失一般。李毕力格最早注意到这一现象，他认为或许此盐池已经湮灭了。① 金来在细致翻阅档案后，发现道光十六年（1836）哈喇津陶里盐池又在文本中出现了一次，他认为或许该盐池盐产在嘉庆后下降，所以不再重要，也不再被提及。② 但嘉庆十年（1805）尚存在哈喇津陶里运盐民人多次向宁夏理事司员申请石嘴子口粮票证，不到一年的时间绝不可能出现盐池骤然消失或急剧减产的情形。从嘉庆十年清廷下令查拿马君选后，因无人办运阿拉善盐斤，倭什布特意飞咨阿拉善亲王速派人办运蒙盐一事，可以猜测阿拉善亲王与陕甘疆臣或许建立了一定程度的私人联系。③ 阿拉善在如实呈文后，又担心清廷派人将旗内利源最大宗之盐池夺走，④ 所以联系陕甘总督刻意隐瞒。又由于清廷重点关注水运至解盐区之盐产，钦差到境后，并未前赴其他池产查勘。⑤ 此后由于枢府和内地认知中的水运之盐即为吉兰泰盐，于是阿拉

---

① 李毕力格：《清代阿拉善和硕特旗蒙盐研究》，硕士学位论文，陕西师范大学，2018，第6页。

② 金来「清代モンゴルにおける塩湖の帰属：アラシャ旗とウラド部間のハルザン・トリ塩湖の争奪から」『内陸アジア史研究』第35卷，2020年3月，11页。

③ 嘉庆九年（1804）初，皇帝并未明确提出要将盐池收归朝廷直接管理，只是说要寻一个妥善的办法，当时朝野上下都在揣摩皇帝的意图。但随后马君选以勾结外藩、私贩盐茶的罪名被抓，部分官员意识到皇帝想要一体推行专商引岸的态度。但倭什布却在马君选被拘押后，立即行文阿拉善亲王，令其速派妥员继续办运，以免耽误晋省民食。气得嘉庆帝发布上谕斥责他"不思趁此时将口盐越贩之弊设法杜绝，转飞咨阿拉善王迅速派人经理，岂倭之意惟恐口盐不能畅销，阿拉善王无从获利，代为画策乎"。参见陕甘总督倭什布《奏为审拟夏秉瑚具控回民马君选欺上瞒税一案事》，嘉庆十年闰六月初八日，录副，档号03－1774－048；《宁夏理事司员为山西民人食用盐盐事务向都统衙门呈禀事致阿拉善旗协理台吉札文》（嘉庆十一年二月十八日），载苏雅拉图等主编《阿拉善和硕特旗蒙古文历史档案》第11卷，137，第133~135页；《宁夏理事司员为委派官员会商盐务事致阿拉善旗扎萨克亲王札文》（嘉庆十一年四月十二日），载苏雅拉图等主编《阿拉善和硕特旗蒙古文历史档案》第11卷，150，第145~146页。

④ 此一猜测虽无明确证据，但乾隆二十四年鄂尔多斯却着实有此类举动。乾隆二十二年，解池缺产后，山西巡抚让河东运商借买鄂尔多斯哈喇莽奈之盐，原本议定借买2329名（名是河东盐引计量单位，一名120引），但过了一年有余，只交付了20名，还将其他盐池所产质量略差之盐充作哈喇莽奈之盐。山西巡抚塔永宁说道："臣微窥蒙古之意，惟恐河东商人买运蒙盐之后，习以为常。伊之盐海竟成河东商人盐窝，频频运送，是以辗转推诿。"鄂尔多斯如此，阿拉善难免也会这么想。参见《奏报办理买运蒙古盐斤事》，乾隆二十三年十月十五日，朱批奏折，档号：04－01－35－0457－015。

⑤ 英和：《恩福堂笔记、诗钞、年谱》，北京古籍出版社，1991，第354~356页。

善与内地的公文往来中，"吉兰泰"取代"哈喇津陶里"成为频频出现的词语。

　　总之，了解到水运外销之阿拉善盐仅自"吉兰泰盐池"一处，嘉庆帝开始严行查办为阿拉善王办理盐务之商人马君选，并斥责阿拉善亲王玛哈巴拉种种违例之事，令玛哈巴拉于嘉庆十一年（1806）四月将盐池呈献以便清廷设置运司分司机构。[1] 嘉庆十二年（1807），清廷开始正式将吉兰泰盐池纳入河东运司吉兰泰分司管理之下，设盐场大使监督吉兰泰盐的生产与存贮，在运输水路沿线重要中转点磴口、河口、碛口设批验所大使进行掣验。令其生产与运输在河东运司监督下，销售亦按照划定的引岸和规定的引额进行。为了符合允许阿拉善拥有盐池管辖权的惯行政策，每年付给阿拉善亲王8000两，以示朝廷承租吉兰泰盐池之意。[2] 阿拉善旗之蒙古盐从阿拉善盐向吉兰泰盐的转变，不仅仅是称谓的变化，更反映出清廷开始对阿拉善盐产进行干预，并对其食盐产地、分布、阿拉善旗内部管理情况、食盐运销模式均有所掌握并进行规划。

　　然而，专商引岸制度推行了不到七年就出于种种原因而被废止。[3] 废止后，清廷将吉兰泰盐池"再赏"给阿拉善旗，以示阿拉善之地是当年"圣祖仁皇帝赐以此土"[4]。清廷将吉兰泰盐池再赏阿拉善亲王，并非意味着恢复到此前阿拉善完全享有对池盐管辖权的局面。如篇首指出，清廷出台条例禁止吉兰泰盐水运，且不允许阿拉善亲王招商承运，并将这些规定收录在户部则例中令世代遵守。

　　梁丽霞认为此次禁令对吉兰泰盐的外运带来了毁灭性的打击，使得运销量不及昔年十分之一。她引用的资料是咸丰年间阿拉善亲王发给理藩院呈文中的说法，认为从嘉庆十七年（1812）到咸丰七年（1857），吉兰泰盐一直处于外运规模大幅削减阶段。[5] 但查阅蒙文档案可知，这是阿拉善

---

[1]　李飞：《吉兰泰盐务与嘉庆朝清廷治理阿拉善蒙古的政策转向》，《西北民族研究》2018年第4期。

[2]　方裕谨：《嘉庆中期商办吉兰泰盐务述论》，《历史档案》1991年第2期。

[3]　参见方裕谨《嘉庆中期商办吉兰泰盐务述论》，《历史档案》1991年第2期；梁丽霞《清前期阿拉善蒙古盐务述论》，《民族研究》2005年第2期；李璐男《乾嘉年间山西食盐运销制度变迁研究》，硕士学位论文，兰州大学，2019。

[4]　阮元：《吉兰泰盐池客难》，《研经室二集》卷8，中华书局，1993，第584页。

[5]　参见梁丽霞《清前期阿拉善蒙古盐务述论》，《民族研究》2005年第2期。

亲王为请求重开水运，刻意夸大陆运对蒙古生计危害之说辞。①

在清代北路贸易兴盛的背景下，② 黄河商路也在源源不断运输蒙古产物至黄河中下游。食盐与米粮一样，都是用麻袋装船运输。③ 如果仅仅查禁吉兰泰盐，难度不可谓不大，但也并非不可查禁。据民国调查报告，在清代与民国传统生产方式下，吉兰泰盐为微红色，而蒙古其他盐则为青色或白色。④ 因此，若有心访查，吉兰泰盐是可以辨认的。嘉庆二十四年（1819），河保营参将布彦图抓获民人马五俸等将吉兰泰盐斤装船59只，假装粮船队伍运回。⑤ 咸丰五年（1855），新上任的山西巡抚王庆云面对河东运商呈禀私盐侵占河东官引的局面，遍搜各色私盐样品，查验得知吉兰泰盐为大宗，"内惟吉兰泰盐为最多"⑥。可见，嘉庆至咸丰年间，吉兰泰盐的水运并没有断绝。

清廷将盐池赏还阿拉善，设下水运禁令，且于嘉庆至咸丰年间多次驳回阿拉善亲王重开水运之请求。⑦ 尽管在实践中，禁令效果有限，各水陆关津负有缉私任务的官吏甚至为放走盐船之事设置了明确的受贿价码。⑧ 但从政治层面来讲，禁令曾宣谕蒙古各部、杀虎口税关与山陕各督抚。对于阿拉善蒙古来说，作为旗盟制度下由理藩院直辖的旗，若公然违抗皇帝旨意，则意味着政治上的不服从。而对于嘉庆以后的皇帝来说，延续禁令意味着祖宗成法不可轻易变动，皇帝天威不可轻易冒犯。

因而，尽管嘉庆十七年（1812）专商引案制度终止后，朝廷撤销吉兰泰分

---

① 《阿拉善旗扎萨克亲王玛哈巴拉为吉兰泰盐陆路运输售卖事致驻扎宁夏办理蒙古民人事务衙门》（嘉庆二十一年三月十六日），载苏雅拉图等主编《阿拉善和硕特旗蒙古文历史档案》第15卷，353，第481~482页。

② 丰若非认为从税额来看，途经杀虎口的贸易数量并不大。赖惠敏则指出山西商人用以支持蒙古军站台的建设作为交换，使得清廷减免他们的税收。参见丰若非《清代榷关与北路贸易：以杀虎口、张家口和归化城为中心》，中国社会科学出版社，2014；赖惠敏《满大人的荷包：清代喀尔喀蒙古的衙门与商号》，中华书局，2020。

③ 张世满：《逝去的繁荣：晋蒙粮油故道研究》，山西人民出版社，2008。

④ 曾仰丰：《中国盐政史》，商务印书馆，1937，第85页。

⑤ 《山西巡抚成格奏报审拟河曲知县故纵违禁盐船一案事》，嘉庆二十五年四月初九日，朱批奏折，档号：04-01-35-0498-048。

⑥ 《奏请汾州通制并营汛移驻碛口镇试办盐务缉私等事》，咸丰五年八月二十九日，录副奏折，档号：03-4388-035。

⑦ 梁丽霞：《阿拉善蒙古研究》，民族出版社，2009，第258页；《清宣宗实录》卷28，"道光二年正月戊辰"，第508页。

⑧ 《山西巡抚成格奏为故纵违禁运盐之官员请分别革职解任审讯事》，嘉庆二十四年十二月初九日，朱批奏折，档号：04-01-35-0498-028。

司，相应驻于盐池、磴口、河口的大使与运判一并撤回。但此前专商时期宁夏道监管吉兰泰盐务的权限却并未相应取消。嘉庆二十年（1815）以降，在吉兰泰盐斤经陆路运输途经府谷与鄂尔多斯发生纠纷，武三元、马五俸、李振纲等违规水运，诸如此类事件发生后，延榆绥道、陕西巡抚、山西巡抚皆直接行文宁夏道，再由宁夏道将处理意见经宁夏理事司员转达阿拉善旗衙门。①

道光以降，伴随西北边疆和东南海疆危机的加深，财用不给已成病国滋大之势。为了应对临时性的巨额支出，国家不得不依赖经制外的筹措来填补财政缺口。就中央层面而言，厘金、捐纳、摊派、海关税收等手段成为新的财政收入来源。而在中央和地方财政结构层面，道光年间酌拨制度已逐渐失灵，咸丰三年（1853）开始过渡为京饷摊派制，正额财政的集权特性逐步瓦解，外销财政出现。②

西北地区咸丰年间虽未遭遇战事，但来自东南的协饷难以运至，新疆、甘肃的兵饷成为历任陕甘总督和甘肃布政使最为头痛的问题。咸丰六年（1856），乐斌就任陕甘总督。在调任之前，他就知晓陕甘的情形是"甘省事体极难，欠饷至一千零七八十万之多；而口外防兵，又复嗷嗷待哺，各省协饷，任催罔应，此等情形困顿"③。彼时枢府已允许在外督抚自筹军饷，于是乐斌到任后，"欲以理财见长"④。

乐斌听人建言，将措饷之源盯上了阿拉善蒙古。在甘肃，经皋兰、靖远、秦州一线转售汉南的蒙古盐斤，每年约"五六万驼"，⑤ 约合1200余

---

① 参见《宁夏理事司员为严禁商人外运吉兰泰盐斤事致阿拉善旗扎萨克亲王札文》（嘉庆二十年七月十八日），载苏雅拉图等主编《阿拉善和硕特旗蒙古文历史档案》第12卷，410，第474～475页；《阿拉善旗扎萨克亲王玛哈巴拉为吉兰泰盐陆路运输售卖事致驻扎宁夏办理蒙古民人事务衙门》（嘉庆二十一年三月十六日），载苏雅拉图等主编《阿拉善和硕特旗蒙古文历史档案》第15卷，353，第481～482页；《阿拉善亲王为禁运吉兰泰盐池产盐事致宁夏部院大臣衙门咨文》（道光五年四月十九日），载内蒙古自治区阿拉善左旗档案史志局编《清代阿拉善和硕特旗蒙古文档案选编③》，1428，第353页；《阿拉善厄鲁特扎萨克亲王玛哈巴拉为查验民人曹九龄运盐案事致宁夏理事司员》（嘉庆二十二年十月十六日），载苏雅拉图等主编《阿拉善和硕特旗蒙古文历史档案》第16卷，029，第43～44页。

② 〔日〕岩井茂树：《中国近世财政史研究》，付勇译，江苏人民出版社，2020，第102～103页。

③ 张集馨：《道咸宦海见闻录》，中华书局，1981年点校本，第184页。

④ 张集馨：《道咸宦海见闻录》，第213页。

⑤ 《陕甘总督乐斌奏为委员查明宁夏蒙古地方出产土盐行销内地酌拟抽收商税以裕饷需事具奏》（咸丰八年九月二十八日），《宫中档咸丰朝奏折》第19辑，"台北故宫博物院"藏，第373页。

万斤。由于甘肃不设税关，多数盐斤均为不纳税之盐。若能对蒙古盐斤加收税款，且将其作为陕甘之用，则可稍缓经费之紧张。于是，咸丰八年（1858）陕甘总督乐斌上奏一封名为"奏为委员查明宁夏蒙古地方出产土盐行销内地酌拟抽收商税以裕饷需事"的奏折。① 其中"宁夏蒙古地方出产土盐"之名不可谓不怪异，"蒙古盐"在清代表示的含义为众人熟知，也是固定的称谓，乾隆皇帝曾因山西巡抚塔永宁将其简称为"蒙盐"而大发雷霆。② "土"则在汉语中有"任土作贡"的含义，将"蒙古盐"说成土盐，那么对其征收税银就是应当之事了。

乐斌在奏折中言明阿拉善地界有盐池数处，若能包商抽税，每年可在甘肃原有盐课 2 万余两的情况下，再多征 16000 两，可稍缓解军饷之紧张。但他并未说明究竟是在哪个盐池设汉商承办，如若是吉兰泰盐池，那么就违背了明文禁例。有趣的是，咸丰帝也并未追究乐斌所奏针对的是哪个盐池，只是准许了他的请求，批复："甘肃宁夏蒙古地方向产土盐，各处商民往运转贩，并未征收税课。兹据乐斌委员查明并酌拟章程抽收商税，声明无碍正课，并不累蒙古生计，即着照所拟章程办理。"③

那么，所谓的宁夏蒙古土盐究竟是阿拉善哪个盐池出产的呢？乐斌任陕甘总督期间，与其同在兰州任职的甘肃布政使为张集馨。张集馨在其年谱中指出，乐斌想要依靠理财得当做出一番政绩，发现吉兰泰盐在甘肃的销售后，曾与他商议，令他查明吉兰泰盐的相关政策："乐督又因人条陈，欲运吉兰泰盐，而原委不知。院司书办，又不善查卷，一味模糊。乐督嘱余详查，呈阅酌办。"他在查阅后得知，嘉庆十七年（1812）清廷曾出台禁令；嘉庆二十四年（1819）还曾严厉处决私放蒙古盐船的保德州参将与河曲县知县；道光七年（1827）因鄂尔多斯事件，理藩院再次重申针对吉兰泰盐的禁令。因此，他认为此事不可为，"细绎此咨，吉盐不能再归官运，已有定案"④。可见，在张集馨和乐斌的眼中，包商抽税之盐就是吉兰泰盐。张集馨于咸丰八年（1858）初离任，自然不曾参与九月间乐斌的奏

---

① 《陕甘总督乐斌奏为委员查明宁夏蒙古地方出产土盐行销内地酌拟抽收商税以裕饷需事具奏》（咸丰八年九月二十八日），《宫中档咸丰朝奏折》第 19 辑，第 373 页。

② 《奏报买运蒙古盐斤折内裁减古字荷蒙圣训谢恩事》，乾隆二十三年十月二十八日朱批奏折，档号：04 - 01 - 35 - 0457 - 017。

③ 《清文宗实录》卷 267，"咸丰八年十月壬戌"，第 1145 页。

④ 张集馨：《道咸宦海见闻录》，第 215～218 页。

折，乐斌知晓此前禁例，于是刻意模糊盐池称谓，咸丰帝为西北军饷考虑，也有意放纵此事。

光绪三十二年（1906）包头官盐局与阿拉善旗签订承租协议，每年付租银7000两，由包头盐局雇商承办吉兰泰盐捞运纳税事宜，收益解山西藩库。[①] 可见，在清末督抚权重的财政格局下，[②] 吉兰泰盐斤禁止水运、禁止招商承办已成空文，而阿拉善亲王想要依靠食盐外运获取旗财政收入，就要与地方大员合作，接受他们对蒙古盐产运销的规划。

综上所述，嘉庆十二年（1807）出台的对吉兰泰盐池设分司管理的政策，使吉兰泰盐池为清人所知。此后尽管吉兰泰盐池归还阿拉善亲王令其部众从陆路运销，但活跃的北路贸易使得吉兰泰盐依旧得以水运运销。宁夏道在专商引案制度停止后，依旧监管吉兰泰盐运销事宜。咸同以降，阿拉善蒙古盐成为山陕各督抚外销财政的来源，吉兰泰盐水运之禁令被刻意模糊甚至无视。

结　语

清初，贺兰山西北属于西部蒙古和清廷管制的真空地带。西北盐务沿袭明末格局，边墙附近的盐池由沿边军民采运，法无禁例。康熙年间，阿拉善旗作为牵制准噶尔、喀尔喀、卫拉特、青海诸部蒙古的新归附旗备受重视。为控制阿拉善的动向，蒙盐在划分旗界后只许阿拉善本旗开采，不得与他旗和内地交易。乾隆初年，西北边疆局势安稳带来的是封禁政策的松动。在部票制度下，阿拉善盐得以由山西商人通过黄河商路销往山西河东土盐引区，由甘肃商人陆路运往陕甘各地。彼时，阿拉善、鄂尔多斯等部之蒙古盐均有销售，清廷将其嵌入土盐引区的原有秩序中进行管理。对于清廷来说，此时的蒙盐是补充土盐引区，带动蒙古生计的边疆小规模贸易，无须担忧，亦无须辨别蒙盐的来源、交易方式等，于是这些盐均以"蒙古盐"的称号出现在时人眼中，至于这些盐具体的产地和运输方式则不为时人所熟知。乾隆后期，蒙盐运销成为专门的生

---

① 《阿拉善亲王为继续租赁吉兰泰盐池签订契约事宜咨文》（宣统二年九月十七日），载内蒙古自治区阿拉善左旗档案史志局编《清代阿拉善和硕特旗蒙古文档案选编⑤》，第744～746页；盐务署编《中国盐政沿革史·河东篇·山西北路》，三晋出版社，2018，第150页。

② 陈锋：《清代财政政策与货币政策研究》，武汉大学出版社，2008。

意，恰逢河东解池产能受损，蒙盐在阿拉善亲王将其交由回商承包后产量大增，销往河东土盐与官盐引区之数量陡增。升迁之途受到威胁的河东运司开始辨明这些究竟是来自哪些旗的盐、从何路而来，以便从生产和运输方面进行限制，于是阿拉善蒙古盐多次出现在清廷与内地民人的视野中。清廷多次发布敕令要求阿拉善从运输船只、运输路线、水运终点、运输数量等方面严格遵循规定。嘉庆中期，清廷将阿拉善的吉兰泰盐池纳入运司系统，清晰掌握吉兰泰的四至、位置等内容。专商引岸制度在蒙古推行失败后，设下禁止吉兰泰盐水运至内地，不许内地商人承办的禁令。禁令虽然没能阻挡阿拉善盐在内地的销售，但改变了阿拉善盐斤外运由宁夏理事司员管理的政策，改由宁夏道监管吉兰泰盐外运。咸同以降，督抚权重，阿拉善各盐池成为陕甘和山西督抚扩大财政收入的利源，吉兰泰盐水运之禁令被刻意回避。

在清代，阿拉善经济发展以盐业为主，当地只有将足够数量的盐销售到关内才能获得维生之资。但关内遵循引地领域化的盐政秩序，食盐流通要服从全国的财政格局。不同时段阿拉善盐池称谓的变化体现着阿拉善与枢府、盐政官员、边地大员就食盐生产、流通和税收所产生的博弈过程。尽管在名义上朝廷一直尊重阿拉善亲王对境内盐池的所有权，但实际会因财政和边疆局势的需要而对其进行干预。亲王并不能自主决定盐池的生产、开发与销售事宜。

Whose Salt Pond: Changes in the Title and Jurisdiction of the Mongolian Salt Ponds in Alxa during the Qing Dynasty

Li Lunan

Abstract: It is generally believed that the Mongolian salt ponds were managed by Zasak, the salt monopoly system was not applied in Mongolia during the Qing Dynasty. However, Mongolian salt was mainly sold in the non-hai salt areas in the Hedong area, and its transportation and sale were actually included in the order of the salt monopoly system. The salt ponds in Alxa, located to the west of the Hetao, were rich in resources, and the salt from the ponds adjacent to

Dengkou was sold along the upper reaches of the Yellow River to the non-hai salt areas in the Hedong during the Qianlong period, which attracted the attention of salt officials and the Qing court. In addition to embedding Mongolian salt into the existing salt law order, salt officials also took specific measures to limit the amount and mileage of waterway transport for the sale of Mongolian salt, but still followed the principle that Mongolian salt ponds were managed by the feudal ministry itself. From the ninth year of the Jiaqing period (1804) onwards, in addition to the restrictions on transport and marketing, the Qing court began to emphasise its jurisdiction over the Mongolian salt ponds, implementing the seven-year measure of placing the Jiratai salt ponds under the jurisdiction of a sub-division of the Hedong Transport Department in order to complement the monopoly of the Mongolian salt. After the abolition of the exclusive merchants' system, the Qing court introduced regulations to prohibit the monopolized merchants and water transport of the salt ponds in Jilantai, and the Ningxia Dao, which was responsible for the supervision of the salt in the period of the special merchants, continued to control its transport and marketing. Since the end of the Qing dynasty, the power of the governors has been increased, and Alax salt had become a source of Waixiao finance for the governors of Shaanxi, Gansu and Shanxi.

Keywords：Alxa; Mongolia Salt; Xaljan toli; Jiratai; Jurisdiction

制度变迁视角下的近代中国征信事业

——以协和公司倒闭案与中国征信所天津分所为例[*]

董　啸　戴建兵[**]

摘　要： 近代以来，随着天津社会经济发展，诸多制度非均衡因素在征信环境中渐次显露。协和公司倒闭案的爆发，集中凸显了征信事业发展中制度变迁的重要性与迫切性。因应这种制度变迁的需求，中国征信所天津分所作为专业征信机构被设立。通过制度变迁的视角对中国征信所天津分所的筹备建立和业务状况等方面进行考察与分析，可以发现以中国征信所为代表的，发生在近代中国征信事业发展历程中的诱致性制度变迁并不理想。尽管如此，它作为一次宝贵的尝试与探索，依然对于参与变迁行动的团体、征信事业进步以及社会经济发展等都产生了积极的作用。

关键词： 征信　制度变迁　协和倒闭案　中国征信所天津分所

征信在经济活动中有重要的作用。近代以来，为适应日益发展的社会经济需求，在借鉴西方征信调查经验的基础上，中国逐渐建立并发展起自己的征信事业。目前学界对于近代征信事业的研究，大多关注上海而相对忽视北方的情况。[①] 近代中国第一家征信机构中国征信所于 1932 年 6 月 6

---

* 本文为 2022 年河北省教育厅博士研究生创新能力培养资助项目"平津联合征信所研究"（项目编号：CXZZBS2022054）阶段性成果之一。

** 董啸，河北师范大学历史文化学院博士研究生；戴建兵，河北师范大学历史文化学院教授。

① 主要相关的成果包括：胡学惠、杨俊霞《解放前的"中国征信所"》，《金融研究动态》1980 年第 2 期；宣益昌《天津两度设立征信所始末》，《金融与市场》1998 年第 7 期；马长林《旧中国征信机构发展始末》，《中国档案》2002 年第 4 期；郑泽青《早期征信机构档案及征信调查内容》，《中国档案》2002 年第 4 期；庄志龄《中国征信所及其信用调查》，《档案与史学》2003 年第 6 期；杜恂诚《从银行调查部到"中国征信所"》，《中国金融》2003 年第 7 期；孙建国《中国征信所及其个人征信事业考察（1932—1949）》，《史学月刊》2004 年第 12 期；邢建榕《近代中国信用调查的发端》，《中国档案》2008 年第 5 期；等等。

日在上海成立之后，作为北方重要经济城市的天津，其征信事业的发展和征信机构的建设却因种种原因未能及时跟进。随着中国征信所业务的不断开展和调查委托项目的逐渐增加，为加强上海和外埠之间的业务联系与经济交往，中国征信所天津分所于 1934 年 12 月 1 日才姗姗来迟。本文以档案资料与相关报纸刊物为史料依据，围绕中国征信所天津分所，结合制度经济学理论方法，对其产生的历史背景、筹备建立过程、业务开展状况等做梳理考察，并将近代征信事业发展置于制度变迁视角之下进行分析。

一 从制度变迁看近代天津征信环境

新制度经济学派的道格拉斯·C. 诺思认为："制度是为了约束在谋求财富或本人效用最大化中个人行为而制定的一组规章、依循程序和伦理道德行为准则。"[1] 制度对经济增长起着至关重要的作用，有效率的制度安排可以促进经济增长和发展，无效率的制度安排则会抑制甚至阻碍经济增长和发展。制度自身的产生、发展、替代、完善等一系列过程则被称为制度变迁。

征信是社会经济发展到一定阶段的产物，征信事业的发展与征信制度的建立都是制度变迁的体现。制度变迁的发生，一般来自制度结构的非均衡，尤其是外部影响和内在矛盾共同造成的非均衡，"从外部因素来看，外部环境的变化、资源条件的改变、外部发展的影响和效应等，一方面会使原来的制度安排和制度结构变得不是净效益最大的制度，因而产生了制度变革的动机和需求，另一方面又会改变可供选择的制度集合和选择范围，从而改变制度服务的有效供给。这一切就会导致制度非均衡的出现。从内部因素来看，任何一种制度安排和制度结构都有其特殊的内在矛盾。制度变革的根源存在于该项制度结构的内部，存在于该制度下生活的各行为主体的利益矛盾之中，外部条件的变化一般只是通过对内部因素的影响、加速或延缓了制度变革的过程，以及变革时机的选择"[2]。近代的天津征信环境，在内外部因素共同作用下，出现了制度非均衡。

---

[1] 〔美〕道格拉斯·C. 诺思：《经济史上的结构和变革》，商务印书馆，1992，第 196 页。

[2] 张曙光：《论制度均衡和制度变革》，载盛洪主编《现代制度经济学》下册，北京大学出版社，2003，第 245、246 页。

1. 突发事件暴露的非均衡

1927年天津协和公司倒闭案爆发，"协和倒闭，津埠金融界大受影响。平时对于协和之信用放款，固无法回收。即栈单押款亦发生弊窦。因协和串同瑞通洋行伪签货单，以一宗货物而押数宗款项。倒闭后押款之数浮于被抵之货物数倍，致各银行所有对协和之栈单放款，其债权均陷于苦境"[1]。协和公司倒闭直接引发天津金融市场震荡，主要表现为与之往来的金融机构均受到不同程度的牵连，尤其是其高达五百万两的负债，造成天津金融业银根奇紧，"该公司与中国、交通、懋业、中南、金城、汇业、华义、中孚、浙江兴业、农商、中元实业、农工、花旗、汇丰、正金、中法等银行以及中法、德华、远东等银行华账房均有往来，据该公司开报数目，抵押借款及信用透支两项，共欠各银行约500万两左右，内中欠懋业约130万元又30万两，欠中南约130万元又40万两，欠中元约60余万两，欠远东账房30万两，以此数行数目为最巨，其余各家一二十万或数万两不等，中元已于近日宣告停业，中法实业、德华、远东三账房亦均搁浅，市面颇受震动"[2]。外地经济也遭受一定程度的影响，石家庄即因此而发生商业的停滞，"石家庄市面，虽素重现洋，而京津各银行钞票，亦颇通用。自天津协和贸易公司倒闭后，各报互相登载，并列有一表，内载某银行被欠若干，就中以中南、懋业两行为最多，均在百万元上下，于是石家庄某银行，首先不收中南钞票，警厅及各征收机关，亦相率拒收。石家庄各商店，大起恐慌，凡持中南、懋业两行钞票购物者，宁可不做生意，不敢收受。遂至钞票愈不流通，现洋愈缺，百业停滞，大小商号均门可罗雀，南北火车又不通行，长此以往，市面将更加冷淡矣"[3]。时人总结天津协和公司倒闭案的原因为"金融界之疏忽"，即主要是信用调查的缺失造成的，"银行漠视信用调查，吾国银行界对于信用调查向不注重。即使有之，亦仅调查对手方之身家财产，凭借营业报告填几张具体的调查表而已。对于其人所经营事业之大势，市场之状况，及其人之行动与环境，从未有下不断地注意者。且与顾客既共往来之后，即不再为精密之考察，而

① 静如：《论天津协和贸易公司倒闭事》，《银行周报》1927年8月2日，第32版。
② 《天津中国银行关于协和贸易公司诈骗案致总管理处函（1927-7-11）》，天津市档案馆藏，档案号：J0161-1933。
③ 《石家庄商业停滞》，《晨报》1927年8月13日，第4版。

失败即往往由是而生。"① 这种"失败"主要是对于背景情况、经营状况等方面征信调查的漠视所致。

2. 征信模式自身的非均衡

在协和公司倒闭引发的风潮中，大多数银行调查部没有起到本应发挥的作用，"调查部从事调查工商信用，用为放款之标准，第失之浅狭，且各自为政，收效难宏，要不能挽救此垂毙之局面"②。即便已经设有银行调查部的诸如中国、交通、金城等银行也深陷其中，只有大陆银行得益于对征信调查的重视而有效避免了损失。在规则制定方面，大陆银行对于融资安全和开展授信业务等方面格外谨慎，明确指出银行绝不可触及"轻滥放款""经营投机事业""滥用行员"此三项禁律。③ 在机构设置方面，大陆银行于1922年5月专门设置负责对企业和市场进行调查的调查课，并将调查课直接隶属于总经理室。在实际操作过程中，大陆银行经营抵押放款，在对抵押品进行征收时要求"往来抵押透支因非期满不能将抵押品取出且保存日期固定"，在对抵押品进行保管时要求"抵押品得更换全部或其一部，出具抵押品寄存证押品更换时须加批注""押品因进出频繁乃以货栈之栈单送交银行，货物尚需保险栈单及保险单上之抬头均需用银行名义"。④ "凡系往来之商号，均应事先将该号情形调查明白，并详细填表报告总处，既调查后并应随时注意。设中途与原调查之情形有变更时，应将变更情形随时报告总处，设有中途情形欠妥者，即应设法预防。"⑤ 正是由于这种审慎负责的态度，大陆银行经理谈荔孙在与协和公司进行授信放款往来时，通过认真调查发现疑点端倪：协和公司仓库实际库容最多只能储存面粉80万袋，但是仅在大陆银行一家便有登记在册的贷款抵押品45万袋，感觉事出蹊跷的谈荔孙通过询问有亲属在协和公司工作的本行职员；在得知协和公司仓储面粉真实数量不过20万袋，却经由瑞通货栈开出几百万袋之巨的栈单之后，决定在贷款到期时，按时回收已经贷给协和公司的90万元款项并不再予以展期。就在回款结清的约一周之后，协和公司伪造

---

① 静如：《论天津协和贸易公司倒闭事》，《银行周报》1927年8月2日，第34版。
② 《中国征信所开幕二周年报告书（草稿）（1934－9）》，上海市档案馆藏，档案号：Q270－1－293。
③ 《银行之三大戒》，《大陆银行银行月刊》1924年1月25日，第74页。
④ 《活期抵押放款与往来抵押透支之异同说》，《大陆银行银行月刊》1924年11月25日，第27页。
⑤ 黑广菊、刘茜主编《大陆银行档案史料选编》，天津人民出版社，2010，第164、165页。

栈单的诈骗阴谋便东窗事发，大陆银行由此成为天津一众银行中唯一得以幸免损失者。[1]

3. 非均衡的产生诱因

产生制度非均衡的原因主要包括："所有影响制度变迁需求的外生因素，如要素和产品相对价格的变动、技术进步、其他制度安排的变迁、市场规模的变化、偏好的变化和偶然事件等，以及影响制度变迁供给的外生因素，如宪法秩序和规范性行为准则的改变，制度设计的成本和实施新安排的预期成本的变化，社会科学知识的进步和制度选择集的改变以及上层决策者的净利益的变化等。"[2] 内外部因素共同作用下的变化，是近代天津征信环境制度非均衡的产生诱因，主要源于近代以来天津快速发展的社会经济。

20 世纪初天津得益于贸易的繁荣，成为北方经济金融中心和全国仅次于上海的第二大工商业城市，"天津是一个商业都市，原本不是工业都市。因为外国贸易繁荣起来，工业不过是附随着贸易而发达的"[3]。第一次世界大战前后，列强暂时放松对华经济侵略，中国民族资本主义利用这难得机遇迎来了自己发展的"黄金时期"，仅以对外贸易为例，天津出口贸易额短短十年间增长了409%，"天津输出总值，民国元年仅为9415880 两，五年即增至 21370642 两，十年又增至 38515636 两"[4]。随着经济活动的繁荣，信用问题的重要性也日渐凸显，"征信事业为促进工商繁荣机能之一，而工商繁荣亦为征信业务推展之因，二者实相互为因"[5]。在这种时代背景之下，一方面，既存的习惯赊销缺乏流动性的信用模式出现制度非均衡，如若遭遇金融恐慌，非但银钱业不能如期收回本息，还会连带银行资金受到影响而形成呆坏账，"当一国的经济程度尤属幼稚之时，交易不繁，买卖简单，故采行登账制度已足应付环境，而同时卖者又以调度金融的重任转嫁于银钱业，而银钱业亦恃之以增其利殖之途。此在承平之世，百事繁荣，银钱业不采紧缩政策，多欲兜揽营业，尚觉可以过去，不露破绽。但

① 张秀丽：《大陆银行仓库经营与金融风险防范研究》，载复旦大学中国金融史研究中心编《全球化与行业变迁视野下的金融风险防控》，复旦大学出版社，2019，第 172 页。
② 袁庆明：《新制度经济学》，中国发展出版社，2005，第 266 页。
③ 李洛之、聂汤谷：《天津的经济地位》，经济部冀热察绥区特派员办公处编，1948，第 3 页。
④ 尤季华：《中国出口贸易》，商务印书馆，1933，第 14 页。
⑤ 《中国征信所天津分所一年半之业务概况（1936 – 10 – 15）》，上海市档案馆藏，档案号：Q275 – 1 – 2059。

一至金融恐慌，百业萧条之时，银钱业皆采紧缩政策，谨慎放款，则卖方商人既乏银钱业作后盾，无处转嫁其负担，自亦不能对于买方商人仍沿其三节结账的故习"①。另一方面，传统的"跑街"乃至近代业已出现的银行调查部等调查方式都存在不同程度的问题，主要表现在随着不断扩大的经济规模和逐渐增加的参与者数量，往往会产生更多的信息不对称和逆向选择的问题，从而使得潜在的信用风险隐患陡增，继而，解决这些问题所需要进行的信用调查难度也随之进一步加大，由此产生的对于专业信用调查机构的需求日益增长，社会上亟待专业征信制度创新出现的呼声愈发强烈。正如中国征信所天津分所重要倡导者资耀华所认为的那样："昔时交易之范围或局限一省内，或分处于地方，双方交易者多属于数年或数代相识。相互洞悉双方资产人格以及其他种种之状况，无需乎信用调查。今日则交易范围极广且大，或遍及于全国，或跨国海外，即在同一市镇，五方杂陈，稂（良）莠不齐南北商贾竞相往来，若非有特别机关从事调查，决难事出完全。"②

二 协和公司倒闭案的征信需求分析

协和公司倒闭案是由近代天津社会经济迅速发展带来的，旧有调查方式和习惯信用模式在不同程度上出现非均衡问题，该案牵连机构多、波及范围大、造成损失重，引发金融界剧烈震荡，提升了人们对于设立专业征信机构重要性和迫切性的认识，它不仅是中国征信所天津分所建立的直接诱因，也是影响近代中国征信事业由传统向现代转型的重要事件。

1. 协和公司倒闭案的基本情况

根据《银行周报》记载，1927年天津协和公司伪造栈单骗贷案破绽暴露的大致经过如下：

协和公司于营业顺利时，与银行往来至繁。近半月来忽渐趋沉寂。本月九日晚，有人往查该公司之抵押存货，觉与事实不符，破绽

① 权时：《三节结账与承兑汇票》，《银行周报》1935年4月9日，第48版。
② 资耀华：《中国金融界有急须协力创办信用调查机关之必要》，《银行月报》1928年10月23日，第53版。

遂由是而暴露。先是天津有瑞通货栈者，设于协和公司附近，曾在美领属注册，由前驻津美国副领事康纳西为洋经理，以严日（仁）曾为华经理。严为祁（仍奚）所引进，故双方关系颇密切。协和公司所购之货，向例存于瑞通货栈。每至周转不灵时，恒以瑞通之存货单向银行抵押借款。各银行对于瑞通亦颇为信任，故凭单放款，居之不疑。乃协和因亏累过甚，无法弥缝，遂伪造瑞通存货单向各银行蒙骗押款。盖以凡购入之货物，例有三联单，即正单、副单、第三号单是也，其中所列之货物完全一致。协和乃商同瑞通经理签字欲正副及第三号货单上，向丙银行借款。又虑银行不信用，乃请甲银行出支票，请乙银行担任保付，丙银行付款，手段至为灵活，致各银行为其蒙骗而不觉。最后为中国银行查出破绽，各银行闻讯咸向祁提款。祁以本月上旬支票无法应付，乃于九日下午在私宅邀集有交易各银行开会。报告最近青岛话说营业损失七十余万，汉口牛皮营业损失八十余万，上海鸡蛋营业损失达百万，请求各银行设法维持。众谓瑞通所出之存货之单，应先验明数目，再议维持办法。祁无以应，避匿不出。煊赫一时之协和贸易公司遂于十日倒闭矣。①

对于协和公司倒闭案，时人总结其原因为"金融界之疏忽"，即认为天津金融界的动荡，是由于协和公司倒闭，各个银行对于协和公司的信用贷款和抵押贷款均无法收回；之所以发生这种状况，是因为银行在进行放款时根本未能及时察觉协和公司与瑞通货栈的串通造假行为。"协和倒闭，津埠金融界大受影响。平时对于协和之信用放款，固无法回收。即栈单押款亦发生弊窦。因协和串同瑞通洋行伪签货单，以一宗货物而押数宗款项。倒闭后押款之数浮于被抵之货物数倍，致各银行所有对协和之栈单放款，其债权均陷于苦境。"②

2. 征信匮乏在协和公司倒闭案中的体现

协和公司倒闭案发生并酿成严重后果，主要是信用调查缺失造成的。"银行漠视信用调查，吾国银行界对于信用调查向不注重。即使有之，亦仅调查对手方之身家财产，凭借营业报告填几张具体的调查表而已。对于

① 《天津协和贸易公司倒闭后之感想》，《商业杂志》1927年第2号第11期，第16787页。
② 静如：《论天津协和贸易公司倒闭事》，《银行周报》1927年8月2日，第32版。

其人所经营事业之大势，市场之状况，及其人之行动与环境，从未有下不断地注意者。且与顾客既共往来之后，即不再为精密之考察，而失败即往往由是而生。"① 这种漠视信用调查导致的征信匮乏，在以下几个方面暴露无遗。

首先，背景调查不足。对放款对象的个人品行、社会关系等重要背景信息调查的欠缺是协和公司倒闭案发生的重要原因。

个人品行方面。祁仍奚堪称低劣。于公，他借担任协和经理职务之便大肆监守自盗、徇私舞弊，"总经理祁仍奚据闻有舞弊之说，公司开支浩大，每月达一万余元之多，而交际费、临时费尚无一定"②；协和公司倒闭案发后在清查资产阶段发现长期仓储未售且未知用途的可供制作十余万件女装的铜制衣扣和可供毒杀十万只狐狸以获取皮毛的盒装药剂。③ 于私，祁仍奚生活作风非常糜烂，"祁仍奚近购美妾数名，分居各处，每日花天酒地，汽车高楼，沉溺于声色货利"④，"祁氏姨妾甚多，凡有协和分行之城市中，均有其小公馆"；⑤ 而且他对家庭不忠诚，1927年祁仍奚趁发妻张梅峰生病抱恙期间移情妻妹张梅丽，并与妻妹在5年时间中生育子女7名。重组家庭之后的祁仍奚，仍然不是一个合格的丈夫和父亲，1932年张梅丽又因无法忍受来自祁仍奚的冷待和殴打而提起离婚诉讼，⑥ 离婚后祁仍奚一直拒绝支付张梅丽及子女的500元生活教养费用。⑦

社会关系方面。祁仍奚经营公司长袖善舞，非常注重拉拢社会知名人士进入协和公司为其虚张声势，聘任王恭宽（王正廷之侄）为经理，奚东曙（段祺瑞之四女婿）为会计处处长，严仁曾（严修之侄孙）、王芷洲（前俄华道胜银行买办王铭槐之孙）等为高级职员，⑧ 这样在使协和得到更多优待的同时，也能够更好地蒙蔽银行。"天津有个协和贸易公司，系美

---

① 静如：《论天津协和贸易公司倒闭事》，《银行周报》1927年8月2日，第33版。
② 静如：《论天津协和贸易公司倒闭事》，《银行周报》1927年8月2日，第33版。
③ 《协和公司的这些宝贝》，《北洋画报》1927年8月8日，第2版。
④ 《祁仍奚大事挥霍》，《益世报》1927年7月12日，第11版。
⑤ 诛心：《说祁仍奚》，《北洋画报》1927年7月27日，第3版。
⑥ 《祁仍奚乘妻病危实行与小姨恋爱同居》，《大公报》1932年5月3日，第4版。
⑦ 《祁仍奚不愿给生活等费》，《新闻报》，1932年11月6日，第4版。
⑧ 严仁曾、张章翔：《协和贸易公司与天津金融风潮》，载中国人民政治协商会议天津市委员会文史资料委员会编《天津文史资料选辑》2002年第3期（总第95辑），天津人民出版社，2002，第178页。

国留学生祁仍奚及奚东曙（奚伦）等人所开办。奚伦是当时当权大人物段祺瑞的女婿。这个公司开张之始，声势浩大，经营业务主要是从美国进口小汽车及附件，出口花生米、发网等。排场很大，高不可攀，各大银行趋之若鹜，争先恐后求其开户，惟恐不及。祁仍奚作风大手大脚，高视阔步，请客送礼，每行经理争相巴结，都是互相保密，互不通气，希望自己多做生意。起初都吃了一些甜头、油水，后来愈陷愈深。"① 祁仍奚更深谙银行对于协和发展的重要性，因此他不仅与同为留美学生的中华懋业银行张伯龙、中国银行林凤苞和中南银行王孟钟三人保持密切联系，② 而且能够说服身为中元实业银行董事长的王璧侯同时兼任协和公司董事长，以致出现中元实业银行在自身资本不过百万两的情况下提供给协和贷款60万两的现象，"尤可怪者，中元董事长何以与协和董事长同为一人，中元与协和之间，何以竟能予取予求，俨然一家"③。

政治背景方面。祁仍奚有奉系军阀做靠山，协和公司倒闭案发后，他被警察厅甫一拘留，便有奉系重要人物出面以需要祁仍奚清偿欠款为由试图进行保释，"直省当局昨日接北京军界某要人来电，为祁仍奚说项，请从宽保释，俾其负责清理账目，偿清欠款"④，此后，祁仍奚先被移交军法课，"待遇尚优"⑤，不久就"由军法课取保开释"⑥，祁仍奚本人由军法课释放的第二天便跟随褚玉璞入京，途中在涿州停留参观并与张学良、鲍文樾等奉军高级将领接触。⑦

以上种种背景情况，银行如果能进行及时有效的调查，其实不难发现其中端倪，甚至可以很大程度上对于祁仍奚及其所经营的协和公司的可信程度做出更加全面的了解和准确的判断，从而能够在放贷之时做更多的思虑和斟酌，不至最终酿成惨重后果。

其次，经营状况调查欠缺。对经营状况开展调查并进行分析，能够在

---

① 资耀华：《凡人小事八十年》，生活·读书·新知三联书店，2012，第75页。

② 严仁曾、张章翔：《协和贸易公司与天津金融风潮》，载中国人民政治协商会议天津市委员会文史资料委员会编《天津文史资料选辑》2002年第3期（总第95辑），天津人民出版社，2002，第174页。

③ 《协和贸易公司案感言》，《大公报（天津版）》1927年7月14日，第4版。

④ 《有力方面电请释祁仍奚》，《益世报》1927年7月16日，第3版。

⑤ 《小消息》，《北洋画报》1927年8月30日，第3版。

⑥ 《天津协和贸易公司债务近闻》，《银行月刊》1928年8月1日，第117页。

⑦ 《祁仍奚访问纪》，《北洋画报》1928年3月7日，第2版。

一定程度上衡量风险从而规避损失。协和公司之所以伪造栈单骗取押款，是因为经营方面的失败导致周转资金不足，时人分析协和公司在经营上的失败有几个方面："①买卖美金失败。该公司自去年增添外国汇兑部以来，将正业置于不顾，乃专作买卖美金交易，结果大失败亏累甚多。②成本太贵。该公司办理进出口货物成本异常昂贵，获利自少，而与金融业借款利息复高，均在一分三四以上。③该公司在青岛采办花生米成色不好，运至美国原货退回，损失百余万元。④该公司购买大批美国面粉进口，因美金近颇稳定，成本过大。加之日本面粉竞争颇力，近月面粉市价又暴落，该公司不能与敌。遂致失败，亏累甚多。"① 这些都是协和公司经营策略失误所致，祁仍奚不仅孤傲自负地误判 20 世纪 20、30 年代金贵银贱时代的形势，坚持做出对国内物价和股市的看空判断，长期采用先抛售、后补仓的激进出口贸易策略；而且铤而走险地无视国内物产实际情况，贸然选择接受高收益但高风险的花生、核桃等山货类国外订货合同。② 一系列经营活动的失败，是协和亏损并勾结瑞通伪造栈单，诈骗抵押贷款以弥补亏空的直接动因。由于欠缺对协和公司经营状况的调查，银行没有能够及时发现这些可能导致协和产生还款违约风险的一系列实际经营问题，最终因不严谨的放款遭受了巨大的损失。

再次，崇洋媚外心理作祟。在近代中国的经济活动中，存在国人对于外国人往往过于信赖的现象，国人以为只要是外国人经营的事业，其信用大抵都是有保障的："国人信仰外人之观念太深，以为凡属外人经营之事业，其信用无不可靠者。前次之海龙洋行及今次之瑞通洋行均为外人之事业也。"③ 祁仍奚利用国人的这种心理，于 1925 年聘请前任美国驻天津领事康纳西来华，向美国驻天津领事馆注册登记成立瑞通货栈，聘请康纳西为洋经理，聘请美国人润富为仓库主管。正是凭借洋职员提供的掩护，协和公司利用瑞通假栈单进行抵押借款时，放款银行出于对洋行的盲目信任而放松警惕，甚至对于协和公司进行提货出售等操作也不曾给予关注。

协和公司倒闭案作为近代中国征信事业由传统向现代转型过程中的重

---

① 《天津协和贸易公司倒闭纪》，《银行周报》1927 年 7 月 26 日，第 29 版。

② 严仁曾、张章翔：《协和贸易公司与天津金融风潮》，载中国人民政治协商会议天津市委员会文史资料委员会编《天津文史资料选辑》2002 年第 3 期（总第 95 辑），天津人民出版社，2002，第 181 页。

③ 静如：《论天津协和贸易公司倒闭事》，《银行周报》1927 年 8 月 2 日，第 33 版。

要事件，再度引发人们对于设立征信所的倡议和讨论，推动了因应这种需求而诞生的中国征信所的出现。在协和公司倒闭案发后不久，天津发出应迅速筹设征信机构的强烈呼吁，"征信所之急宜设立也！此事提倡已久，财政部之令行筹办，银联会之议案，度银行界诸公，亦皆视为要图，徒以创办匪易，因循至今，允宜急起筹设，为经济界唯一咨询机关"①。这种需求的产生也有外部收益性的因素："年来均已设立调查部，从事调查工厂商号个人之身家事业财产信用，以定放款之标准。惟尚各自为谋，缺少联络，收效未宏，其他稍具规模之独立信用调查机关，几为外人所操纵，中国人自营者竟无有也。仰人鼻息，殊甚慨叹。丁兹战事以后，疮痍满目，工商凋敝，需要金融界之援助愈为殷切，而征信所之创设更属刻不容缓。"② 倘若仍然没有专业征信机构出现，这种悲惨状况势必会继续维持而无法得到改善。而设立专业征信机构则可以很好地解决这一问题，不仅能够缓解信用调查缺失的窘境，还可以保证银行贷放款安全，减少经营风险，同时也能获得社会经济运营秩序的良性循环等一系列外部收益。

三　中国征信所天津分所的筹备建立

如前所述，既有信用调查方式和习惯信用模式均出现不同程度的问题，这些问题通过1927年爆发的协和公司倒闭案集中凸显出来，解决近代天津征信匮乏问题，本已到达刻不容缓的地步。但是，在1932年中国征信所成立之后的数年间，作为北方重要经济城市的天津，其征信事业的发展和征信机构的建设，却因种种原因未能及时跟进。随着中国征信所业务范围的不断拓展和调查委托项目的逐渐增加，为加强上海和外埠之间的业务联系与经济交往，中国征信所天津分所才于1934年12月1日姗姗来迟。

1. 首倡之后的沉寂

天津作为重要经济城市本身就具备强烈的征信需求，加之协和公司倒闭案的影响，本应"急起筹设"的征信机构和征信事业的发展却因种种原因未能及时跟进。其实，天津早在1921年第二届银行公会联合会之际，就曾出现过关于设立征信所的建议，然而最终没有落实。"民国十年五月，

① 江弁群：《协和倒闭案杂感》，《大公报（天津版）》1927年7月18日，第4版。
② 《中国征信所成立宣言（1932-6）》，上海市档案馆藏，档案号：Q320-1-879。

95

在天津开会之第二届银行公会联合会，虽有组织征信所之建议，而事隔经年，迄未举办。"① 在中国征信所天津分所筹备建立过程中，其初级行动团体应该是由天津各银行及天津银行公会共同构成的；此次提议之所以流产，是因为 20 世纪 20 年代初天津金融界的征信制度需求尚不迫切，设立征信所的倡议没有得到广泛响应，初级行动团体也并未正式形成。近代中国率先因应征信需求而筹设征信所的城市并非天津，而是上海——1932 年6 月 6 日近代中国第一家征信机构中国征信所在上海成立。随着中国征信所征信业务的不断开展和调查委托项目的逐渐增加，其逐渐感知到上海与外埠"各自为谋，缺少联络，收效未宏"②，为密切上海征信所与外埠之间的业务联系与经济交往，建设各地分所由是被提上日程。1934 年 11 月，中国征信所董事祝仰辰赴天津考察时，发出设立中国征信所天津分所的倡议，并与天津银行界进行接洽且获得多数赞同，这成为推进天津分所建立的关键环节，标志着以银行和银行公会为主体的初级行动团体初步形成。随后，中国征信所董事会正式指派洪启英到天津负责具体的筹立事宜。1934 年 12 月 1 日，中国征信所天津分所在英租界十一号路一五三号成立，在完成招聘工作人员、购置办公设备、拟定工作计划等内部组织方面的筹备工作后，于 1935 年 1 月 1 日正式开业。透过中国征信所天津分所筹备建立过程暴露出的一系列问题，或可管窥天津近代征信事业发展的症结。

2. 沉寂背后的原因

首先，人事经费问题。在天津成立专业征信机构并非易事，征信所作为银行界联合组织的进行信用调查的信息咨询机构，需要经验丰富的人才和充足的经费。人事方面，鉴于天津分所人手不充足的情况，上海总所方面通过允诺更好待遇等方式，先后安排多名内部工作人员和有经验的工役赴任天津："会员问题解决后，人事一层至为重要。英在沪时虽征求陈光谋君意见，陈君初诺而终辞，英意犹属之，敢请吾公再予劝导（待遇可增十元），务须以公为重，勉成其行。"③ 经费方面，因创所之初业务尚未铺开，仅凭会员缴纳的费用始终入不敷出，因此天津分所前期的开支暂时由上海总所垫付，并计划各项业务步入正轨后再逐渐清偿："总所垫款自当

---

① 《中国征信所创立及改组之经过（1936）》，上海市档案馆藏，档案号：Q320 - 1 - 1434。
② 《中国征信所为立案事致实业部、上海社会局呈 （1932 - 10 - 25）》，上海市档案馆藏，档案号：Q320 - 1 - 869。
③ 《天津分所致总所函（1934 - 12 - 2）》，上海市档案馆藏，档案号：Q320 - 1 - 880。

归还，惟此间各会员虽发言津所开办时经济方面总所亦应负担少许，此盖仅闻总所业务之发展，而未知经济情形之尚未称十分乐观所致。为避免烦言计，英意可采用分期归还办法，本月归还贰百元，嗣后每月百元，至二月底可偿清。"①

其次，会员组织问题。人事与经费方面的困难，因为能够得到上海总所的支持与帮助而相对容易解决，关键症结是在会员组织上必须获得各银行的支持与配合。征信所成立之前，虽然已经有部分银行设有自己的调查部，一直在从事征信性质的信用调查工作，但是要让各银行都真正认识到征信的重要性，并且摒除私见、互相合作、共担经费，直至形成共识并成立公共征信机构，势必存在种种曲折。中国征信所天津分所在筹建过程中，在会员组织方面暴露出天津银行界在制度变迁中的事出仓促、逡巡观望和相互掣肘等现象。第一，事出仓促。祝仰辰曾表示在先前提议设立中国征信所天津分所时，已经完成与天津银行界的接洽工作并得到积极响应，并表示天津分所将由天津银行公会负责办理。然而，洪启英到达天津之后情况陡变，"今据来信所闻，谓尚须逐家接洽，则其中显示已别生枝节"②。而当下白眉主持正式讨论筹建中国征信所天津分所时，即有银行表示"此事似尚有未前知者"，对筹建的意见则是"均须商之各该当局"。于是洪启英只得与各个银行重新进行接洽并重新征求它们加为会员，如此一来时间着实更为仓促。鉴于此，他认为如果能延后至次年春天更为合理："此须筹设津所，以事先未向各行接洽进行，或须延缓。若俟至明春着手，则事当易办。"③ 第二，逡巡观望。洪启英在接洽过程中深刻感到，各银行对于加入中国征信所天津分所之所以逡巡而不积极，主要是在等待并观望中、中、交、农四行的态度。例如，中实银行就明确表示四行全体加入之后才能够签字，"中交不签字，于前四行等决无率先倡导可能，而四行等未加入前，其他诸行亦难望有圆满结果"④。第三，相互掣肘。天津分所本应仿照总所章程设有干事、设计及审查委员会，但风闻有数家银行企图染

① 《天津分所致总所函（1934 - 12 - 9）》，上海市档案馆藏，档案号：Q320 - 1 - 880。

② 《中国征信所致天津分所函稿（1934 - 11 - 28）》，上海市档案馆藏，档案号：Q320 - 1 - 880。

③ 《天津分所洪启英函（1934 - 11 - 28）》，上海市档案馆藏，档案号：Q320 - 1 - 880。

④ 《中国征信所致天津分所函稿（1934 - 11 - 29）》，上海市档案馆藏，档案号：Q320 - 1 - 880。

指干事席位，为避免由此所引发的各行之间的竞争冲突，卞白眉在天津分所召开第一次常会时宣布取消设置干事及两委员，此举招致部分银行不满："会后中有数家颇有异议。但当场并未发言。席散后有表示退出者。翌日国货银行电话致英（洪启英），以总行来函谓汉所该分行未准其加入，津分行未能独异，当即退出。"① 资耀华将这种掣肘局面评价为："此地与上海不同，未能开诚合作，因此形成都要管而都不管之局面。"② 拥有征信所参与发起出资者基本会员身份的银行，本应该成为支撑征信所的牢固基石，但是天津分所在筹建过程中却屡屡因之产生龃龉："此种情形，若征信所所长能负责做事，不如上海初办时有利用该机关之野心，则将来或无问题。否则，恐不能无问题也。盖现在银行只负出资之责，一切悉任征信所自由办理，当然得人则兴，失人则亡。关系不可能不巨也。"③ 这种情况，也使得洪启英对天津各银行倍感失望："此间基本会员，英不敢以为可以久恃。故将来惟有努力征求普通会员，庶几可以奠定津所基础。"④ 尽管会员问题在洪启英、资耀华、卞白眉等人的不懈努力下终归得到解决，但是这不仅极大地浇灭他们对于在天津开展征信事业的热情，也给刚刚成立的天津分所的前景蒙上了一层阴霾。

再次，时局动荡问题。相较于其他行业或部门，征信事业的发展对于时局的依赖程度更高，征信所要取得良好的实际效果，更需要稳定的社会环境和良好的经济状况。然而，复杂的时局却让天津分所深受不利影响："日来津市华商情形至形纷乱，失意军阀汉奸浪人群出活动，某方更雇失业游民百余人，衣以制服，供应武器，日给酬金五百，唆使从事暴动……人心甚形恐慌，前途演变，殊难逆料。"天津分所在处理涉及日方委托的调查业务时，在坚持征信原则的同时，仍能不忘秉持民族大义："彼方调查用意，自在商业性质以外，弟在本所业务上似无拒绝理由，故已予接受，将来编制报告，拟将扼要处略去，藉为我国工业稍留元气耳。"⑤

最后，政府缺位问题。初级行动团体之外，还存在制度变迁的次级行

① 《天津分所致总所函（1934 - 12 - 9）》，上海市档案馆藏，档案号：Q320 - 1 - 880。
② 《资耀华致中国征信所函（1934 - 12 - 7）》，上海市档案馆藏，档案号：Q320 - 1 - 878。
③ 《天津分所致总所函（1934 - 12 - 9）》，上海市档案馆藏，档案号：Q320 - 1 - 880。
④ 《天津分所致总所函（1934 - 12 - 9）》，上海市档案馆藏，档案号：Q320 - 1 - 880。
⑤ 《中国征信所天津分所洪启英致章乃器函（1934 - 11 - 29）》，上海市档案馆藏，档案号：Q270 - 1 - 367。

动团体，这主要是指国家和政府；国家和政府可以通过做出决策的方式，来辅助初级行动团体正在进行中的制度安排以推动与促进制度变迁。涵盖中国征信所天津分所筹建在内，在 20 世纪 20、30 年代中国征信事业发展历程中，次级行动团体的角色始终存在缺位问题。国民政府也曾提出过建立信用调查机关的计划，如 1930 年 11 月 8 日工商部召开全国工商会议，在讨论票据市场建设时，曾提出设立全国范围信用调查机关："以上海、汉口为中心的中区，以广州、香港为中心的南区，以天津、辽宁为中心的北区，还要设立一些基本机关，如信用调查处、票据交换所、票据承兑商号等。"① 此外，商业银行也曾有提请政府出面组织征信机关的呼吁，1936 年 5 月 6 日上海商储银行第 15 次行务会议，重点讨论当时已经存在的公债投机失信严重、产业证券发展困难、工商界缺少统计等状况，再次提出政府应该设立征信机关的意见："由政府设立征信机关调查公司信用。因为私营征信所调查方面，难以确实，尤其我国商业习惯太顽固，容易发生外强中干现象。中国公司股券投资的人少，这是重要原因之一。关于此事个人曾经呈请实业部设立中央征信所，或暂时与中国征信所合作。"② 尽管这些计划和意见都强调了次级行动团体参与征信发展的现实性和必要性，但令人遗憾的是，由于种种原因，政府最终并未实施任何有效付诸实践的举措。

通过回顾中国征信所天津分所的筹建历史，可以看出在制度变迁条件已然具备的情况下，以银行为主体的初级行动团体也基本形成，但以政府为主体的次级行动团体却始终缺位，这种制度变迁属于市场组织的诱致性制度变迁。设立中国征信所天津分所，源于征信的制度非均衡和外部性，由此产生的制度变迁需求能够得到银行和银行公会的响应与支持，从而推动初级行动团体形成，继而在解决人事、经费等方面的问题时较为顺利；但是，政府不仅没有主动采取任何实质性措施来发展征信事业，甚至没有积极参与市场因素所推动的制度变迁之中，这种缺位使得诱致性制度变迁的成果无法获得来自法律和行政命令等形式的巩固，其表现为天津分所筹建过程中处理会员问题时遇到的种种困难和龃龉。

---

① 实业部总务司、商业司：《全国工商会议汇编（民国二十年）》，载沈云龙主编《近代中国史料丛刊三编》第十辑，文海出版社有限公司，1985，第 268 页。

② 席长庚：《北京金融史料·银行篇（一）》，中国人民银行北京市分行金融研究所，1995，第 273 页。

四　中国征信所天津分所的业务状况

中国征信所天津分所自1934年12月1日成立，至1937年抗战爆发平津地区迅速沦陷而被迫停业，在两年半的时间内积极开展各类工作，诸如拓展会员规模、充实调查队伍、开展征信调查、注重档案规整等。

1. 拓展会员规模

会员是征信所得以开展运行的基础，中国征信所天津分所仿效总所实行会员制。天津分所在成立时共有会员27家，包括17家基本会员和10家普通会员。基本会员全部都是曾参与天津分所出资筹建过程的在津银行，它们包括：中央银行、中国银行、交通银行、大陆银行、金城银行、中南银行、盐业银行、浙江兴业银行、中国实业银行、国华银行、上海银行、中国垦业银行、河北省银行、大中银行、中孚银行、新华银行和北洋保商银行。征信所章程规定，基本会员资格仅限于华商金融机构，基本会员的义务包括：除入会时缴纳的入会费一百元外，另需每月交付报告费五十元；应尽可能供给征信所所需的各项资料；推荐包括本行经理在内的重要职员二人为代表出席征信所每月召开一次的常会。基本会员的权利包括：享有免费获取征信所所有逐日发出的调查报告书；免费随时调阅征信所档案材料；优先办理专托征信所调查事件；免费获取诸如统计专刊等内部出版物；免费获取商行倒闭新创改组及商品市况信息；免费获取上海方面的信用调查报告书；订购上海总所每日商情报告及工商行名录得享五折优待。① 此外，基本会员还可以额外获得一些诸如"惟事极秘密，恐一经漏泄，每致引起纠纷""凡类关系之人员，均请勿予阅看，以昭郑重"② 等保密信息的特权。普通会员包括其他金融机构和工商企业，起初数量虽然只有10家，但仍然"不敢谓为过少"③，一方面是因为当时国内信用制度尚甚幼稚，天津分所草创伊始征信尚未普遍，普通会员的加入有助于业务范

---

① 《中国征信所天津分所基本会员简章（1934）》，上海市档案馆藏，档案号：Q320-1-880。

② 《中国征信所为请保密事致各基本会员函稿（1932-10-5）》，上海市档案馆藏，档案号：Q320-1-874。

③ 《中国征信所天津分所一年半之业务概况（1936-10-15）》，上海市档案馆藏，档案号：Q275-1-2059。

围的拓展；另一方面是因为征信所独立开展活动的经费依赖于普通会员缴纳的会员费，而且更多的普通会员往往能够带来更多业务收入，从而减轻基本会员负担并逐渐实现天津分所的自给乃至盈利，以便如约履行清偿总所欠款的承诺。

2. 充实调查队伍

可靠的调查人才队伍是征信业务顺利开展的必要条件，中国征信所天津分所通过招聘调查员、聘请名誉顾问和招请兼职特约通讯员三种人才招徕方式充实调查队伍。首先，招聘调查员。开展征信业务需要专业的信用调查人员，但在 20 世纪 30 年代的中国，征信事业尚处于初创阶段，适合这项工作的人才十分缺乏，"殆无内行可资招聘，适当人才实难其选"[1]。天津分所对调查员要求极高，1934 年 12 月 15 日登报公开征聘，需要同时满足商业经验、流利口才、诚挚态度、机变能力、耐苦精神、商事常识共六项条件，"此六者缺其一，不得谓为能胜调查之任"。参加 12 月 20 日的笔试选拔者有 150 余人，通过笔试进入 12 月 24 日口试阶段的只剩 50 余人，经过严格评判最终 3 人录取 3 人备取，录取率尚不足 2%。其次，聘请名誉顾问。作为信用调查机构，如要保证征信工作取得良好成绩，除要求内部工作人员勤勉努力之外，还必须仰仗大量外勤人员的协助。因此，天津分所在完成调查员的录取工作之后，又感慨仅 3 人远远不够："以天津区域之广，各业商行之多，欲就三数调查员求其收效之圆满，自是难事。"[2] 于是先后聘请以资调查随时访问的名誉顾问 50 余人。这些名誉顾问大都是社会上与各行业关系密切并颇具声望的人物，遇到疑难案件时将他们请出，足以为天津分所提供助力。再次，招请兼职特约通讯员。鉴于市场状况的瞬息变化，与工商信用相关的调查往往带有较高的不确定风险，从可靠情报网络得来的消息来源显得弥足珍贵，"任信用调查工作者，自属分内之事，第斯非业外人所能胜其任"[3]，有时即便普通调查员想方设法探访消息，并为此终日奔走、辗转刺探，其结果充其量每天不过调查二

---

[1] 《中国征信所天津分所一年半之业务概况（1936-10-15）》，上海市档案馆藏，档案号：Q275-1-2059。

[2] 《中国征信所天津分所一年半之业务概况（1936-10-15）》，上海市档案馆藏，档案号：Q275-1-2059。

[3] 《中国征信所天津分所一年半之业务概况（1936-10-15）》，上海市档案馆藏，档案号：Q275-1-2059。

三案件，所获信息也只不过皮表事实。如果想要囊括各行业的消息与各商号的内幕变化，那么"自非求之业中人不为功"①。在这种情况下，天津分所决定招请来自各行业的工作人员担任兼职特约通讯员，先后六次登报招请②，共录取60余人。

3. 开展征信调查

中国征信所天津分所的业务可大致归为七类：一、各业商号调查；二、各种工厂调查；三、市况调查；四、工商情报访问；五、每月工商业异动调查；六、各业个人调查；七、各种保单调查。天津分所兼顾信用调查和市场状况调查。信用调查是对个人、工商企业、金融机构的基本资讯和信用状况的调查；市况调查是对生产、流通、交易等市场行情展开的一般性调查。调查的结果编制成报告书，供会员参考，例如天津分所在一年半的时间里，总计发出工商调查报告书1383件，特别报告书293件，市况报告书504件，英文报告书200件，发出份数共计42500份（参见表1）。

表1　1936年中国征信所天津分所发出工商报告书情况

单位：件

行业	数量	行业	数量	行业	数量
皮毛革	56	百货商店	3	打包	1
颜料油漆	43	橡胶	3	居间承揽	8
木行	8	茶庄	81	面粉厂	6
纱花	31	鞋帽	12	公用事业	8
医药	46	煤油	9	承揽工程	5
车行	37	酒菜馆	5	铜铁机器	13
进出口	96	电料	15	娱乐场	3
书籍文具	24	麻袋	6	重工业	34
货栈	50	乐器行	9	造胰	19
杂货	28	染织	2	杂类	49
钱庄	33	针织	8	轻工业	18

---

① 《中国征信所天津分所一年半之业务概况（1936-10-15）》，上海市档案馆藏，档案号：Q275-1-2059。

② 《大公报（天津版）》1935年11月23日，1936年3月29日，1936年3月30日，1936年3月31日，1936年11月3日和1937年1月3日。

续表

行业	数量	行业	数量	行业	数量
转运	19	烟草	15	磁窑	14
灰煤栈	14	押当	9	工业原料	3
印刷	12	洗染	2	房地产	5
报关	1	保险	14		
米面庄	50	纺织	25		

资料来源：天津市档案馆。

中国征信所天津分所认为："信用调查主要之点，厥为对方营业盈亏，经济情形与乎主体人之能力及行为，设此数项而无法获得真切消息，则所制报告，将失却其全部价值。"[①] 在开展信用调查时，坚持使用"3C"标准，即参照品格（Character）、能力（Capacity）、资产（Capital）标准进行信用的评价衡量："设一商号资力殊充实。而主体人经商能力及行为至低劣，则其营业之失败，无待蓍龟，故资力雄厚者，其信用未必即高。反之设一商号资力殊薄弱，而主体人经商能力及行为为人称道，则人无不乐予通融往来，其营业发展为必然之结果，故资力薄弱者，其信用未必即低。"[②] 以下我们通过一则个人信用调查报告为例，观察"3C"标准的适用。

标题：张德明。提要：张德明系本埠富商叶阴三之心腹，为人干练笃实，在本埠纸业界中颇有声望，现为上海造纸厂股东，兼有经理其他事业，亦有资产约四五万元，信誉颇佳云。年岁：四十二岁。籍贯：江苏上海。住址：上海江西路391号大华造纸厂内。履历：张君毕业于本埠圣方济学堂，曾任职恒丰公司多年，后因事告退，曾自设青年行，历任民生纸厂股东兼任经理等职，对于机器一业颇有研究，纸业尤其经验。品性：干练笃实。主要职业：上海造纸厂股东兼经理。关系事业：大华造纸厂经理，国产纸版联合经营所副所长。亲友

---

① 《中国征信所天津分所一年半之业务概况（1936 - 10 - 15）》，上海市档案馆藏，档案号：Q275 - 1 - 2059。
② 《中国征信所天津分所一年半之业务概况（1936 - 10 - 15）》，上海市档案馆藏，档案号：Q275 - 1 - 2059。

　　关系：张君为本埠富商叶阴三（即叶鸿英之第三子）心腹，颇为叶君器重云。家庭情形：有子女数人，现寓于沪上，家庭生活尚称和睦舒适。生活状况：服装朴实，出入以自备人力车代步，平时与纸业中人颇有交游。每年进益：约四五千元。每年开支：约三四千元。现有资产：张君除投资于上海造纸厂外，闻在闸北置有房地产财产，现约有四五万元。信誉：张君在上海纸业界颇有声望，信誉亦佳。往来行庄：大陆、国华等银行（用上海造纸厂名义）。①

　　由此可见，征信调查报告对调查对象的信用做出了相对全面调查，主要内容涵盖：品格（Character），包括借以考察可信程度并体现个人信息情况的姓名、年龄、籍贯、住址、品性、亲友关系、家庭情况等内容；能力（Capacity），包括借以分析经营态度并体现事业状况的工作履历、主要职业、同业信誉等内容；资产（Capital），包括借以评判风险水平并体现资产状况的进益开支、现有资产、往来行庄等内容。

　　4. 注重档案规整

　　中国征信所天津分所开展征信调查业务的同时，也十分重视档案资料的保管规整工作。至1936年10月，天津分所成立不足两年的时间，已经积累了报纸材料40余册和各类调查报告书6000余件，其中包括工商行号调查2000余件，个人调查3000余件，市况调查1000余件。每当调查报告书形成之后，须根据分类编目进行归档保存，如果采用传统的档案目录分编方法"部首检字法"，其程序烦琐且耗时费力，尤其在面对繁重的档案整理任务时其缺点更加暴露。因此，天津分所在归档整理中，使用商务印书馆王云五发明的"四角号码检字法"，即每一报告书单独编成一号，取标题首字四角为分子，再将次字二角及次字以下各字一角合并为分母，以"中国征信所"五字为例，其首字四角号码为5000，第二字字左上角及右上角为60，第三字左上角为2，第四字左上角为2，第五字左上角为7，其全部检索号码则为5000/6022.7。这种"四角号码检字法"的采用，使得档案编目过程中很少再出现同码的情况发生，极大提高了材料使用者的查阅效率。

---

① 《关于中国征信所调查报告的函（1936 - 4 - 15）》，山东省档案馆藏，档案号：J115 - 03 - 0053 - 093。

五 结语

中国征信所天津分所在全面抗战爆发后，随平津地区沦陷而被迫停止营业，至此天津首设征信所的短暂历史宣告结束。中国征信所天津分所的出现既不曾带动征信机构的广泛设立，也未能建立起普遍适行的征信体系，甚至对于沦陷时期的由伪中国联合储备银行主持的调查工作[1]、抗战胜利后出现的平津联合征信所[2]也都没有产生影响；这种困厄充分折射出20世纪20、30年代以中国征信所为代表的近代中国征信事业发展的诱致性制度变迁，其实是没有实现原本理想预期的、远未完整的。但是，作为一次宝贵的尝试与探索，中国征信所天津分所在因应专业征信机构设立需求的同时，依然在参与变迁行动团体、征信事业进步以及社会经济发展等方面都产生了积极影响。

首先，对银行发展有良好辅助。天津银行界作为参与制度变迁的初级行动团体，既响应了筹建征信机构的倡议，又成为筹备建立过程中的关键环节，专业征信机构的出现弥补了之前银行调查部存在的，开展信用调查仅以保证贷放款安全为目的的不足。中国征信所天津分所坚持"信用调查为主、市场调查为辅"，不仅能够为银行界提供征信信息来源，而且可以面向社会提供可资参考的经济动态和市场资讯："由于征信所为信用调查的专业单位，其技术设施、资料、人才自较各银行略胜一筹，且以其超然的地位，与被调查者既无利害关系，又无主观上的爱憎，易于作真相的探究，其报告书结论自较为公正，对商家信用的虚实，市况变动的前因后果，自动报告，效率迅速。如委托调查，则既可迅速获得翔实的报告，又可避免对方的注意，对银行开拓业务，推广服务和工商业建立良好信用秩序，均很有好处。正是由于征信所的调查报告比较公正、可靠，故外商银行对于客户信用之评判，恒以征信所报告书为重要参考资料，其对银行发

---

① 席长庚：《北京金融史料·银行篇（十）》，中国人民银行北京市分行金融研究所，1995，第6页。

② 席长庚：《北京金融史料·银行篇（九）》，中国人民银行北京市分行金融研究所，1995，第125页。

展业务，实有不容忽视的辅助作用。"①

其次，对征信事业有推进作用。中国征信所天津分所出具的信用调查报告质量较高，因其具备内容翔实、客观公允等特点而广受欢迎。在其影响和带动之下，社会各界对于征信的认识水平不断提高，很大程度上使得天津社会对于征信的态度，从最初的拒绝和质疑逐渐转变为理解和接受，为进一步开展征信工作奠定良好基础："盖现时一般商号对于征信所之认识尚浅，调查员招其拒阻，自意中事，故本所成立初期常惴惴以惧，虑工作之不能顺利进行也。虽然举办一事，挫折为必经之阶，吾人自不敢自甘暴弃，以堕其业，惟有埋头苦干而已，初期工作所遭逢之困难，适如上述，迨半载后，各方认识渐清，被查商号一反拒绝故态，社会一般亦减先前怀疑心理，迄兹一年有半，前途进行，尚有赖于继续努力。而观于今日各方对于本所态度之好转，要足使吾人稍稍自慰也。"②

最后，对社会经济有积极意义。正如汪敬虞对近代中国民族资本主义发展做出的"先天不足、后天失调、未老先衰"③的评价那样，近代中国征信事业也是在旧中国整体政治、经济、社会环境不甚理想，社会信用体系远未具备的背景下出现萌芽并艰难成长起来的，而且在组织形式、调查方法、技术手段等各个方面，相较现代征信明显透露着原始和简陋等缺陷。作为近代新生事物的征信所，其实际发挥的效用受到很大局限。但是，中国征信所天津分所作为近代中国北方第一家专业征信机构，其设立是近代征信事业发展的重要事件，对于近代北方征信意识的勃兴和全国征信体系建设有着重要的实践探索价值，它的出现顺应近代社会经济发展趋势，缩小了南北方信用事业发展的差距，其开展的信用调查业务卓有成效，在规范经济市场秩序、加强工商金融联系、促进国际贸易发展、提升社会信用意识等方面发挥了积极作用。

---

① 《中国征信所天津分所一年半之业务概况（1936 - 10 - 15）》，上海市档案馆藏，档案号：Q275 - 1 - 2059。
② 《中国征信所天津分所一年半之业务概况（1936 - 10 - 15）》，上海市档案馆藏，档案号：Q275 - 1 - 2059。
③ 汪敬虞：《论中国近代经济史的中心线索》，《中国经济史研究》1989 年第 2 期，第 2 页。

Credit investigation in modern China from the perspective of Institutional Change: A case study of the collapse of Xiehe Company and the Tianjin Branch of China Credit Bureau

Dong Xiao   Dai Jianbing

Abstract: Since modern times, with the social and economic development of Tianjin, many institutional unbalanced factors have gradually emerged in the credit investigation environment. The outbreak of the bankruptcy case of Concorde Company highlights the importance and urgency of institutional change in the development of credit investigation. To meet the needs of this system change, the Tianjin branch of China Credit Investigation Bureau was established as a professional credit investigation agency. By investigating and analyzing the preparatory establishment and business status of Tianjin Branch of China National Information Bureau from the perspective of institutional change, it can be found that the induced institutional change in the development course of modern Chinese credit investigation, represented by China National Information Bureau, is not ideal. Nevertheless, as a valuable attempt and exploration, it still plays a positive role in participating in the change of action groups, the progress of credit investigation and social and economic development.

Keywords: Credit Investigation; Institutional Change; The Collapse of Xiehe Company; The Tianjin Branch of China Credit Bureau

抗战时期甘肃驿运营运机制探析[*]

李晓英[**]

摘　要： 抗日战争全面爆发后，为弥补战时机械运输的不足，满足战时运输所需，在国民政府的大力推广下，古老的驿运重新焕发了生机。在此大背景下，地处西北内陆的甘肃地区，为排除战时交通之万难，畅达大后方之运输，甘肃省驿运机关及广大民众积极地响应国家的号召，采取旧工具之新利用、以时间换空间、半工半义务、自给自足等机制，担负起战时西北大后方物资的转运任务。甘肃驿运机关成立伊始，就承担起苏联援华物资的"内运"及农牧等产品"外运"的重任。作为战时运输的重要组成部分，尽管甘肃省驿运在营运机制上存在着一些不足，但不可否认的是，它为保障西北国际交通线的畅通做出了卓越的贡献。

关键词： 抗日战争　甘肃　驿运　营运机制

交通运输无疑是军队作战和后方建设的重要生命线，因此，对维持抗战时期交通起到重要作用的驿运是近年来学者们一直热衷探讨的问题。其中有对举办驿运利弊的评述，[①] 有对各省各地区举办驿运情况

＊　本文系 2016 年度国家社科基金项目"商人与近代甘宁青社会变迁研究"（项目编号：16BZS120）阶段性成果。

＊＊　李晓英（1970—　），女，河北承德人，满族，历史学博士，理论经济学博士后，西北师范大学历史文化学院教授，中国历史研究院田澍工作室特聘研究员，主要从事中国近现代史及区域经济史研究。

①　主要有顾文栋《抗日战争时期国民党官办驿运的失败》，《贵州文史丛刊》1985 年第 1 期；杨斌《抗战时期国民政府驿运事业》，《民国档案》1995 年第 4 期；陈红民《抗日战争时期的驿运事业》，《抗日战争研究》1997 年第 1 期；肖雄《抗日战争时期国民政府的战时驿运》，《云南民族大学学报》（哲学社会科学版）2010 年第 1 期；等等。

的探讨,① 更有对驿运运价的分析。② 从总体上看,以往研究多侧重驿运发展建设的宏观分析,相对而言,尚缺乏对驿运管理等微观问题的探讨。这一方面是由于史料缺失;另一方面也是因为营运状况较为复杂,涉及营运的使命、营运的理念、营运的性质、经费来源等多方面的内容。然而,缺少对驿运营运机制的考察,无疑不能更好地解析抗战时期驿运的整体状况。"仿造旧式交通工具,以驿站运输之方式,使物畅其流,就其性质而言为公有营业之一种,因此业务方针,首须完满达成其所负线段运输之任务,同时尚须顾及其本身营业盈亏,以期不逾,自给自足原则。"③ 具体到甘肃,由于其"居西北中心,当国际路线之要,运输频繁,关系抗战至为重大,且地域辽阔交通极不便,自昔公私运输,悉赖车驮"④驿运更显重要。鉴于此,本文将以抗战时期地处大后方的甘肃的驿运营运机制为研究对象加以探析,以期对抗战时期驿运做进一步细致化的梳理。

一 旧工具之新利用

土地广袤的甘肃地区,长久以来交通不便,直到 20 世纪 30 年代,来到甘肃的英国修女凯伯还表示:"从来未曾走过这样坏的路,车常陷在泥里,非得雇一头牛或驴把它拉出来不行。"⑤ 此等交通状况也受到了国民党政要的关注,1933 年 6 月,时任国民政府委员的伍朝枢在一份提案中就指出了包括甘肃在内的整个西北地区的交通梗塞问题,其时甘肃、青海、宁夏等尚无一尺铁路,其交通工具唯有依靠传统的骡车、骆驼、驮子、肩舆、民船等,加以幅员辽阔、山岭众多,故而"自县至乡,有需四五日或

① 主要有洪喜美《抗战时期四川之驿运》,《"国史馆"馆刊》(复刊)1989 年第 6 期;洪喜美《抗战时期西北之驿运》,《"国史馆"馆刊》(复刊)1990 年第 8 期;田霞《抗日战争时期的陕西驿运》,《西北大学学报》(哲学社会科学版)1997 年第 3 期;刘世茂《抗日战争时期的四川驿运述论》,《西南民族学院学报》(哲学社会科学版)2001 年第 11 期;杨立红、朱正业《抗战时期安徽驿运事业探析》,《安徽广播电视大学学报》2008 年第 4 期;李建国《简论近代甘肃的驿运业》,《甘肃社会科学》1995 年第 2 期;李佳佳《因运而生:抗战时期西北驿运再研究》,《抗日战争研究》2017 年第 3 期;等等。
② 肖雄:《抗日战争时期四川省办"战时驿运"的运价问题》,《抗战史料研究》2014 年第 1 期。
③ 顾耕野:《陕甘车驮运输一览》,陕甘车驮运输所,1941,第 69 页。
④ 《甘肃省驿运管理处三十二年度营运计划书》,甘肃省驿运管理处,1943,第 1 页。
⑤ 〔英〕米德莱·凯伯等:《西域探险考察大系:修女西行》,季理斐译,新疆人民出版社,2013,第 8 页。

十日者，自省至县，有经月始达者"①。

虽然 20 世纪 20 年代，甘肃也出现了机械化的交通工具——汽车，但直到 30 年代中期属于甘肃的汽车仅有 16 辆，对地域广阔的甘肃来说，不可不谓杯水车薪。至于需要高技术和巨额资金的民航，"仅限于达官要人和邮件转送，而铁路事业仅仅开了个场，还无法发挥什么大作用"②。此时的西北公路尽管也在修筑过程中，但 1936 年，甘青公路仍未能竣工，兰州通往西宁等地还须"赖大车道，且须经牛站大坡（自永登县西通青海乐都的险道）。如走小路，只可用牲口或坐架窝子"③。可见，至全面抗战爆发前，甘肃交通运输状况依然是十分落后的。

1937 年 7 月，随着全面抗战的爆发，东南、华北等大片国土沦陷，中国的铁道、航空等运输事业相继中断，"复以海口被封，物资输入诸受限制，而汽车运输，以配件、燃料缺乏，管理难周，未能尽量发挥其效能，以适应战时的急需。因是全国朝野，乃转移目光于古代的驿运，以期动员我固有之人力与兽力，以补公路运输之不足"④。为改变运输不能配合军事行动的现实窘境，以蒋介石为首的国民政府党政要员认识到，要"发展交通，便利运输，就只有发展驿运制度，来发挥我国固有的人力兽力，才能达到我们的目的。所以驿运制度的设施，就是我们交通界最基本而迫切的工作"⑤。

为推进驿运业的开展，1938 年 10 月全国水陆交通会议召开，会议决定利用全国人力和兽力运输，对传统驿运工具进行改造和利用，使其成为战时运输的主要辅助工具，以达"旧工具之新利用"的目的。传统驿运的重新利用，不仅可以补运输力之不足，亦可收到与汽车运输同等的效力。⑥ 1939 年 7 月 1 日，鉴于甘肃虽为西北之中心，但"近来油料供给来源断少，汽车运输供应困难"，在国民政府"自力更生"的号召下，甘肃省车驼管理局（简称"车驼局"）应运而生，开始征集民间工具，集中运输力

① 《伍委员朝枢提缩小省区案（1933 年 6 月 22 日）》，载中国第二历史档案馆编《国民党政府政治制度档案史料选编（下册）》，安徽教育出版社，1994，第 338 页。
② 李清凌主编《甘肃经济史》，兰州大学出版社，1996，第 204 页。
③ 陈赓雅：《西北视察记》，甘肃人民出版社，2002，第 338 页。
④ 洪文瀚：《甘肃驿运之今昔》，《建设评论》1948 年第 1 卷第 4 期，第 37 页。
⑤ 薛光前：《再论驿运》，《闽政月刊》1940 年第 7 卷第 1 期，第 68 页。
⑥ 薛光前等：《新驿运运动》，战地图书出版社，1940，第 6 页。

量，从事"内外"货物之运输。① 车驼局下设总务、运输、会计三科。运输工具以胶车、骆驼为主，"预计征车 1200 辆，驼三万只"②。利用骆驼等畜力进行运输的甘肃省车驼局是在战时特殊的环境下应运而生的，因此"征雇旧工具，利用旧设备，施以新管理，办理国际货运"就成为驿运之唯一原则，即"旧工具之新利用"③。

甘肃省车驼局成立后，很快便承担了征集车驼，随时起运战时物资的任务。1939 年 8 月 8 日，行政院水陆运输联合委员会广元办事处请求甘肃省政府征集大车 240～300 辆，运送 430 吨汽油抵达该处。④ 9 月 23 日，川黔交通指挥部司令钱宗泽就为大批亟待北运的货物给甘肃省政府主席朱绍良发电请求在驿运方面"特别设法予以协助"，否则"大批军品"大有停运之势。⑤ 同日，安西航油"由肃州驮毛来猩之各批骆驼担任，现肃方自蒸日起已出发五百余头，各批驼到猩，即饬运航油赴安西，卸后由安运路局油赴肃，交车站再运毛返猩，接运至运毕四千箱为止"⑥。至 1940 年，甘肃省已征集胶轮大车 7100 余辆，铁轮大车 4000 余辆，人力手推车 30 余辆，骆驼 18000 余峰，骡、马、驴等牲畜 13000 余匹投入战时运输的行列之中。⑦

甘肃省车驼局经过近一年的运行，发现所运货物由于常常需要跨越陕西、甘肃两省，"必须换装工具，手续纷繁，运输效率不无影响，（甘肃）省方建议改归中央办理，庶可便利指挥"，交通部于 1940 年 2 月 1 日改甘肃省车驼管理局为陕甘车驮运输所。⑧ 此后，为避免省界扞格，物畅其流，1940 年 11 月 11 日，甘肃驿运管理处正式成立。⑨

① 顾耕野：《陕甘车驮运输一览》，陕甘车驮运输所，1941，第 39 页。
② 《甘肃省政府主席朱绍良就组织车驼局运输情形给行政院水陆运输联合委员会的电（1939 年 9 月 30 日）》，甘肃省档案馆藏，档号：21-1-305。
③ 顾耕野：《陕甘车驮运输一览》，陕甘车驮运输所，1941，第 106 页。
④ 《行政院水陆运输联合委员会广元办事处为派本处处长纪若岚赴兰洽商征集运输工具事给甘肃省车驼局的函（1939 年 8 月 8 日）》，甘肃省档案馆藏，档号：21-1-305。
⑤ 《川黔交通指挥部司令钱宗泽就为大批亟待北运的货物请在驿运方面特别协助事给甘肃省政府主席朱绍良的电（1939 年 9 月 23 日）》，甘肃省档案馆藏，档号：21-1-293。
⑥ 《甘肃省车驼局为肃州赴猩猩峡之驼运胶车事给猩办事处主任吴吟夫的电（1939 年 9 月 23 日）》，甘肃省档案馆藏，档号：21-1-306。
⑦ 魏永理：《中国西北近代开发史》，甘肃人民出版社，1993，第 384 页。
⑧ 顾耕野：《陕甘车驮运输一览》，陕甘车驮运输所，1941，第 39 页。
⑨ 《甘驿运处正式成立开始办公》，《行都日报》1940 年 11 月 12 日，第 1 版。

实际上，尽管在传统社会中甘肃承担驿运运输的运输工具种类较多，但在自然地理环境、运输成本、运输效率等诸多条件的限制下，抗战时期，甘肃驿运的运输工具主要是骆驼，其次为胶轮车和铁轮车。据统计，1941年全年，在兰州—永登—武威—安西—猩猩峡—平凉——一条山驿站间从事货物往来的所用交通工具为：胶轮车3505辆、铁轮车4554辆、骆驼46824头，其中兰州利用最多，即胶轮车1900辆、铁轮车2238辆，骆驼18801头。①

骆驼号称"沙漠之舟"，在甘肃饲养众多，由于它可以行进在公路、大路、草路、沙漠等各种条件的道路上，所以成为历史时期甘肃最主要的运输工具之一。尽管不受路况条件的限制，但骆驼所行路线不一，"或经草地，或行公路，或越沙漠，概视沿线水草取给之便利以为标准，故骆驼管理较之其他驮运工具诚为繁难"。不唯如此，骆驼的运输能力也受时令转换的影响，每年6月下半月到9月中旬，为放场时期，"必须全部停止工作，藉事休养"。"起场后三月内甫经长期喂养，膘肥力壮，运力较强，行程亦速"，每日可行30~35公里。每头骆驼的载重量可达150公斤，平均服务期限为70个月。②

骡马也是西北地区常用的交通工具，大部分行进于甘肃东部地区，载重量最高可达100公斤。载重量有限，故而骡马常挽以废弃不用的汽车零件制成的胶轮车。胶轮车既能负重又能致远，复得行驶于公路之上。胶轮车的载重量受所挽牲畜数量的限制，如两头骡马挽之，载重量为1100公斤，如果是三头就可以载1500公斤。胶轮车使用寿命一般为48个月，每日行程30~35公里。相对于骆驼运输而言，胶轮车载重量显然要高出许多，并且不受季节的影响，但是骆驼运输仍是战时最重要的选择。③ 这主要是因为胶轮车所用零件都是损坏的汽车零件，而甘肃省汽车数量本身就十分有限，许多零件损坏后无法修理装配，这也是抗战时胶轮车在甘肃时常无法正常行驶的主要原因。

铁轮车也由骡马牵引，虽然全身为木质，但车轮外环绕铁箍，故有铁轮车之称。铁轮车"载重行程远不如胶轮车，且行动时颠簸太烈，不能适装运液体货物或脆性易于爆裂之物品"。铁轮车使用寿命为40个月，两头

---

① 顾耕野：《陕甘车驮运输一览》，陕甘车驮运输所，1941，第60页。
② 顾耕野：《陕甘车驮运输一览》，陕甘车驮运输所，1941，第7~8页。
③ 《陕甘驿运全线共长一七〇〇公里，千辆胶车，一万五千只骆驼跋涉其间》，《解放日报》1942年7月14日，第2版。

骡马挽者载重可达 700 公斤，三头挽者可达 800～900 公斤。由于道路所限，抗战时期的铁轮车只能在酒泉以东行驶，每天行程 25～30 公里。[1]

综上，抗战时期在甘肃从事驿运的运输工具，无论是骆驼，还是铁轮车、胶轮车，它们在运输过程中，都存在一定的缺陷和不足。一方面，在征雇旧工具的过程中，由于初期无统一管理，所以常出现一些问题。如1939 年 10～12 月，财政部西北盐务局欲将 50 万担食盐销陕西、河南，但"因车驼局登记以来，因不明手续，惮于应雇，致近来运盐减少"[2]。另一方面，战时驿运工具来源不一，有的是民间征用的，有的是驿运机关贷款自制的，还有的来自财政部贸易委员会运输处、西北盐务管理局等公营运输机关，虽然它们归省驿运机构统一调配，[3] 并规定"无论任何军政机关或人不得干涉拉差或藉词雇佣"[4]，但车驼归属不一，而致"弊窦滋多"[5]。有时甚至会发生各机关竞雇工具之现象。[6] 这一切，给驿运工具的征雇带来了诸多不便。

有鉴于上述弊端，1941 年，甘肃驿运管理处出台了《本处招雇车驼及其他工具办法》，对车驼及其他驿运工具的招雇做了具体的安排，规定"凡在甘肃境内，除军事机关外，均由本处招雇；凡人力畜力运输工具在招雇之前应做确实之调查，以统计在甘肃境内之运输力量"[7]。为了统一管理，对甘肃境内的所有车驼工具，无论公私之用，全部免费发给调查证，这些工具虽然照常由原驼主自用，但是遇到特殊情况时，政府可以给价雇用。[8] 该办法的实施，在一定程度上为集中人力、畜力等提供了制度上的保障。与此同时，为加强对驿运工具的统一管理，甘肃驿运管理处还将驿

---

① 顾耕野：《陕甘车驼运输一览》，陕甘车驼运输所，1941 年，第 8～10 页。
② 财政部西北盐务局：《关于释放西峰镇骆驼事宜的公函（1939 年 10 月 22 日）》，甘肃省档案馆藏，档号：21－1－300。
③ 甘肃省公路交通史编写委员会编《甘肃公路交通史》（第一册），人民交通出版社，1987，第 390 页。
④ 《甘肃省车驼管理局征集胶轮大车暨骆驼章程（1939 年 9 月 1 日）》，甘肃省档案馆藏，档号：21－1－306。
⑤ 《范又希关于请示可否征集骆驼的电报（1939 年 10 月 23 日）》，甘肃省档案馆藏，档号：21－1－300。
⑥ 顾耕野：《陕甘驿运线之概况》，载边疆论文集编纂委员会《边疆论文集》，"国防研究院"，1964，第 1183 页。
⑦ 甘肃驿运管理处编《陕甘驿运干线现行章则汇编》，1941，甘肃省图书馆藏，第 41 页。
⑧ 甘肃驿运管理处编《陕甘驿运干线现行章则汇编》，1941，甘肃省图书馆藏，第 41～43 页。

运工具做了编队：胶轮车 15～20 辆编为一队，贷款购置的编为 50 个车队，自营的编为 20 个车队，"每队发给胶车队旗一面，旗上印有驿运主管机关和车队编号。每个队由车户中推选车队代表一人，协助车队长办理日常事务"。骆驼虽多为个人所有，但也"在自愿结合的基础上，以县、区、乡分别联帮组成，按帮编队，骆驼队的驼只数量多少不一，一般为 30～50峰"。骆驼队也派队长一名，选派驼户代表一人。① 通过多种方式的整合，传统的运输工具有效泽及战时的西北货物往来。

二 以时间换空间

相较汽车等现代化交通工具，利用牲畜进行的驿运无疑是笨拙而缓慢的，但也恰恰是这一"愚拙"之方法，在特殊时期发挥了"大拙为巧"的作用，正所谓"天下事唯有至拙可以制巧，亦唯有宁静可以致远"②。驿运可持续较久，适应性强，且能够深入现代交通工具不可到达的许多地方。不求其快，但求其"源源不断""川流不息"。这一切显然与抗战的持久精神是不谋而合的。"吾人立定方针，抱定决心，则自强不息，力行不辍，必能以时间换取空间，达到驿运之理想目的"，以打破敌人用封锁交通达到侵略目的的妄想。③

1940 年 7 月 15～18 日，国民政府军事委员会在重庆召开全国驿运会议。这次会议的中心议题是提升驿运能力，做出了由中央主办驿运干线，地方主办各省支线的规定。参加会议的包括甘肃在内的 15 个省均对本省发展驿运事业提出了详尽意见。是年底，陕甘、川陕等驿运干线开通运输。此后，随着 1941 年 12 月太平洋战争爆发，西南国际公路相继关闭，中国南部的国际交通线被切断，为缓解中国军用物资匮缺的燃眉之急，交通部有关部门开辟了包括新苏线在内三条国际驿运干线，该线由甘肃境内猩猩峡经迪化以达与苏联接壤之霍尔果斯，连同辅线共长 2013 公里。④ 随着新苏驿运干线的开辟，甘肃省驿运支线也不断地加以拓展，1942 年 12 月底，甘肃省已开

---

① 甘肃省公路交通史编写委员会编《甘肃公路交通史》（第一册），人民交通出版社，1987，第 387 页。
② 薛光前等：《新驿运运动》，战地图书出版社，1940，第 52 页。
③ 薛光前等：《新驿运运动》，战地图书出版社，1940，第 52 页。
④ 《全国驿运概况》，交通部驿运总管理处，1944，第 14 页。

辟驿运支线 3348 公里，共 5 条线。① 1943 年 3 月，西北驿站工程处在兰州成立，办理广元至哈密 2222 公里、79 处建设工程，年底竣工。②

抗战时期甘肃省的驿运路线以兰州为中心，辅天水、临洮、平凉、中卫、武威五大焦点。甘肃省最初开辟兰猩线（兰州—猩猩峡）、兰天线（兰州—双石铺）等干线，兰西线（兰州—西安）、兰宁线（兰州—中卫）等支线，之后由省道连贯县道，并将驿运区段进行了合理的划分，"将兰猩总段改为兰猩区段，兰天总段改为兰双区段，兰泾支线改为兰泾区段，并将陇中支线取消归并该段管理，兰中支线改为兰中区段，兰碧支线改为兰碧区段，并将洮马支线取消分别划归兰双兰碧两区段分管，更拟于本年度成立兰享区段，以联络甘青间之运输，计共六大区段，总计公路 3750 公里，大车路 5992 公里，驮路 3169 公里，水路 1850 公里"③，从而形成网状的交通运输体系。

在驿运推广之初，交通部为提高驿运的运输能力，曾设想模仿左宗棠"征西"时将内地粮草运往新疆时所采取的"站站衔接，节节递运"的分段运输办法。这一方面可以使人畜充分休息，有利于其很好地发挥效能；另一方面，人畜不离本地，又使其能利用空闲时间兼顾家庭事务。但事实上，由于运载量大，运力不足的状态常常使各驿站难以提供足够的待运工具，而用于货物倒装的大型仓库也没能及时配备，加之战时运费不能按时结算等客观问题的存在，甘肃驿运无法采取分段运输的办法，而是不论远近，一次直达。

1943 年 5 月 19 日，在兰州各有关机关的一次驿运座谈会上，时任甘新线驿运分处处长陈颂言就指出了影响驿运发挥功效的问题所在："驿运和公路、铁路不同，一辆马车在停留着的时候也需人吃马喂等消费，在运行调度上稍有不当便会令工具停滞或空放损失，最属可惜。假若有关各机关能常常见面使各方情形均能及时明了，使物资与工具能配合适宜，使上下行货物能暂平衡，则纵令空放和停留是不能绝对避免，至少亦可以减少些。"④ 各

---

① 张根福：《抗战时期的人口迁移——兼论对西部开发的影响》，光明日报出版社，2006，第 216 页。

② 交通部中国公路交通史编审委员会编《全国各地公路交通史初稿选编（建国前部分）》，陕西省交通史志编辑部，1984，第 132 页。

③ 《甘肃省驿运管理处工作概要（1943 年 9 月）》，甘肃省档案馆藏，档号：4-1-430。

④ 甘新驿运分处：《兰州各有关机关第一次驿运座谈会记录（1943 年 5 月 19 日）》，甘肃省档案馆藏，档号：48-1-129。

驿运站点及线路之间信息沟通不畅，常造成驿运工具的空放和停留，影响了驿运的效能。

即便如此，甘肃的驿运依然承担了苏联援华物资，如汽油、航空油等军需物品的运输。这些物品，通过新疆经猩猩峡、安西、酒泉、张掖、武威、兰州等地，源源不断地运往了抗战前线。而与之交换的羊毛、茯茶等货物又通过这条线路运往了苏联，仅1941年1月的一个月时间里通过甘肃转运的航空油为345960加仑、汽油1218475加仑，而通过甘肃为换取汽油、航空油等而转出的茯茶、羊毛则分别达848239斤、8027796斤。[①]1942年1月，甘肃驿运机关拨出250辆胶轮大车，把苏联因苏德战争积压在猩猩峡的1000吨货物运往了哈密，并由苏方自己承担了运费。[②] 甘肃驿运运输在抗战时期货物运输中所占的地位由此可见一斑。

就承载能力及速度而言，驿运远远不能与机械运输相提并论，但其投资少，运转灵活，特别是其消耗量少，而"假若从猩猩峡到兰州要用汽车运输，那么每车将用去全车所载汽油的四分之一，耗损颇大"[③]。这一切，必然使抗战时期的甘肃驿运承担着繁重的货物转运工作。据统计，抗战时期甘肃驿运完成的货运量在整个抗日战争期间是明显高于机械运输的。在陕甘线上，1941年西北公路局汽车运输"每月平均仅仅达二三百吨，而行动缓慢的骆驼铁轮大车，每月运量，反能达到一千数百吨"[④]。1942年甘肃驿运管理处全年运输量60584吨，而西北公路局汽车年运输量最高的1945年才为26959吨。[⑤] 到"1943年以后，驿运货运量已居全国交通运输部门运量的第二位，占30.49%，仅次于铁路。1944年1月至4月间，驿运运量更是跃居全国交通运输部门运量首位，占48.67%。因驿运主要发生在西南、西北地区，故西部地区的驿运量也是居首位"[⑥]。

---

① 顾耕野：《陕甘车驿运输一览》，陕甘车驿运输所，1941，第62页。
② 孟宪章：《中苏经济贸易史》，黑龙江人民出版社，1992，第322页。
③ 《陕甘驿运全线共长一七〇〇公里，千辆胶车，一万五千只骆驼跋涉其间》，《解放日报》1942年7月14日，第2版。
④ 章勃：《认识驿运和推动驿运》，《驿运月刊》1941年第2期，第3页。
⑤ 宋仲富、邓慧君：《甘肃通史·中华民国卷》，甘肃人民出版社，2009，第205页。
⑥ 张根福：《抗战时期的人口迁移——兼论对西部开发的影响》，光明日报出版社，2006，第217页。

三 半工半义务

1940 年 7 月，蒋介石在全国驿运会议闭会训词中指出，驿运应为"半工半义务"的性质。他说，战时驿运的举办，"非普通商业机关可比，其一切人力兽力器材之征调募集，决不能专赖经费雇用，而应出于义务供应之性质"，故而不能"专用金钱作劳力的标准"。[①] 为此，国民政府对战时民众在驿运方面应尽的义务做了规定：（一）踊跃参加驿运服役；（二）自动登记本人所有车辆用具；（三）协助政府设立驿站；（四）照拂驿运员役中途所生各种困难。[②] 与此同时，政府也对"工"，亦即运价做了相应的规定："驿运运费由各省参酌当地力价工具成本及有无回空损失等情形，自行按段规定，呈部核准，以每三个月呈请修订一次为限。"显而易见，驿运运价是以"力价工具成本及有无回空损失"为标准来确定的，主要是以驿运运输成本定价，基本上不考虑运输利润及其他因素。[③] 国民政府把驿运定义为"半工半义务"性质，并美其名曰"新驿运运动"。为保证驿运业的健康发展，政府也出台了一些举措，如长期参加驿运者免除兵役，民众平均负担，轮流服务等，[④] 还举办了"货物保险以利商运"。[⑤]

驿运的运价是根据不同工具的运输成本，参照各地生活水平的不同和车、货双方利益来制定的，具体又可分为民运运价、军运运价两种。而民运运价又细分为：工具的分类运价、分线运价、合同运价、分级运价、公商运价五种。[⑥] 1939 年 7 月，甘肃省车驼管理局成立后，规定每车驼载运一官担（折合 121 市斤），按每公里给价 0.0135475 元，即每吨公里运价 0.22 元，不足一公里的按一公里算，来回路程一律。为防止贪污舞弊的发生，甘肃省车驼管理局同时规定，运费由该局按时发给，"由车驼主具领，

---

① 薛光前等：《新驿运运动》，战地图书出版社，1940，第 10 页。
② 《鼓励民众参加建设驿运制度 精神总动员会编发宣传大纲》，《扫荡报（桂林）》1941 年 2 月 16 日，第 3 版。
③ 肖雄：《抗日战争时期四川省办驿运研究》，巴蜀书社，2012，第 215 页。
④ 章绍嗣、田子渝、陈金安主编《中国抗日战争大辞典》，武汉出版社，1995，第 730 页。
⑤ 《驿运工作展开 运粮人伕亦可免缓兵役 驿运人员训练班即将开学》，《新蜀报》1940 年 12 月 27 日，第 2 版。
⑥ 甘肃省公路交通史编写委员会编《甘肃公路交通史》（第一册），人民交通出版社，1987，第 378 页。

任何车行驼店及经办核发运价人员不得索取佣金"①。"半工半义务"的营运性质，使甘肃省驿运机关制定的驿运运价较市场运输价格而言，还是较低廉的。

由于在抗战时期驿运货物中，军用物资占了很大的比例，为保证省内区间调集的军粮和军用物资运输，驿运管理机关专门对军运运价做了具体规定：按驿运部门普通运价计算，托运单位只负担运费总额的三分之二，差额由政府补足。如，1941 年 7 月 15 日甘肃驿运管理处实行公商运价，"每吨公里为 2.73 元，军运品只付给每吨公里 0.63 元，只占公商运价的 23.08%"。实际所付运费连三分之一都不到，而战时军运任务繁重，运户亏损严重，甚至破产弃车逃走事件时有发生。② 为此甘肃省政府要求"拟自三十一年元月起，将力价增为每公吨每公里二元六角"，并呈请第八战区司令长官司令部，转饬各地驻军遵办，要求"凡不得已而征用民用车辆，务须按照上项规定给价，不得短少"③。

1942 年 5 月，交通部驿运管理总处也对军运运价做出了调整，10 月又出台了《调整驿运军运运价意见及解决办法》，指出"驿运伕马车船，多系出自民间，人民以此为生，预谋军事给予标准实际奉行无碍，必须顾及伕马车船之成本，参酌各地生活水准，详为厘定，基此原则"，并规定："一、军运给予标准应照驿运机关规定力价订定；二、军运给予标准应照驿线之路段划分；三、驿运军品应有相当限制。"④ 同年 5 个月时间里，交通部就两次修改军运运价标准，这无疑是军运运费压力过大所致，其要求军运运价的给付一定要考虑当地的实际生活水平，同时要严格执行政府规定的力价，更严格规定军运仅限运送军需用品，不得私带客货或其他违禁物品。

1942 年 11 月，甘肃驿运管理处再次报请省政府"准予普通运价内附加百分之二军贴费，以资挹注，同时凡属自营工具载运自有货物，一律按

---

① 《甘肃省车驼局征集车驼发给运价标准（1939 年 9 月 1 日）》，甘肃省档案馆藏，档号：21 - 1 - 306。

② 甘肃省公路交通史编写委员会编《甘肃公路交通史》（第一册），人民交通出版社，1987，第 378 页。

③ 《甘肃省委军运征用民夫或民间车辆牲畜应从优给价的巡令（1942 年 1 月 24 日）》，甘肃省档案馆藏，档号：59 - 4 - 185。

④ 《调整驿运军运运价意见及其解决办法》，《交通建设》1943 年第 1 卷第 8 期，第 116 ~ 117 页。

力价加收百分之二军贴费，以示公允"①。然而，这附加的 2% 军贴费在征收中却十分困难，为此，1943 年，甘肃省驿运管理处又做出了调整，决定"会同各运输机关准备停止征收，将由各运输机关分摊军运或分纳全年军贴"②，以免扰民。

驿运运输属国民政府统制经济的范畴，其半公半义务的性质，初期尚可支撑，但随着战争的持续，受战区人民内迁人口的增加、货源减少等诸多因素影响，物价激涨自然成为必然趋势。"车驮食宿及挽畜草料日渐昂贵，运价虽已稍为增高，终不及物价飞涨之猛。"③仅以 1942 年 7 月陕甘驿路沿线而论，"一匹马的草料已上涨四五十元"④。1943 年上半年，由于饲料价格高涨，兰州一般车驮户因负债过多，用费浩繁，拍卖挽畜车辆，一蹶不起者，比比皆是。⑤如果 1939 年 7 月运价系数为 1 的话，则 1940 年增加了 1.27 倍，1941 年为 7.23 倍，1942 年 10 月底为 23.32 倍，1943 年 2 月为 26.27 倍。⑥尽管甘肃省驿运管理机关一再提高驿运运价，但在通货膨胀不断加剧的情形下，驿运运价依然非常低廉，"车驮户赔累不堪，难免相率逃避，视国际运输为畏途"⑦。运输成本的压力已严重影响了甘肃驿运的正常发展。

四 自给自足

驿运初期，由于"行政与业务，未能鲜明划分，政府责成自给自足。行政经费无着"⑧。甘肃省驿运机关，即甘肃省车驼局开运之初，由于运费

---

① 张心一：《甘肃省驿运概况》，《交通建设》1943 年第 1 卷第 8 期，第 74 页。
② 甘肃省驿运管理处：《甘肃省驿运管理处工作概要（1943 年 9 月）》，甘肃省档案馆藏，档号：4-1-430。
③ 顾耕野：《陕甘驿运线之概况》，载边疆论文集编纂委员会《边疆论文集》，"国防研究院"，1964，第 1183 页。
④ 《陕甘驿运全线共长一七〇〇公里，千辆胶车，一万五千只骆驼跋涉其间》，《解放日报》1942 年 7 月 14 日，第 2 版。
⑤ 长风：《甘肃驿运新建树》，《西北日报》1943 年 8 月 4 日，第 3 版。
⑥ 甘肃省公路交通史编写委员会编《甘肃公路交通史》（第一册），人民交通出版社，1987，第 379~380 页。
⑦ 顾耕野：《陕甘驿运线之概况》，载边疆论文集编纂委员会《边疆论文集》，"国防研究院"，1964，第 1183 页。
⑧ 龙学遂：《中国战时交通史》，商务印书馆，1947，第 242 页。

需垫付，"车驼承运物品，得预借全程运费百分之九十"[①]。预付款项，"先有盐务局借款四万元，并由贸易委员会预付毛运费一部分，以资应付，同时呈（交通）部请先拨十万元，当时部令西北公路局划拨，复以国库无'周转金'科目而拒付，嗣后虽经库续拨付，亦不过足帮该局之预付而已"[②]。为此，1939年9月，甘肃省车驼管理局在对征集车驼订立运价标准的同时，就对手续费，亦即管理费做出了明确的规定，即按照运价的5%加以征收。所收手续费，即"除开支经临费外，凡因推进业务及奖恤等所需之一切费用，均得动用之"[③]。

1940年7月，全国驿运会议对管理费的使用加以明确，"各省驿运管理处经常费由驿运运费内规定之管理费项下开支，不足之数，由中央酌予补助。管理费规定为加收运费百分之五"[④]。甘肃驿运机关收取的5%的管理费，1940年前主要用于甘肃驿运管理处及其下设的"三段七营业站，五管理站与仓库四处"的日常支出。[⑤] 此后，随着驿运事业的发展，1943年总处下已有4段12个营业站了。[⑥] 管理费的收取，本是为取之于驿运，用之于驿运，以维系驿运机关的正常运转。

但是，事实上，如果按统收统支之原则计算，甘肃省驿运机关成立伊始，就已处于入不敷出的境地。1940年，时任陕甘驿运干线甘新线驿运分处副处长的顾耕野就曾做出如下记载：当年甘肃车驼局全年收入3161400元，支出3245000元，两相相抵，净亏83600元，连同收购猩猩峡站库款及全线各单位器具设备费等资本支出所需的16400元，因此请求政府拨补现金100000元。[⑦] 经费不足，导致甘肃驿运机关不仅办公场所设备十分简陋，而且沿途给养不足，设备损坏、挽畜病毙成为常有之事。仅以兰猩干线而论，全线人烟稀少，民生困苦，西出嘉峪关，水草缺乏，而自安西以西地多沙漠，人马给养尤感困难，唯以车驼习惯而估定其全线食宿站所，站间

---

① 《甘肃省车驼局征集车驼发给运价标准（1939年9月1日）》，甘肃省档案馆藏，档号：21-1-306。

② 顾耕野：《陕甘车驼运输一览》，陕甘车驼运输所，1941，第96页。

③ 《甘肃省车驼局征集车驼发给运价标准（1939年9月1日）》，甘肃省档案馆藏，档号：21-1-306。

④ 肖雄：《抗日战争时期四川省办驿运研究》，巴蜀书社，2012，第146页。

⑤ 顾耕野：《陕甘车驼运输一览》，陕甘车驼运输所，1941，第69页。

⑥ 《甘肃省驿运管理处工作概要（1943年9月）》，甘肃省档案馆藏，档号：4-1-430。

⑦ 顾耕野：《陕甘车驼运输一览》，陕甘车驼运输所，1941，第69~70页。

距离最远者可达 110 华里。不仅站间距离远，而且"车驮食宿之设备，除少数县治所在地，其他各地大都仅有极简陋车驮店聊应要需。唯酒泉以西不仅并无食宿，处所抑且饮水饲料亦付阙如"①。

在这同时，民生困苦，车户与驼户也常常需要驿运机关预支运费，才能维持车辆正常行驶。然而，事实上，自甘肃驿运机关成立之初，就没有此项业务的专拨资金用来周转，这样一来，驿运机关就很难维持正常的运行，"须筹有巨额周转金以免运输停滞所有装车驮载出发必须临时发付运费，方能启程，过去每因托运机关拖欠费或手续迟缓，以致本线各站车夫候领运费不能随装随发，故本线必须有巨额周转金，以便临时垫付车驮户，而免运输停滞"②。

入不敷出、收支不平衡，使甘肃驿运机关维持"自给自足"的最低标准已困难重重。加之货物托运机关运费的拖欠，更使甘肃省驿运机关经费不足的境况雪上加霜。"各机关非唯拒绝预付结账归垫，当多迁延。"1940年贸易委员会就拖欠运费达 49000 元。西北公路局欠 57000 多元，航空委员会欠 108000。其他各机关亦多有拖欠。③ 显然，公有营业性质，不以盈利为目的是甘肃省驿运机关维持正常营运最重要的前提之一，"唯赖移东补西，设法透支"④。如此一来，作为驿运机关日常经费来源的 5% 的管理费也常常被移作他用。

这里更值得指出的是，"甘肃省驿运处的工作人员均未列入正式编制，一切经费均靠征收管理费百分之五来维持"⑤。自身经费窘绌，这样一来，驿运机关便常常把管理费当成扩充财源的方式而随意征收。加之，运价的不统一，有些管理人员趁火打劫，随意填报运商或运输工具，徇私舞弊，收受贿赂。有鉴于此，交通部认为管理费有取消之必要，"经拟具取消驿运管理费实施办法，对驿运行政及营运两种业务与经费皆明确划分，行政费列入省概算，按月拨发，营运费应求自给"⑥。此项办法，经 1943 年行政院分别电

---

① 顾耕野：《陕甘车驮运输一览》，陕甘车驮运输所，1941，第 1 页。
② 顾耕野：《陕甘驿运线之概况》，载边疆论文集编纂委员会《边疆论文集》，"国防研究院"，1964，第 1185 页。
③ 顾耕野：《陕甘车驮运输一览》，陕甘车驮运输所，1941，第 96~100 页。
④ 顾耕野：《陕甘车驮运输一览》，陕甘车驮运输所，1941，第 107 页。
⑤ 《为电知本处车辆各公司货物免收管理费的代电（1942 年 2 月 21 日）》，甘肃省档案馆藏，档号：48-1-108。
⑥ 《驿运管理费下月起停征》，《中央日报扫荡报联合版》1943 年 3 月 27 日，第 3 版。

令各省并转饬所属驿运管理处，规定 1943 年 4 月 1 日起，将所有驿运管理费及类似管理费之名目，一律停收。① 力图用停收管理费的方式，继续"积极发动民众参加驿运服务"，以增加战时之运输力量。②

驿运管理费的取消从表面上看是有利于开展驿运运输的重要举措，理应给驿运带来新的生机。但是，在实际的执行过程中，各地却强调经费困难，迟迟不予取消。甘肃省接到行政院电令后，尽管也认为内容详尽，"不仅甘肃省驿运可循此发展之途，并可资其他省处实施取消管理费之参考"③，但是在其后的驿运营运中，甘肃驿运管理处依然在变相收取管理费用，为此而受到行政院的批评。④ 驿运所存弊端日益凸显，这一切也昭示着抗战时期的甘肃驿运运输的渐趋衰亡。1944 年 1 月，国民政府行政院会议在制订本年各省驿运经费预算时，认为甘肃省驿运管理处"无设置必要，应予裁撤，所办支线业务由交通部兼管"⑤。3 月，甘肃驿运管理处奉令裁撤。⑥

结　语

全面抗战爆发后，为弥补现代交通之不足，国民政府决定以近代之方法，推行旧有之技能，以适应当时之环境。在此大背景下，地处西北战时大后方的甘肃驿运业也应运而生，这一"复古的进步"或"进步的复古"，使每一交通点、线的运输都能得以相互衔接，穿山越岭，源源不断，发挥着自身的效能和作用。因此，战时甘肃驿运事业的兴办，无疑是值得肯定的。同时，抗战时期，驿运是用少量的经费换取大量的运输力，因此必然出现诸多问题。根据实际情形，抗战时期的甘肃驿运是以民运为主的，国民政府将其强制纳入现代战争体系，低廉的运价在很大程度上加重了本就

---

① 交通部中国公路交通史编审委员会编《全国各地公路交通史初稿选编（建国前部分）》，陕西省交通史志编辑部，1984，第 134 页。

② 《政院令各省驿管处　取消驿运管理费　驿运行政费由省府按月拨发　积极发动民众参加驿运服务》，《中央日报（昆明）》1943 年 3 月 28 日，第 3 版。

③ 《甘肃省驿运管理处工作概要（1943 年 9 月）》，甘肃省档案馆藏，档案：4 - 1 - 430。

④ 《为电知本处车辆各公司货物免收管理费的代电（1944 年 2 月 21 日）》，甘肃省档案馆藏，档号：48 - 1 - 108。

⑤ 《本年各省驿运经费　政院会议通过酌予增减　甘省驿运管理处将裁撤》，《扫荡报（昆明）》1944 年 1 月 14 日，第 2 版。

⑥ 中央社：《甘驿运处奉令裁撤》，《宁夏日报》1944 年 3 月 11 日，第 1 版。

贫苦的甘肃人民的负担，但即便如此，甘肃广大的驿运群众仍坚持以"革命之熬苦精神，与科学之组织力量"为基石①，向着"军事第一，运输当先"的目标，担负起抢运战时所需各类物资的重任，为国家运输发挥了重要作用，因此曾有苏联学者把抗战时期苏联通过新疆至甘肃的驿运交通线称为"供养中国抗日力量的至关重要的命脉"②。

Research on the operating mechanism of Post-station Transport in Gansu province during Anti-Japanese War

Li Xiaoying

Abstract：After the outbreak of the Anti-Japanese War, Post-station Transport has revitalized under the vigorous promotion of national government, which is aiming at making up for the shortage of mechanical transportation and meeting the needs of transporting during the War. In this context, Gansu Province, which located in the northwest inland, strived to overcome the difficulties and helped to smooth the transportation of home front during the time of war. The Post-station Transport institution and mass common people in Gansu province responded to the call enthusiastically. They took the task of transporting materials in the northwest home front with the system which includes new using of old tools, space for time, part work-duty and self-sufficient. At the beginning of its establishment, Gansu Post-station Transport institution has undertaken the task of transporting aid supplies from Soviet to China, and Chinese agricultural products were also transported to Soviet. Although there were some shortcomings in the operating mechanism of the Gansu Post-station Transport, as an important part of transportation, it still made an outstanding contribution to ensure the smooth flow of the northwest international communication line during the time of war.

Keywords：Period of Anti-Japanese War, Gansu Province, Post-station Transport, Operating Mechanism

---

① 薛光前：《再论驿运》，《闽政月刊》1940 年第 7 卷第 1 期，第 68 页。
② 中国人民抗日战争纪念馆编著《抗战时期苏联援华史论》，社会科学文献出版社，2013，第 74 页。

1946～1949 年东北解放区对苏贸易评析

赵学华　魏世友[*]

摘　要： 1946～1949 年，在国际冷战和国内解放战争的双重背景之下，苏联与中国共产党领导的解放区有内在的贸易需求。东北解放区的创建打破了美蒋对解放区的地理封锁，使其对苏贸易成为可能。通过谈判，中共以东北解放区为基地，对苏以物换物为主要内容的贸易模式建立，并在实践中不断完善。东北解放区对苏贸易在特殊历史时期显示出时代特色：重双方所需，轻货币价值，管理模式具有过渡性。双方贸易有深远的历史影响：对恢复战后苏联社会经济起到一定作用，在加快中国现代化军事工业发展的同时，也加快了中国解放事业进程，更为重要的是，为新中国成立后对外贸易往来培养了大批人才和提供了一定的经验模式。

关键词： 东北解放区　对苏贸易　经验模式

解放战争期间，中共中央赋予东北解放区较为特殊的战略地位，所以东北局在承担作战任务的同时，就积极经营东北解放区。通过有利的地理位置，开展与苏联的贸易成为经营东北解放区的重要内容。由于东北解放区对解放战争整体进程影响较大，学界对其有较多关注，但专门探讨东北解放区对苏贸易的研究却相对缺乏。在现有成果中，比较有代表性的是白冰《中共东北解放区的对苏贸易（1946—1949）》、张凤鸣的《解放战争时期东北解放区与苏联贸易概述》和大泽武彦、乔君的《解放战争时期中国共产党对东北的管理与对苏贸易》等。这些研究的关注点多在双方开展贸

---

* 赵学华，男，1978 年生，山东禹城人，陕西师范大学马克思主义学院博士研究生，青海师范大学历史学院讲师，研究方向为中国革命与中国现代化；魏世友，男，1982 年生，甘肃皋兰人，青海师范大学马克思主义学院讲师，陕西师范大学马克思主义学院博士研究生，研究方向为思想政治理论与实践。

易的贸易额度及对东北解放区发展的影响等方面①，而对特殊时期中苏贸易模式及其历史发展的探讨不足，也缺乏其对中国解放战争整体性影响的探讨。笔者拟从中国解放战争整体进程及新中国历史发展进程进行综合分析。

一 战略诉求相似背景下的贸易基础

二战末期，以苏联为代表的社会主义阵营和以美国为代表的资本主义阵营由于意识形态的差异，在战后双方利益分配方面产生严重分歧。二战结束后，双方共同敌人的消失导致冷战局面的形成。在东亚，国民政府凭借美国支持，在国共两党和谈没有取得其所得到的结果后悍然发动内战，对解放区进行全面进攻。这在对苏联国家安全产生威胁的同时，也为解放区与苏联的贸易开展奠定了政治基础。

（一）国际形势骤变背景下相互信任的建立

在抗日战争中，苏联实施了支持国民政府抗战的政策。中共领导的敌后抗日力量虽然积极作战，但力量弱小。崔可夫来华之前，斯大林曾对他说："中国共产党和中国工人阶级要成为反侵略斗争的领导者，还显得太孱弱，要把群众争取过来需要时间。到底需要多长时间，很难说。"② 在第二次世界大战临近尾声之际，苏联在战后国际秩序的建立方面与英美产生严重分歧，战后双方进入冷战状态。1945 年，毛泽东在预判革命形势时就认为："在苏、美、中协定的基础上准备继续国共谈判，国共谈判要在国际的基础上（不是一切）来解决。"③ 苏美矛盾影响到中国国内，加剧国共两党政治上的对峙。苏联虽然与国民党政府签订了《中苏友好同盟条约》，但对国民党政府的亲美反共立场一直保持警惕。在此背景下，苏联清除国家安全隐患诉求与中国人民的革命战略诉求相对一致。苏联虽然受制于外

---

① 白冰：《中共东北解放区的对苏贸易（1946—1949）》，《党史研究与教学》2017 年第 4 期；张凤鸣：《解放战争时期东北解放区与苏联贸易概述》，《黑龙江社会科学》2007 年第 4 期；大泽武彦、乔君：《解放战争时期中国共产党对东北的管理与对苏贸易》，《中共党史资料》2007 年第 1 期。

② 〔苏〕瓦·崔可夫：《在华使命——一个军事顾问的笔记》，新华出版社，1980，第 35 页。

③ 中共中央文献研究室编《毛泽东年谱》（一八九三——九四九）（中），人民出版社，1993，第 697 页。

交关系不能明确表态对中国共产党的支持，但能够给予非官方帮助。

在中国抗日战争进入尾声之际，中共中央在既定战略的基础上，就有经营东北扩大抗日民主力量的谋划。在此前提下，中共中央公开表达了配合苏军作战的意愿："全力配合红军及其他同盟国军队消灭万恶的日本侵略者。"① 并命令晋冀、平北、冀东三区部队务必分兵北进，与苏联红军配合作战。② 苏联方面虽然名义上要将东北交予国民党政府，实际上对人民武装进入东北采取默许态度："中苏条约中也已明白规定'所有中国籍人员，不论军民均归中国管辖'……只要他不直接影响苏联在外交条约上之义务，苏联将会采取放任的态度并寄予伟大之同情。"③ 1945 年 9 月，苏联方面派代表赴延安，建议中共中央派干部赴东北，便于联络。④ 受此鼓舞，中共中央在关内各解放区抽调军队派往东北："我军进入东北活动，一律不事声张，不用八路军名义。"⑤ 9 月 16 日，苏联方面转告中共中央，根据中苏条约，苏联必须从察绥和东北地区撤军，建议中共集中力量控制这些地区。为了集中力量经营东北地区，黄克诚"向南防御向北发展"的战略方针被中共中央采纳。

战后初期美苏关系恶化。为对抗美国在中国的影响，苏联默许中国共产党领导下的人民武装全面进入东北。1945 年 10 月，苏联方面建议中共领导的人民武装阻止国民党军队调入东北。此时，国民党军队凭借美军的支持以优势兵力攻占了山海关，并进一步突破东北人民自治军的防线向北进犯。中共领导的人民军队还在向东北集结之中。中共中央意识到，由于革命力量的弱小，人民军队全面控制东北不切实际。在四平保卫战失败后，中共中央坚定了长期作战的方针，巩固已经控制的地区，建设解放区。在接管东北地区的过程中，苏联给予中国人民武装一定支持：双方建立政治互信，这成为解放区与苏联开展贸易的前提。刚刚成立的东北局在自己控制的区域积极开展解放区建设，使自身有了对苏贸易的需求。

---

① 中共中央文献研究室编《毛泽东年谱》（一八九三——一九四九）（中），人民出版社，1993，第 697 页。
② 中共中央文献研究室编《毛泽东年谱》（一八九三——一九四九）（下），人民出版社，1993，第 3 页。
③ 中央档案馆编《中共中央文件选集》（15 卷），中共中央党校出版社，1989，第 257 页。
④ 沈志华：《中苏关系史纲（1917—1991）》，社会科学文献出版社，2011，第 86 页。
⑤ 中央档案馆编《中共中央文件选集》（15 卷），中共中央党校出版社，1989，第 274 页。

(二) 苏联社会经济恢复的需要

农业一直是苏联经济的薄弱环节，这与其经济体制有密切的关系，也导致粮食问题成为其决策层必须面对的非常实际的问题。苏联的粮食问题在二战前后更加严重。1944~1947 年，由于农业歉收，苏联出现了粮食供应品严重短缺现象。在整个二战期间，苏联因饥饿死亡的人数达百万之多。粮食短缺导致苏联方面出现严重的社会问题，甚至影响到苏德战场上苏军的军事进展。

为了解决战时粮食危机，苏联实行粮食定量配给制度，并对东部的土地进行开发，除此之外，还在盟国大量进口粮食。战后初期，苏联致力于战后重建，但落后的农业生产体制一直困扰着社会经济的恢复。到 1950 年，苏联的谷物种植面积和产量也没有恢复到战前水平。1946 年，乌克兰发生饥荒，造成了严重的社会问题。战后美苏关系的恶化使苏联的粮食进口计划受到阻碍。1947 年，冷战爆发，苏联在欧美国家的粮食进口计划被迫终止。在国外寻找新的粮食产地来进口粮食，以解决国内粮食危机，也成为苏联方面的内在需求。

东北解放区的建立使苏联方面找到了新的粮食产地。东北地区是我国重要的粮食生产基地。东北局成立后，就遵照中共中央的指示，积极进行肃清土匪、土地改革和恢复生产等工作："恢复东北人民的生产力、改善他们的生活，平复他们十四年来所遭受的创伤和破坏，成为目前刻不容缓的任务。"[①] 东北局给粮食生产赋予重要地位。在广大党员干部的组织动员和农民的辛勤劳动下，东北地区农产品产量稳步增加。由于交通条件的限制和商品经济落后，大量农产品难以找到市场，出现滞销现象，"人民生活更加窘迫，农民虽然手有丰富余粮，因为没有出路，只好让它腐坏与当柴烧"[②]。苏联方面有农产品进口需求，为东北解放区农业生产的扩大提供了广阔市场，也为双方贸易的开展奠定了基础。

---

① 东北解放区财政经济史编写组：《东北解放区财政经济史资料选编》（第一辑），黑龙江人民出版社，1988，第 441 页。
② 东北解放区财政经济史编写组：《东北解放区财政经济史资料选编》（第三辑），黑龙江人民出版社，1988，第 282 页。

（三） 巩固发展东北解放区的客观诉求

中共中央赋予东北解放区重要的战略意义："从我们党，从中国革命的最近将来的前途看，东北是特别重要的……只要我们有了东北，那么中国革命就有了巩固的基础。"① 东北解放区革命斗争和建设的成败，对其他解放区有着重要影响。为了革命形势的全面发展，东北解放区需要进口革命战争所需要的战略物资，在消灭东北国民党反动派的同时，也有支援其他解放区，进而为全国革命胜利做出应有贡献的战略需求。

开展对苏贸易是巩固和发展东北解放区的迫切需要。东北局进入东北之初面临的现实是，虽然有肥沃的土地，先进的工业基础，但由于战争破坏，日本殖民统治的影响和国民党的经济封锁，"各种工业、铁路、发电所等，尚未很好恢复，可开发者尚未开发。东北人民经过敌伪14年的压迫剥削，已变得极度贫困"②。东北农业虽然粮食产量高，但过于依赖城市消费，在战争影响下，出现滞销现象，粮无出路，农民生产热情不高。③ 中共中央指示："我各解放区政府，应采取适当价格购存大批粮食，然后有计划的以一部分分散出口，换回解放区必需物资。"④ 因此，东北局决议："为了迅速集中粮食出口，及时解决民用军需，这是建设根据地与坚持长期战争，重要环节之一。各级党委必须动员全部力量用战斗精神来完成出口粮食的计划。"⑤

开展对苏贸易是对敌军事斗争的需要。中国共产党进驻东北就是要凭借东北的工业基础建立强大的军工企业，改变人民军队长久以来武器落后的局面。东北工业虽然有一定基础，但由于战争的破坏，百废待兴，日寇投降后又因战局的混乱、干部的缺少，不可能即时接收管理大部分的工矿

---

① 《毛泽东文集》（第三卷），人民出版社，1996，第426页。
② 东北解放区财政经济史编写组：《东北解放区财政经济史资料选编》（第一辑），黑龙江人民出版社，1988，第441页。
③ 东北解放区财政经济史编写组：《东北解放区财政经济史资料选编》（第三辑），黑龙江人民出版社，1988，第253页。
④ 中共中央文献研究室编《建党以来重要文献选编（1921—1929）》（第二十三册），中央文献出版社，2011，第272页。
⑤ 东北解放区财政经济史编写组：《东北解放区财政经济史资料选编》（第三辑），黑龙江人民出版社，1988，第5页。

机件，房屋又被群众、工人和职员们拆去。接收管理愈迟者，破坏愈甚。①
在三下江南、四保临江战役之后，东北局意识到必须大力发展自己的军事
工业。② 东北军事工业建设面临的最大问题就是原料短缺，因此从苏联进
口军事工业方面的原料成为当时的必要选择。

开展对苏贸易也是中国人民解放战争胜利需要。"原则上应争取我区
剩余农产品的尽量出口，农业副产品（肉类、鬃毛、鸡蛋等）亦要争取出
口，换回我区军需民用的物资和经建事业所需机器原料器材等物，使财政
得到有力支援，使经建的发展得到必要条件。"③ 在进驻东北之初，中共中
央指示各解放区抽调技术干部，以非军事人员身份，利用大连近代工业的
基础，将其建成人民武装的军工基地。华东解放区首先响应中央号召，在
充分调查后和苏联方面的默许下，在大连成立建新公司："建新公司是一
个门类较多的综合性军火企业，主要生产后膛炮弹。为了保密起见，也为
了不给苏方带来外交方面的麻烦，所以对外以商业企业的面貌出现。"④ 建
新公司向苏联方面购买军工原料，生产的弹药不断运往华东解放区和华北
解放区。公司后划归东北解放区军工部统一管辖。这为中国人民解放战争
的胜利创造了有利条件：首先，中共方面的相关干部首先要从苏军手中购
买其所接管的公司，扩大生产；其次，中共方面需要通过贸易关系打通解
放区之间的联系；最后，中共需要通过贸易在获取自身军工企业所需原料
的同时，学习苏联方面军工企业建设的先进经验。

二 互利共赢下的对苏贸易开展

在解放战争初期，东北解放区对苏贸易虽然有诸多的条件，但也存在
障碍。冷战爆发之前，苏联还可以从英美等国进口粮食。由此，苏联方面
最初对于东北解放区的贸易诉求态度消极。1947年冷战爆发之后，苏联开
始接受东北解放区的贸易诉求，态度也变得积极，双方贸易规模扩大。这

① 东北解放区财政经济史编写组：《东北解放区财政经济史资料选编》（第二辑），黑龙江
人民出版社，1988，第11页。
② 何长工：《何长工回忆录》，解放军出版社，1987，第414页。
③ 东北解放区财政经济史编写组：《东北解放区财政经济史资料选编》（第三辑），黑龙江
人民出版社，1988，第295页。
④ 何长工：《何长工回忆录》，解放军出版社，1987，第411页。

在一定程度上给东北解放区对苏贸易带来机遇。

（一） 对苏贸易的开始

1946 年 5 月，中共中央指示："在两利的原则下，我们政府及商业机关应和外国商人以至外国政府直接订立一些经济契约。"[①] 东北地区面临的实际是农产品输出困难，民需产品与军工产品输入困难。根据自身的实际和中共中央的指示，东北局在坚持独立自主的基础上与苏联方面主动进行贸易谈判，互换双方所需：用自己所掌握的农产品换取等量价值的民需产品和军工产品。

1946 年 8 月，东北局与苏联方面商讨出口 10 万吨大豆以换取等价值的物资。苏联出于两方面理由予以拒绝：一是东北解放区提供的农产品数量少，不能够缓解苏联的粮食危机；二是苏联与英美等国关系还未恶化到不可挽回的地步，还可以从他们那里购买到粮食，双方未能达成一致。11 月，刘亚楼出面与苏联方面商谈，使双方贸易谈判出现转机。1946 年 12 月，苏联粮谷贸易公司与东北东兴公司签订商业合同：东北解放区用 100 万吨粮食和 1 万吨肉类换取等价值的军工产品和民需产品。[②] 协议对进出口商品的规格、交货地点和争议问题等进行了详细的规定。

在 1946 年贸易基础之上，根据双方的需求，1947 年 10 月，东北局所属的东北东兴公司与苏联所属的远东公司又签订了煤炭买卖合同：东兴公司以 6 万吨煤换取苏联方面等价值的棉布。[③] 11 月，远东公司又与东北局所属的东北贸易公司签订了《枕木买卖契约书》："东北公司按第一项规定，卖给远东公司枕木，而远东公司应以相等价格之苏联工业品，即本合同有关之第二号附件所定之货物品名、价格及交货条件交换于东北公司。"[④] 在 1948 年 2 月，东北解放区所属的东兴公司与苏方所属的粮谷输出公司签订的买卖契约书中，将粮食及其他货物出口额度与等价工业品的

---

① 中共中央文献研究室编《建党以来重要文献选编（1921—1929）》（第二十三册），中央文献出版社，2011，第 244 页。
② 东北解放区财政经济史编写组：《东北解放区财政经济史资料选编》（第三辑），黑龙江人民出版社，1988，第 358 页。
③ 东北解放区财政经济史编写组：《东北解放区财政经济史资料选编》（第三辑），黑龙江人民出版社，1988，第 361 页。
④ 东北解放区财政经济史编写组：《东北解放区财政经济史资料选编》（第三辑），黑龙江人民出版社，1988，第 365 页。

输入额度提高至 656. 24 亿元。① 1949 年，东北解放区代表与苏联代表对 1949 年双方的贸易问题进行了 15 次谈判（1 月 28 日至 2 月 15 日），最终达成协议：东北局以 71. 68 万吨粮食和相当数量的农副产品及煤炭换取等值汽车、汽油等产品。1949 年夏，中国东北各省人民民主政权贸易代表团抵达莫斯科，与苏联方面达成了为期一年的换货协定：苏联承担义务向中国东北解放区出口工业设备、汽车、石油产品、纺织品、纸张、药品和其他商品。东北各省人民民主政权同意向苏联提供等价值的大豆、植物油、玉米、大米及其他商品。

除了正式的贸易谈判外，东北解放区与苏联还有多次非正式商谈。《何长工回忆录》里也提到了一些没有正式贸易协定的贸易往来：在满洲里，苏联要将缴获日本关东军的一批数量很大的武器弹药运往乌拉尔去炼钢，何长工用以等量钢铁交换的方式获取了这批弹药。② 苏联方面对东北解放区的出口也很慷慨："友方是以商业方式帮助我们的，即军需品只要能以商品表现者均可订购。"③ 另外，除东北解放区外，华东解放区、晋冀鲁豫解放区、华北解放区也通过苏军控制的旅顺、大连与苏联方面进行贸易。在苏联接管了旅顺、大连后，各解放区都派驻了经贸办事处：东北军区后勤部开设的"福泉号"，胶东北海区的"大华贸易公司"，晋察冀中央分局开办的"聚兴商行"等，都有与苏联方面进行贸易的记录，大都以农产品换取军工原料。这些公司后都归东北局统一管理，换取的战略物资供给关内各解放区。

通过一系列协定的签订，东北解放区对苏贸易得到初步发展。双方以政府为背景，通过官方谈判，以农产品交换等价值军工产品和民需产品为贸易内容，以成立商业公司淡化双方官方背景为方式，开展贸易。

（二）对苏贸易的进一步完善

东北解放区与苏联方面签订相关贸易协定后，就根据计划开展工作。东兴公司加大了对东北解放区境内粮食的征收和收购。由于缺乏经验，东

---

① 东北解放区财政经济史编写组：《东北解放区财政经济史资料选编》（第三辑），黑龙江人民出版社，1988，第 369 页。
② 何长工：《何长工回忆录》，解放军出版社，1987，第 427～428 页。
③ 东北解放区财政经济史编写组：《东北解放区财政经济史资料选编》（第三辑），黑龙江人民出版社，1988，第 280 页。

北解放区在完成贸易计划的工作中出现诸多问题，给贸易计划的完成带来许多挑战。1946 年 12 月，东兴公司与苏联相关方签订贸易协定后，就发觉按计划难以完成贸易额度："从该年 12 月起至 47 年 12 月止，出口各种粮谷 67.5 万吨，肉类 6000 吨。"[①] 更为严重的影响是，东兴公司的粮食收购导致解放区内物价飞涨："半年来物价波动：1 月份以食粮为主导的波动；4 月份的物价波动；4 月下旬与 5 月的物价普遍下跌；6 月份的物价猛涨；7 月份的物价下跌与金价上升。"[②]

这首先有客观原因，东北解放区向苏联提出出口 79 万吨粮食的计划，而苏联方面要求最少 100 万吨。东兴公司由于害怕谈判破裂而应允，导致出口计划没有完成。主观方面，东兴公司对各地所掌握的粮食库存也缺乏了解："确实不知道粮食缺到这样的程度。因为过去根据松江反映就有余粮 250 万石，只宾县一县就说有 10 万吨大豆要放火烧。"[③] 对苏贸易中存在着任务不明确、各部门工作不协调等问题："和各省的关系也因为财政上不是统筹统支，他们要自给，所以他们总是在粮食价格上打贸易公司的主意，因此也就增加了很多扯皮的事。"[④] 地方单位私自开展对外贸易和商人走私也影响到东北局的整体贸易计划："小公单位单独出口，曾不止一次吃过亏，哪一省都有过这类的事情。"[⑤]

为了解决这些问题，东北局在 1947 年 7 月对年度贸易计划进行总结时，除了将出口的计划目标降低之外，还制定了第二年度对外贸易意见草案。首先，在坚持"对内自由，对外统一"的贸易方针下，东兴公司制定出一系列对外贸易管理办法，在征购粮食的同时规定："1. 对外贸易统一严厉缉私；2. 掌握着出口粮与调剂粮的基本数量；3. 禁止机关部队（包括县区、乡政府及农会）经营粮食生意；4. 取缔商人合作社和加工业囤积

① 东北解放区财政经济史编写组：《东北解放区财政经济史资料选编》（第三辑），黑龙江人民出版社，1988，第 276 页。
② 东北解放区财政经济史编写组：《东北解放区财政经济史资料选编》（第三辑），黑龙江人民出版社，1988，第 30 页。
③ 东北解放区财政经济史编写组：《东北解放区财政经济史资料选编》（第三辑），黑龙江人民出版社，1988，第 283 页。
④ 东北解放区财政经济史编写组：《东北解放区财政经济史资料选编》（第三辑），黑龙江人民出版社，1988，第 293 页。
⑤ 东北解放区财政经济史编写组：《东北解放区财政经济史资料选编》（第三辑），黑龙江人民出版社，1988，第 291 页。

居奇。"① 其次，东北局还制定出口物资接送办法，以防止地方对出口物资的侵占。最后，为解决统一协调问题，东北局成立贸易公司，统一对进出口商品进行审核："各省贸易公司及工矿企业，有货物粮食及产品，向哈市推销者，必须统一售予东北贸易总公司，由东北贸易总公司保障一定的利润，照东北贸易公司规定的物价交售，严格禁止自行在市场出售。"②

虽然东北局不断解决对苏贸易中出现的问题，但实际上在 1947～1948 年并没有完成对苏贸易任务。由于进出口工作的紧迫性，东北局决策层决议统筹对外贸易。1949 年 9 月，东北行政委员会承担了征购粮食的任务："东北行政委员会决定今年秋收后，在北满、西满、东满各省征粮 96 万吨，同时购粮 48 万吨，均作为党的战斗任务来负责完成。"③ 在东北局的努力下，东北局出口的农副产品，虽然没有达到预期的目标，但已经完成了可能完成的任务。④ 东北解放区的物价虽有波动，但也得到了控制。

（三）对苏贸易呈现的特色

东北解放区对苏贸易是在国际冷战和国内解放战争的双重背景下进行的：苏联由于农产品的短缺和从英美国家进口粮食受阻，东北解放区由于战争的需要和自身军事工业落后，在进出口方面都有迫切的需求。在上述因素影响下，东北解放区对苏贸易相比常规的国际贸易，呈现不同的特点。

双方贸易物资重对方之所需、己方之所求。苏联方面在战后经济恢复时期农产品短缺现象严重，在进口方面多以农副产品和有助于工业恢复的工业原料为主。在 1946 年东北解放区出口的货物中可以看到："全部出口总值贸易价 285 亿元，内计公粮出口 18 万吨，购粮出口 49.5 万吨，肉 6

---

① 东北解放区财政经济史编写组：《东北解放区财政经济史资料选编》（第三辑），黑龙江人民出版社，1988，第 299 页。
② 东北解放区财政经济史编写组：《东北解放区财政经济史资料选编》（第三辑），黑龙江人民出版社，1988，第 16 页。
③ 东北解放区财政经济史编写组：《东北解放区财政经济史资料选编》（第三辑），黑龙江人民出版社，1988，第 39 页。
④ 东北解放区财政经济史编写组：《东北解放区财政经济史资料选编》（第三辑），黑龙江人民出版社，1988，第 283 页。

千吨。"① 而东北解放区出于战争和社会稳定的需要，进口以军工产品为主，民需产品占有重要地位："（一）花纱布占入口总额66.84%弱。（二）工矿、铁路、军工、农业、通讯、医药等器材占入口总额21.77%强。（三）必需品类占入口总额10.98%弱。（四）日用品类占入口总额0.41%强。"② 东北的基础军工企业建立后，开始注重军工原料的进口。在1948、1949年的进出口合同中，苏联方面只是在粮食、农副产品、木材和煤炭品种和数量上增加。东北解放区方面的进口产品逐步多元化，开始了由军工产品和工业制成品到工业原料的转变，具体是以争取棉花进口为主，换回建设工业必需的物资，以加快工业建设的速度。③ 这说明在东北全境解放后，成为当时东北局的主要工作是经济建设，从而为全国解放战争奠定坚实的物质基础。

贸易价值难以用货币衡量。东北解放区急于开展对苏贸易，就是急东北解放战争之需，进口产品多为国计民生所必需："对苏鲜贸易价格是根据以物换物而定出一定的贸易比价，与双方国内价格与国际价格无关，在计算上较困难。如对苏贸易价一元比东北币160元。"④ 在当时，苏联国内由于实行计划经济而保持价格稳定。东北解放区由于采取"对内自由，对外统一"的贸易政策，又由于在战争期间，物价上涨严重。东北解放区和苏联双方按固定汇率比值进行物物交换的贸易中，不可避免地受到损失。1947年东北局开始输出粮食时，粮食价格在1公斤6元到12元，由于粮食价格上涨，苏联方面催得又紧，东北解放区部分地区用70~80元每公斤的价格购买，以凑足对苏出口的粮食，因此对物价、财政开支、货币都有一定影响。⑤ 东北局方面在做贸易总结时也承认："从粮价上说，因为我们买粮出口，粮价不断上涨，我们是吃了亏。照过去国际公定交换价来说，

① 东北解放区财政经济史编写组：《东北解放区财政经济史资料选编》（第三辑），黑龙江人民出版社，1988，第277页。

② 东北解放区财政经济史编写组：《东北解放区财政经济史资料选编》（第三辑），黑龙江人民出版社，1988，第284页。

③ 东北解放区财政经济史编写组：《东北解放区财政经济史资料选编》（第三辑），黑龙江人民出版社，1988，第351~352页。

④ 东北解放区财政经济史编写组：《东北解放区财政经济史资料选编》（第三辑），黑龙江人民出版社，1988，第350~351页。

⑤ 东北解放区财政经济史编写组：《东北解放区财政经济史资料选编》（第三辑），黑龙江人民出版社，1988，第310页。

我们也吃了亏。"①

贸易管理方面有待完善。解放战争时期,东北局经济工作经验缺乏,与苏联成熟的对外贸易机制产生一些矛盾,给双方贸易带来不利影响,这在双方开展贸易初期尤为明显。东北局方面无统筹规划:"在执行合同的过程中,由于工作缺乏经验,准备不够,时间短促,贸易与物资处机构不健全,计划性差,加上出入口的数目这样大,在工作上确实遇着不少的困难,处处表现被动与混乱。"② 东北解放区出口的粮食有很多不符合苏联收购的标准,有的水分、土草杂质很多,有的甚至是坏粮③,这导致苏联方面拒绝接货,也导致东北解放区损失严重。仅在 1948 年,东北解放区出口粮食约 72.07 万吨,因品质问题损耗约 3.76 万吨,结账数量仅 68.31 万吨。④ 进口方面也是如此:"1946 年、1947 年度,基本上我们就没有像样的订货单提出,而是按当时我方需要什么,就向友方及时要什么。订货单提出很乱,无专人管理与领导。"⑤ 大批从事革命斗争的干部由于革命的需要转向经济领域,不可避免地出现种种问题,这也成为对外贸易一个时代的历史特色。

三　东北解放区对苏贸易的影响

解放战争时期东北解放区对苏贸易,在独特的历史背景下对双方诸多现实问题的解决都产生了积极影响。由于在对苏贸易中获益良多,随着中国解放战争的进行,中国共产党积极制定针对苏联的政策并得到积极回应。双方在新中国建立初期建立了良好的合作关系。这在一定程度上影响到二战后的国际政治格局。

---

① 东北解放区财政经济史编写组:《东北解放区财政经济史资料选编》(第三辑),黑龙江人民出版社,1988,第 285 页。

② 东北解放区财政经济史编写组:《东北解放区财政经济史资料选编》(第三辑),黑龙江人民出版社,1988,第 283 页。

③ 东北解放区财政经济史编写组:《东北解放区财政经济史资料选编》(第三辑),黑龙江人民出版社,1988,第 294 页。

④ 东北解放区财政经济史编写组:《东北解放区财政经济史资料选编》(第三辑),黑龙江人民出版社,1988,第 323 页。

⑤ 东北解放区财政经济史编写组:《东北解放区财政经济史资料选编》(第三辑),黑龙江人民出版社,1988,第 329 页。

（一）促进苏联经济恢复和中苏双方的战略互信

苏联通过与东北解放区的贸易，获取了大量粮食、食品和工业原料，在解决苏联社会经济问题中起到重要作用。1946～1949年，东北解放区每年向苏联输出粮食及农副产品，极大缓解了其面临的食品短缺问题。1947～1949年，东北解放区每年出口到苏联的粮食分别为67.5万吨、72万吨[1]和71.68万吨[2]。从1941年开始，苏联实行粮食配给。苏联不同劳动者能够得到的食物如表1所示。[3]

表1　供给制度下苏联不同劳动者食物分配额度

类别	第一种类	第二种类
重工业劳动者	面包400公斤/年 糖400公斤/年	面包300公斤/年 糖300公斤/年
其他劳动者	面包250公斤/年 糖300公斤/年	面包200公斤/年 糖300公斤/年
员工家属	面包200公斤/年 糖200公斤/年	面包200公斤/年 糖200公斤/年
12岁以下的儿童	面包200公斤/年 糖300公斤/年	面包200公斤/年 糖200公斤/年

资料来源：转引自徐振伟、田钊《二战期间苏联的粮食供应及盟国对苏的粮食援助》，《安徽史学》2014年第3期。

通过东北解放区向苏联输出的粮食与苏联粮食配给额度进行比较分析可以看出，东北解放区每年向苏联平均输出粮食70万吨，如果按照第二种类"其他劳动者"每年配给面包200公斤的数据进行估算，东北解放区对苏输出的粮食解决了300到350万人的口粮问题，对缓解苏联1946～1949年的粮食危机起到重要作用。这还没有将东北解放区对苏肉类和其他农副产品的出口统计在内。东北解放区对苏联工业原料的输出对其工业的恢复

---

[1] 东北解放区财政经济史编写组：《东北解放区财政经济史资料选编》（第三辑），黑龙江人民出版社，1988，第323页。

[2] 东北解放区财政经济史编写组：《东北解放区财政经济史资料选编》（第三辑），黑龙江人民出版社，1988，第339页。

[3] 后期随着战争的蔓延以及粮食供给的减少，粮食配给的数量有所减少。

也起到重要作用。在互通有无的基础上，东北解放区向苏联方面出口了大量枕木、煤炭等工业原材料，对其战后工业恢复起到重要作用。

对东亚国际局势产生了积极影响。在解放战争中，随着东北解放区与苏联双方贸易的顺利开展，双方的信任进一步增强。1949 年 6 月，毛泽东在《论人民民主专政》中公开提到："在国外，联合世界上以平等待我的民族和各国人民，共同奋斗。这就是联合苏联，联合各人民民主国家，联合其他各国的无产阶级和广大人民，结成国际的统一战线。"[1] 这是基于双方历史互信的结果，也是基于东北解放区对苏贸易奠定的基础。

通过与东北解放区的贸易，苏联不仅部分解决了战后面临的经济重建问题，也在东亚地区与中共领导下的新政权建立了良好合作关系。这对 20 世纪 50 年代的东亚国际局势产生了积极影响。

（二）对中国解放事业的影响

东北解放区与苏联开展贸易是在中共中央统筹之下，东北局具体负责实施的。通过贸易，东北解放区军工企业得到迅速发展，这不仅对东北解放战争的进程起到积极作用，也加速了全国解放的进程。

促进东北军工企业的发展。通过与苏联贸易，东北局解决了初到东北的不利局面，在迅速恢复解放区社会秩序的同时，大力发展与军事相关的工业。通过贸易，满足了战争供给、群众的需要、发展工矿运输业所需的原料和材料需求。[2] 东北解放区又根据战争和贸易的需求扩大生产，再进口军事、工业生产所需的物资，使东北被破坏的工业迅速得到恢复和发展。《何长工回忆录》中曾提到："从一九四五年底我军挺进东北，到一九四九年五月，仅三年多的时间，东北军事工业从无到有，从小到大，从游击式逐步走上正规化，从仅能修理枪械小炮、生产部分弹药到修理坦克火炮，生产各种枪支大炮，发展是飞速的，成绩是显著的。"[3] 这一定程度上解决了人民武装武器落后等问题，加快了解放战争的进程。

凭借雄厚的军事工业，东北民主联军先后发起了"三下江南，四保临江"、夏季攻势，将东北国民党军压缩在中长路、北宁路及沈吉路沿线以沈

① 中共中央文献研究室：《毛泽东选集》（第四卷），人民出版社，1991，第 1472 页。
② 东北解放区财政经济史编写组：《东北解放区财政经济史资料选编》（第三辑），黑龙江人民出版社，1988，第 285 页。
③ 何长工：《何长工回忆录》，解放军出版社，1987，第 433 页。

阳为中心的狭长地带的少数据点上，迫使其由全面防御转入重点防御，从根本上改变了东北战局，从此，东北战场的主动权便牢固地掌握在东北民主联军手中。[①] 1947 年 10 月，东北民主联军完成秋季攻势，迫使东北敌人主力龟缩在四平、沈阳、长春、吉林、锦州、营口等地区，陷入了更加被动的局面。[②] 到 1948 年，东北人民解放军已有百万之众，主力部队 80 余万，最终开启中国解放战争的战略决战并取得胜利，东北全境获得解放。

从 1945 年起，苏联控制的旅顺、大连就成为华东解放区、晋冀鲁豫解放区和华北解放区的军事物资基地。1946 年，肖劲光建议华东方面的干部："在大连搞军火生产，有苏联红军掩护，尽管海上也要被封锁，但范围大，总是可以渡海支援华东的。"[③] 在肖劲光的建议下，陕甘宁和其他解放区纷纷派技术干部到达大连，建造兵工厂以支援前线。从 1946 年底至 1947 年 4 月，中共所属的兵工厂就能生产空弹体 7000 多发。[④] 1947 年 3 月，华东解放区投资 100 万斤粮食在大连成立建新公司，生产弹药，负责华东军区的供给，朱毅任经理，江泽民为副经理。华东局开办的几个商号有 70 多艘汽船和千余名船员[⑤]，负责将建新公司的军工产品源源不断地运往华东战场，为孟良崮战役的胜利做出重要贡献。1947 年下半年，由于国民党对华东军区的进攻，建新公司接纳了华东解放区 5000 多名伤员和干部，在经营方面也出现困难。东北解放区全权承担了建新公司扩大生产所需的经费，服从全国解放战争大局的需要，公司生产的弹药，全部运往华东。[⑥]

1947 年 7 月，毛泽东给各解放区下达解放战争第二年的作战任务，要求东北方面："打通东北与华北联系，使华北、西北我军获得军火接济。"[⑦] 11 月，毛泽东又指示东北局："望东北局用全力加强军事工业之建设，以支援全国作战为目标。"[⑧] 为了贯彻党中央的指示，东北局成立东北军工

---

① 丁晓春、戈福禄、王世英：《东北解放大事记》，中共党史资料出版社，1987，第 129 页。
② 丁晓春、戈福禄、王世英：《东北解放大事记》，中共党史资料出版社，1987，第 152 页。
③ 肖劲光：《肖劲光回忆录》，解放军出版社，1987，第 339 页。
④ 中共大连市委党史工作委员会编《大连建新公司兵工生产史料》，内部资料，1988，第 4 页。
⑤ 旅大概述编辑委员会编《旅大概述》，内部资料，1949，第 252 页。
⑥ 张宏林：《华东北撤人员管委会的建立及其主要工作》，《大连党史通讯》1989 年第 5 期。
⑦ 中共中央文献研究室编《毛泽东年谱》（一八九三——九四九）（中），人民出版社，1993，第 228 页。
⑧ 中共中央文献研究室编《毛泽东年谱》（一八九三——九四九）（中），人民出版社，1993，第 282 页。

部："军工部在哈尔滨正式成立以后，首先将分散在各地的工厂，以地区为中心成立办事处或直属厂。"① 建新公司也在华东军区的建议下统一由东北军工部领导。在东北军工部的弹药支持下，华东解放区背靠渤海的许谭兵团战斗力首先得到了恢复，在取得内线作战的胜利后，配合外线部队发起豫东战役，并解放兖州。济南战役后，华东军区、中原军区在中共中央的指示下发动淮海战役。在战役取得胜利的过程中，东北军工部的作用更加凸出。粟裕曾这样评价淮海战役："华东地区的解放，特别是淮海战役的胜利，离不开山东的小推车和大连的大炮弹。"② 除了华东军区外，东北军工部的弹药也源源不断地运往其他战场，朱德曾对朱毅这样说："你们建新公司做的炮弹，在几个战场都用上了，前方反映很好。"③

(三) 对新中国经济建设的影响

解放战争结束之后，新中国百废待兴，经济建设提上日程。由于拥有丰富的贸易经验，东北解放区的干部从东北走向全国，为新中国外贸工作做出重要贡献。他们在东北解放区推行的贸易模式也在全国范围内得到推广。

在开启对苏贸易之初，东北局方面"能力薄弱与经验缺乏，在对苏的贸易工作中有许多是不合手续、不合标准的，有许多干部对于对外贸易的常识都很差"④。通过开展对苏贸易，东北解放区从事贸易的干部开始学习国际贸易知识，摸索了一些初步经验。⑤ 从革命事业出发，东北局对贸易干部的培养在服务于东北经济建设的同时，也服务于全国经济建设的需要。⑥ 在经历两年的对苏贸易后，东北局方面更加意识到贸易人才的重要性，"将我们输出标准应逐渐提高到国际标准。要想提高标准，首先必须

---

① 东北解放区财政经济史编写组：《东北解放区财政经济史资料选编》（第二辑），黑龙江人民出版社，1988，第333页。

② 中共大连市委党史工作委员会编《大连建新公司兵工生产史料》，内部资料，1988，第32页。

③ 中共大连市委党史资料征集办公室编《解放初期的大连》，内部资料，1985年8月，第129页。

④ 东北解放区财政经济史编写组：《东北解放区财政经济史资料选编》（第三辑），黑龙江人民出版社，1988，第293页。

⑤ 东北解放区财政经济史编写组：《东北解放区财政经济史资料选编》（第三辑），黑龙江人民出版社，1988，第281页。

⑥ 东北解放区财政经济史编写组：《东北解放区财政经济史资料选编》（第三辑），黑龙江人民出版社，1988，第281页。

培养一批检查标准的技术人员。国家也必须有这样一种专门机构和设备去进行这一工作，这是很重要的"①。在教育方面，东北局根据贸易的需要专门设立了国际贸易专业。在革命走向胜利之际，东北局根据中共中央指示，"调出好干部进关，开展新区工作"②，调近 500 名干部入关，其中就有大量从事商业贸易工作的干部。这些干部根据革命的需要相继调往全国各地，在新中国的贸易领域发挥着重要作用。

对苏贸易模式的完善与推广。新中国成立初期对外贸易政策是"对内自由，对外统筹"。这一贸易模式出现于土地革命和抗日战争时期，真正发展并大规模实践则是在解放战争时期。东北解放区采用的管理方式是"对内自由，对外统一"，根据解放区的总体需求统筹对外贸易，取得了巨大成果。在讨论新中国对外贸易模式时，曾在东北解放区担任东北财经委员会主任的陈云就主张："对外贸易，必须统一，假若天津是一种规定，上海是另一种规定，这就不行。"③ 曾在东北解放区担任商务部长，时任对外贸易部部长的叶季壮也从自己从事对苏贸易的实践出发，认为要对对外贸易进行管制："对外贸易管制政策就促使我国同兄弟国家间的贸易能够有计划地在互助合作和彼此经济共同高涨的基础上进行着。"④ 这对新中国建立初期的对外贸易模式有着重要影响。改革开放后，中国政府对传统对外贸易模式进行了改革，但对关系国计民生的进出口商品仍进行统筹规划。

结　语

1946～1949 年，国际形势变化让中国共产党与苏联建立了相互信任，这为双方开展贸易创造了条件，东北解放区的发展和苏联面临的社会经济问题使双方有开展贸易的需求。通过商谈，双方以物换物，东北解放区以一定数量的农产品换取苏联相同价值军工产品和民需产品的贸易模式建立起来，并在实践中不断完善。东北解放区的对苏贸易是在解放战争的背景

---

①　东北解放区财政经济史编写组：《东北解放区财政经济史资料选编》（第三辑），黑龙江人民出版社，1988，第 313 页。

②　东北解放区财政经济史编写组：《东北解放区财政经济史资料选编》（第三辑），黑龙江人民出版社，1988，第 118 页。

③　中共中央文献研究室：《陈云文选》（第 1 卷），人民出版社，1995，第 390 页。

④　叶季壮：《为发展国际正常贸易而努力》，《人民中国》1955 年第 20 期。

下进行的，时代背景使双方贸易具有独特的历史特点：重对方所需和己方所求，不注重贸易价值的得失，贸易管理方面有待完善。东北解放区意识到问题所在后，也试图解决问题并努力完善贸易制度，由于历史的局限性，问题没有完全解决。东北解放区对苏贸易虽然存在诸多问题，但符合双方的实际利益。东北解放区对苏贸易的开展，不仅解决了双方在这一历史时期面临的诸多现实问题，对此后双方的历史发展也产生了深远影响：东北解放区对苏贸易不仅对苏联社会经济恢复有着积极影响，也为中国东北军工企业的发展和中国解放战争的胜利做出了重要贡献，同时，还对新中国培养和储备从事对外贸易干部，积累贸易经验产生了重要影响。

An Analysis of the Trade between the Northeast Liberated Areas and the Soviet Union in 1946 – 1949

Zhao Xuehua   Wei Shiyou

Abstract：From 1946 to 1949, under the dual background of the international cold war and the domestic liberation war, the Soviet Union and the liberated areas led by the CPC had an internal trade demand. The establishment of the Northeast Liberated Area broke the geographical blockade imposed by the United States and Chiang Kai-shek on the Liberated Area and made trade between the two possible. Through negotiation, the CPC established a trade model with barter as the main content to the Soviet Union based on the Northeast Liberated Area and constantly improved in practice. In the special historical period, the trade between the Northeast Liberated Area and the Soviet Union showed the characteristics of the times: valuing the needs of both sides, ignoring profits, and nonstandard trade management. However, bilateral trade has far-reaching historical impact: it has played a certain role in the recovery of the post-war Soviet social economy, accelerated the development of China's modern military industry, and promoted the process of the War of Liberation. More importantly, it has trained a large number of talents and provided a certain experience model for foreign trade exchanges after the founding of the People's Republic of China.

Keywords：Northeast Liberated Area；Trade Flow；Empirical Model

排他性渗透：日本掌控汉冶萍公司"命脉"的历史考察[*]

郭云波 雷 平^{**}

摘 要：被誉为"东亚第一雄厂"的汉冶萍公司一直被日本觊觎。为此，日本不惜与其他列强展开博弈：通过竞争借款权，逐渐排除德国势力；干涉汉冶萍公司将生铁与矿石售于美国，阻止汉冶萍公司与美国的合作；建立英日同盟，争取英国准许其在长江流域活动。最终，日本成功排除其他列强，使汉冶萍公司逐渐在金融和市场上依附于日本，并丧失独立性与自主管理权。日本积极介入汉冶萍公司不仅是为了获得铁矿资源，更是为了扩大在中国的势力范围。

关键词：汉冶萍 日本 列强 博弈

在汉冶萍公司发展史上，日本因素影响巨大。日本通过借款附加条件，事实上掌控了汉冶萍公司的"命脉"，使汉冶萍公司逐渐陷入依附地位，丧失自主权，这也成为汉冶萍公司失败的重要原因。学术界以往的研究，对汉冶萍公司向日本借款、中日合办汉冶萍公司等问题关注较多。①

---

* 本文为国家社会科学基金重大项目"汉冶萍档案文献的搜集整理与研究"（项目编号：14ZDB044）阶段性成果。

** 郭云波，男，山西晋城人，湖北大学历史文化学院博士研究生，研究方向为经济史；雷平，男，湖北武汉人，湖北大学历史文化学院教授，研究方向为经济史。

① 相关研究有代鲁《汉冶萍公司所借日债补论》，《历史研究》1984 年第 3 期；代鲁《从汉冶萍公司与日本的经济交往看国家近代化的政治前提》，《中国经济史研究》1988 年第 4 期；朱英、许龙生《汉冶萍公司与日本债务关系之双向考察》，《江汉论坛》2016 年第 9 期；左世元、刘小畅《论抗战前日本对汉冶萍公司铁矿石和生铁的掠夺》，《湖北理工学院学报》（人文社会科学版）2017 年第 5 期；左世元《中日合办汉冶萍公司案新探》，《湖北大学学报》（哲学社会科学版）2016 年第 4 期；车维汉《日本帝国主义侵略汉冶萍公司述论》，《日本研究》1989 年第 2 期；等等。

但尚有另一面，汉冶萍公司自诞生之日起即受列强关注，德、英、美列强都不同程度地染指。但日本通过排斥其他列强，独占了对汉冶萍公司的借款权。这一过程颇为曲折，但也正因其曲折而体现了日本的处心积虑。本文围绕日本在汉冶萍公司与诸列强之博弈，到逐渐独占汉冶萍公司的外债借款权，分析日本介入汉冶萍公司对汉冶萍公司的影响，以及日本的政治目的。

一 在借款权中排斥德国

德国是最早深入汉冶萍公司内部的列强，汉冶萍公司早期有大量德籍工程技术人员，德国给汉冶萍公司借款也较早。1899 年，德国礼和洋行向盛宣怀提供了 400 万马克的借款，用于开发萍乡煤矿，这是汉冶萍公司第一次举借外债。在此背景下，日本要想介入汉冶萍公司就势必会与德国发生博弈。

日本是一个铁矿资源匮乏的国家，自 1897 年创办八幡制铁所后，就积极寻找铁矿资源。1899 年，盛宣怀与日本签订《煤铁互售合同》后，日本政府确立了对大冶铁矿的方针，"使其与我制铁所关系更加巩固"[1]。1900 年，日船"饱浦丸"第一次来大冶装运矿石 1600 吨，德国对此感到惊愕，将驻汉口领事免职，并派出军舰示威。[2] 德国为维护自身利益，欲向汉阳铁厂提供借款。而盛宣怀自接办汉阳铁厂以来，就一直在为铁厂筹措资金，在招股不成的情况下，借外债成为其唯一选择。日本也欲通过借款的方式控制大冶铁矿。大冶铁矿总办解茂承由于参加过甲午战争，内心痛恨日本，因而主张不向日本借款，"日本有欲贷香帅四百万两，要求以冶矿作抵之说，无论是否果确，既有所闻，未敢缄默。盖以日人诡谲，中国为其甘言所惑历历可数，今以所闻两节，关系大局甚重，务乞我宪万万著意。若非察机先破其阴谋，深恐事后受其无限之牵制"[3]。日德之间围绕借

---

① 《日外务大臣小村致驻上海总领事小田切第十二号机密函》（1903 年 3 月 10 日），载武汉大学经济系编《旧中国汉冶萍公司与日本关系史料选辑》，上海人民出版社，1985，第 44～45 页。

② 白岩竜平『列国競争の焦点地揚子江沿岸』、富山房、1916、第 69 頁。

③ 《解茂承致盛宣怀密函》（1901 年 11 月 14 日），载陈旭麓等主编《盛宣怀档案资料选辑之四·汉冶萍公司》第 2 册，上海人民出版社，1986，第 259 页。

款权展开竞争。

1902年底，盛宣怀同日本开展借款谈判。1903年初，日本驻沪领事小田切探知盛宣怀同时也在与德、比两国商谈借款事宜，向日本外务大臣小村做了报告："细查盛宣怀谈话口吻，关于借款一事，似乎还正在同德、比两国进行交涉，至于同该两国之协商，究竟达到何种程度，因盛已去京，一切均不明瞭。根据盛氏习性，如遇类似本件情况，常是向多方面进行交涉，而从中选择对自己提出最有利条件之对方订立合同。"① 小田切提醒小村，对此事应特加注意，并建议日本驻北京公使监视盛宣怀行动，要其见机再次同盛宣怀进行交涉。之后，日本驻中国公使内田同盛宣怀进行了接洽，盛宣怀回复："虽尚有其他两种办法（按：可能指向德、比借款），但在同贵国进行交涉以前，已令暂行中止。"② 然而，中日借款谈判仍未有实质进展。

由于中日借款谈判进展缓慢，日本政府对盛宣怀向德国借款之事极为重视，甚至有几分紧张。6月17日，小田切致外务大臣小村："上述大冶借款一事，钧训指示甚详，德商已提出贷款申请，据盛自言，已甚明白。因此，本总领事当尽可能予以注意，同时，力谋交涉之进行。"③ 为了让日本获得借款之权力，小田切提出给予盛宣怀私人利益："视谈判情况如何，有必要对盛氏诱之以利。原来大冶矿山系汉阳铁厂之一部分，据闻该铁厂除盛本人有若干股份外，外省和别人投入资本亦不少，在某种场合，如盛本人有独占利益时，亦可能不顾资本家全体利益而果断行事。"④

一个月后，小田切打探到德国方面有向盛宣怀提供四百万两借款的消息。萍乡煤矿德国工程师接德国密旨，劝说盛宣怀勿与日本借款。德人说辞有二：第一，日本矿石运输船舶以低廉的运费运日煤来汉，致使萍煤销路大受妨碍；第二，日本借款矿石买卖合同时间太长，对汉阳铁厂不利。德人如此说法，显然是为了促使盛宣怀向德国借款。为了应对德国的竞

---

① 《日驻上海总领事小田切复外务大臣小村第四十号机密函》（1903年3月27日），载武汉大学经济系编《旧中国汉冶萍公司与日本关系史料选辑》，第48页。

② 《日驻中国公使内田致外务大臣小村第七十五号机密函》（1903年6月4日），载武汉大学经济系编《旧中国汉冶萍公司与日本关系史料选辑》，第51页。

③ 《日驻上海总领事小田切致外务大臣小村机密第七十二号函》（1903年6月17日），载武汉大学经济系编《旧中国汉冶萍公司与日本关系史料选辑》，第53页。

④ 《日驻上海总领事小田切致外务大臣小村机密第七十二号函》（1903年6月17日），载武汉大学经济系编《旧中国汉冶萍公司与日本关系史料选辑》，第53页。

争，小田切建议："鉴于彼等活动，颇为活跃，我方亦应详悉其中内情，谋求以放宽条件缔结本协定。"①

1903 年 10 月，小田切先后两次致电日本外务大臣小村，向其说明由于德国的竞争，日本在与盛宣怀谈判中常常处于不利地位，"本件商议进展之所以迟缓……由于德国竞争，在讨价还价时，动辄陷入不利地位……本总领事原拟将借款问题全面提出，望与对方进行交涉，取得有利之结果；惟据密传，德方活动，目前似尚在继续，以致尚未遇到机会，实感遗憾"②，"萍乡煤矿德国工程师，以该地所产煤斤销路之所以欠佳，系由于制铁所搬运矿石轮船以低廉运费，输入我方煤斤之故，是以曾向盛宣怀条陈意见，主张应尽可能减少运输矿石轮船来回次数。德国资本家利用德国工程师条陈，曾巧言向盛宣怀交涉，力陈借入日本资金，增加矿石销售额时，则将增加运费低廉之日煤输入，侵害萍乡煤业利益，从而主张应借用德国资金"③。

在商定草合同时，日方提出借款 300 万日元，年息 6 厘，每年最少运矿 6 万吨，而每吨矿石 3 元。汉阳铁政局每年 18 万元的售矿收入仅够偿还借款利息，而不能偿还本金。湖广总督张之洞作为汉阳铁厂的创办者，即使在盛宣怀接办铁厂后，对铁厂仍有很大的话语权。1903 年，张之洞应召入觐，在得知草合同内容后，其致电盛宣怀，认为"其价仅敷还息，永远负累，是以敝处坚持以为不可"④，对最低售矿数量表示反对。在有德国竞争与张之洞反对的情况下，日本做出了一定让步，在正式合同签订时每年最少运矿定为 7 万吨，足以抵偿 300 万借款每年 6 厘的利息及偿还部分本金。直到 1904 年正式合同签订，日本才放下心来。在以后的借款中，日本也时刻提防着德国的介入。1905 年，汉阳铁厂、萍乡煤矿与日商大仓组商洽借款事宜，日本政府鼓励大仓组接受盛宣怀的要求，因其担心"设我国

① 《日驻上海总领事小田切致外务大臣小村第八十九号机密函·大冶借款條件二關スル盛宣懷ノ對案二付請訓ノ件》（1903 年 7 月 18 日），载日本外务省编《日本外交文书》第 36 卷第 2 册，日本国际联合协会，1957，第 210 页。
② 《日驻上海总领事小田切致外务大臣小村第一二八号机密函·大冶借款條件二關スル九月二十九日及十月二日ノ交涉報告ノ件》（1903 年 10 月 2 日），载日本外务省编《日本外交文书》第 36 卷第 2 册，第 243 页。
③ 《日驻上海总领事小田切致外务大臣小村第一三一号机密函·大冶借款二關スル十月四日會商ノ状況報告ノ件》（1903 年 10 月 5 日），载日本外务省编《日本外交文书》第 36 卷第 2 册，第 249 页。
④ 《致外务部、上海盛大臣、武昌端署制台》（1903 年 12 月 27 日），载苑书义等主编《张之洞全集》第 11 册，河北人民出版社，1998，第 9115 页。

无人接受，势必会由德国资本家贷与，因此，如大仓尚在踌躇，即请敦劝其他资本家玉成其事"①。

除了争夺借款权，日本还把让汉冶萍公司聘用日本技师作为其侵夺大冶铁矿的重要手段。1898年7月，小田切向盛宣怀推荐日本矿师大日方一辅，盛宣怀被迫以高达每月400英洋的月薪聘用大日方一辅。此时，汉阳铁厂洋员斐礼因所管各处工程烦冗，无法兼顾马鞍山煤矿，因而盛宣怀派大日方一辅专管马鞍山矿务。②小田切见未能将大日方一辅安插进大冶铁矿，到了12月，又提出"中国铁政局聘请日本矿师及帮手若干名，管理开采事宜"③。汉阳铁厂及大冶铁矿在创办初期，大多聘用德国技术人员，日本人员的技术能力在德国人员之下，薪水又高，因此盛宣怀并未同意。为此，日本将聘用日本人员作为借款条件之一。

1903年8月25日，小田切致外务大臣小村："大冶借款事件交涉之始末，曾于本月8日机密第101号及13日机密第104号函中，备呈详情。其后，盛宣怀同驻大冶德国技师及铁厂总办某人商谈后，情况为之一变。"④小田切这里所说的"一变"指的是盛宣怀不愿聘用日人工程师，在与日本谈判过程中，提出删除聘用日本工程师的相关条款。这是其与德国技师商量后的结果，也可以看出德国技师不愿日本工程师分化其权力。而盛宣怀不愿聘用日人应是为保护汉阳铁厂的人事权，因此提出"所有采矿工程及转运修理各事，一切仍照旧章办理。即所用工程师等，亦仍归冶局自行遴聘"⑤。

但是小田切对此表示极力反对，认为"此条可认为与其说是修正案，毋宁说是新规定条款"⑥，并以聘用日本工程师作为借款的必要条件。盛宣

---

① 《日驻汉口领事永泷致外务大臣小村第十五号机密函·漢陽鐵政局ノ事業狀況竝大倉組ニ對スル借款申込ノ件》（1905年5月24日），载日本外务省编《日本外交文书》第38卷第2册，日本国际联合协会，1958，第201页。

② 《盛宣怀致斐礼函》（1898年7月28日），载陈旭麓等主编《盛宣怀档案资料选辑之四·汉冶萍公司》第2册，第44页。

③ 《小田切万寿之助致盛宣怀函》（1898年12月3日），载陈旭麓等主编《盛宣怀档案资料选辑之四·汉冶萍公司》第2册，第71页。

④ 《日驻上海总领事小田切致外务大臣小村第一一二号机密函》（1903年8月25日），载武汉大学经济系编《旧中国汉冶萍公司与日本关系史料选辑》，第59页。

⑤ 《日驻上海总领事小田切致外务大臣小村第一一二号机密函》（1903年8月25日），载武汉大学经济系编《旧中国汉冶萍公司与日本关系史料选辑》，第59页。

⑥ 《日驻上海总领事小田切致外务大臣小村第一一二号机密函》（1903年8月25日），载武汉大学经济系编《旧中国汉冶萍公司与日本关系史料选辑》，第59页。

怀认为聘用外国工程师应由大冶矿局决定，并担忧不同国家的工程师互生嫌隙，使铁厂事务陷入停顿。在日方答应日本矿师归总矿师节制调度后，盛宣怀同意聘用日人，但限定人数为一名。日方觉得一名已足够，并未反对。最终，1904 年 1 月 15 日签订的《大冶购运矿石预借矿价正合同》规定："聘用日本矿师在取矿之山，归督办大臣节制，俟督办大臣聘用不论何国之总矿师时，该日本矿师即应遵从督办大臣之命令，归总矿师调度。"① 这是日本向大冶铁矿渗透工程师的开端，为日本掠夺大冶铁矿提供了便利。

1905 年，汉阳铁厂与萍乡煤矿准备再次向日借款。日方欲利用借款获得汉阳铁政局的管理权。8 月 2 日，日本外务大臣桂太郎致电大藏省大臣曾祢，提出"上述两矿（大冶铁矿与萍乡煤矿）之经营以及汉阳铁政局和兵器局之经营，必须以聘用本邦技师负责业务为条件，提供资金，其管理权亦须归于本邦"②。9 月 15 日，汉口总领事致电桂太郎，指出聘用日本技师颇有难度，原因在于汉阳铁政局已聘有德国人，"铁政局一时虽曾解雇所有外人，但为了购买钢铁制造机器，去年现任总办李赴欧时，又曾雇来德国人四名。听其口气，似乎相信在钢铁事业上，中国甚至亦比日本有一技之长，因而经常赞赏德国技术。德国人亦毫不贪图过高之俸给，如此次雇用之技师，其待遇每月五十镑为最高额。在此情况下，聘用我国技师，甚为困难"③。9 月 30 日，桂太郎只好指示日驻汉口领事永泷："预约在德国工程师期满时，应聘任日本人为工程师。"④ 1910 年春，经西泽公雄在北京与盛宣怀协商，解聘驻大冶德国技师一人。最终，汉冶萍公司在 1913 年同日本正金银行签订 1500 万元大借款合同时，同时签订《最高顾问工程师合同》与《最高会计顾问合同》，此时的日本已不再是要汉冶萍公司聘用一般的工程技术人员，而是最高顾问工程师和最高会计顾问，可见，其欲在工程技术与财务上掌控汉冶萍公司。

---

① 《大冶购运矿石预借矿价正合同》（1904 年 1 月 15 日），载陈旭麓等主编《盛宣怀档案资料选辑之四·汉冶萍公司》第 2 册，第 387 页。

② 《日临时兼任外务大臣桂太郎致大藏大臣曾祢第一一二号机密函·漢口鐵政局及萍鄉炭山借款ノ件》（1905 年 8 月 2 日），载日本外务省编《日本外交文书》第 38 卷第 2 册，第 207 页。

③ 《日驻汉口总领事永泷致临时兼任外务大臣桂太郎第二十六号机密函》（1905 年 9 月 15 日），载武汉大学经济系编《旧中国汉冶萍公司与日本关系史料选辑》，第 129 页。

④ 《日临时兼外务大臣桂太郎致驻汉口总领事永泷第一号、第二号电》（1905 年 9 月 30 日），载武汉大学经济系编《旧中国汉冶萍公司与日本关系史料选辑》，第 130 页。

一战开始后，德国忙于欧战，德籍工程人员合同到期，德国基本上退出了汉冶萍公司，日本在汉冶萍公司没有了最大的竞争对手。德国的退出，使日本成功垄断了汉冶萍公司的借款权与外籍职员的聘用。

二　阻止汉冶萍公司与美国的合作

盛宣怀很早就想拓宽汉阳铁厂的产品销路。1903年，盛氏在与日本商谈借款时，曾提出"贵国制铁所只是购运矿石原料，如运送改由大冶铁厂铸成铁块，则运费亦可节省"①。但这一提议遭到了日本的拒绝。六年后，盛宣怀认为"然日本巧滑，必须从美入手；马［尔］敦浮夸，必须从大来入手"②，于是盛宣怀决定与美国大来洋行商谈销售铁矿石与生铁事宜。1910年3月，汉冶萍公司与美国西雅图西方钢铁公司、美国大来洋行订立生铁买卖合同，美国西雅图西方钢铁公司每年至少向汉冶萍公司购买36000吨生铁，至多72000吨，合同订立七年半。

合同签订后，为防止日人干涉，大冶铁矿总办王锡绂向盛宣怀建议"已订合同，矿石暂不宣布"③。但日本东京《朝日新闻》不久便登载汉冶萍公司与美国西雅图西方钢铁公司订立合同的消息。3月25日，日本大藏省次官若槻礼次郎向外务省次官石井菊次郎询问："此事实际上是否系中国方面以铁矿作担保进行借款？因我国对汉冶萍公司有种种借款关系，此际关于新合同之内容，亟须了解。"④

4月12日，西泽公雄来电向汉冶萍公司协理李维格询问："冶人议论纷纷，有美国船来冶装矿。惟狮子山矿系敝国担保，供应汉厂敝制铁所已恐不敷，拟奉商停运，专留敝国二十余年之需用。如美轮来运，实与合同不符，事关大局，是否谣传？"⑤

---

① 《日驻中国公使内田致外务大臣小村第七十五号机密函》（1903年6月4日），载武汉大学经济系编《旧中国汉冶萍公司与日本关系史料选辑》，第51页。
② 《盛宣怀致李维格函》（1909年11月15日），载陈旭麓等主编《盛宣怀档案资料选辑之四·汉冶萍公司》第3册，上海人民出版社，2004，第113页。
③ 《大冶王道去电》（1910年3月24日），载陈旭麓等主编《盛宣怀档案资料选辑之四·汉冶萍公司》第3册，第1192页。
④ 《日大藏省次官若槻礼次郎致外务省次官石井菊次郎官房密乙第四〇八号公函》（1910年3月25日），载武汉大学经济系编《旧中国汉冶萍公司与日本关系史料选辑》，第157页。
⑤ 《大冶西泽来电》（1910年4月12日），载陈旭麓等主编《盛宣怀档案资料选辑之四·汉冶萍公司》第3册，第1199页。

汉冶萍公司为避免与日本发生纠纷，且顺利售矿于美，主要从两方面着手。第一，与日本交涉，向其阐明中美合同不会影响汉冶萍公司对日本的矿石供给，大冶铁矿总办王锡绶回复西泽公雄："尊处按年所需，决不相妨。即于狮子山毫不相涉。"① 汉冶萍公司有权出售矿石与美，日本无权干涉。盛宣怀在《日本购大冶矿石合同释义》中强调："只说不得卖与中国地方有洋股之铁厂，并未明外国地方全系外人资本之铁厂亦不另卖。"② 第二，另开一处矿山售美，王锡绶主张："美矿与东约毫无关碍，但能另开一路更好。"③

西泽公雄一再向汉冶萍公司强调，狮子山是日本之担保品，公司不能出售于他国。甚至连公司提出的以其他矿山售于美国，西泽也不同意："即令美国贩卖之矿石，系从其他矿山采掘，亦不得不利用大冶铁路进行搬运，为此向其提出警告，再慎重考虑。"④

1910 年 4 月，西泽公雄两次致电八幡制铁所长官中村雄次郎，向其陈述汉冶萍公司售矿于美对日本之巨大威胁："今见美国之入侵，知列强对扬子江野心之大，我国人之警觉，更亟须提高。"⑤ 可见，西泽注意的不仅是美国购买大冶铁矿的矿石，更担心美国在长江流域扩张势力范围，并提醒中村"中国当局弄虚作假，一旦将狮子山之铁矿运至汉阳，再用美国船只装载运出，表面上并无损于我国之利权，然事实上则已达到矿山贩卖之目的。对此，将来必须特别警惕"⑥。在给中村的报告中，西泽公雄甚至提出狮子山铁矿连汉阳铁厂也不能使用，"把作为担保品的狮子山之矿石供应汉阳，则将来二十多年间我国制铁所用之原料，将有陷于枯竭之虞。因此，鄙意认为，亟须利用此时机，使该矿山成为我国专用，中止

---

① 《王锡绶致西泽公雄》（1910 年 4 月 16 日），《漢冶萍煤鉄公司借款關係雜件》第 2 卷第 1 册，JACAR 亚洲历史资料中心（アシア歴史資料センター），Ref. B04010786800，第 37 页。

② 《日本购大冶矿石合同释义》，《漢冶萍煤鉄公司借款關係雜件》第 2 卷第 1 册，JACAR 亚洲历史资料中心（アシア歴史資料センター），Ref. B04010786800，第 39 页。

③ 《大冶王道去电》（1910 年 4 月 16 日），载陈旭麓等主编《盛宣怀档案资料选辑之四·汉冶萍公司》第 3 册，第 1204 页。

④ 《日驻大冶技师西泽致制铁所长官中村函》（1910 年 4 月 17 日），载日本外务省编《日本外交文书》第 43 卷第 2 册，日本国际联合协会，1961，第 13 页。

⑤ 《日驻大冶技师西泽致制铁所长官中村函》（1910 年 4 月 14 日），载日本外务省编《日本外交文书》第 43 卷第 2 册，第 12 页。

⑥ 《日驻大冶技师西泽致制铁所长官中村函》（1910 年 4 月 14 日），载日本外务省编《日本外交文书》第 43 卷第 2 册，第 12 页。

对汉阳铁厂之供应"①。

关于此事，6月3日，日本农商务大臣小松原做出决定："铁厂此次所为，极为不当，但我方采取宽大处理，只责其不当。至于美中合同，则应予承认"②。日本无奈承认了中美合同，可见，此时的日本在与传统列强博弈时还无法做出强有力的回击。但日方很快就做出了应对之策。八幡制铁所长官中村雄次郎于1910年秋访华，与汉冶萍公司签订购买生铁合同，每年购买15000吨。并且，中村希望汉冶萍公司今后所产生铁及矿石，除中国及汉冶萍公司自用外，如再有多余，"当先尽问敝所愿否购买。如不愿再购，贵公司即售与他人"③。可见，这是在被迫承认汉冶萍公司售生铁和矿石与美国后日本做出的回应，以避免汉冶萍公司今后再与他处发生关系。

日本不仅阻止汉冶萍公司同美国合作，还干涉湖北官矿公署与美国的合作。1916年，汉冶萍公司自有铁山已不足以供应汉阳铁厂及日本，于是向湖北省政府呈请开采湖北官有矿山。日本积极帮助汉冶萍公司获得象鼻山等处的开采权，而湖北省政府欲自办矿山。1918年，湖北省政府与美国慎昌洋行商谈象鼻山运矿铁路订购美国铁轨事宜。日本得知这一消息后，"力求阻止湖北方面与慎昌洋行之间成立合同"④。日本驻北京大使馆参赞船津向湖北督军王占元探询此事与慎昌洋行的关系，王占元只说已开始交涉，但尚未确定。最终，日本未能阻止湖北省政府购买美国铁轨。但日本故技重施，在象鼻山铁矿投产后，积极购买象鼻山铁矿，使象鼻山铁矿在销售上极度依赖日本市场。

20世纪30年代，美国发生经济危机，钢铁业极其萧条，因此打算投资中国钢铁业，"至少对失业救济亦有好处"⑤。美国国务院霍白克认为汉

---

① 《日驻大冶技师西泽致制铁所长官中村函》（1910年4月17日），载日本外务省编《日本外交文书》第43卷第2册，第14页。

② 《日农商务大臣小松原致外务大臣小村》（1910年6月3日），载武汉大学经济系编《旧中国汉冶萍公司与日本关系史料选辑》，第166页。

③ 《中村雄次郎致汉冶萍公司函》（1910年11月7日），载陈旭麓等主编《盛宣怀档案资料选辑之四·汉冶萍公司》第3册，第157页。

④ 《日外务大臣内田康哉致驻中国公使林权助第六三八号密电》（1918年8月14日），载武汉大学经济系编《旧中国汉冶萍公司与日本关系史料选辑》，第755页。

⑤ 《日外务大臣广田弘毅致驻中国使馆参事官若松第三十三号密电》（1935年1月18日），载武汉大学经济系编《旧中国汉冶萍公司与日本关系史料选辑》，第1071页。

冶萍公司近年来并未给日本带来利益，借款反而成为死钱，美国投资亦可使日本获利。1935 年，美国派出远东考察团，其使命之一就是与日本商谈美日在汉冶萍公司上的合作问题。日本方面担心"美国方面出我不意地对中国投资问题与日本争先之虞"①，且日本与汉冶萍公司的关系不仅仅在美国方面认为的借款偿还问题，更与日本制铁业之国策紧密相关，日本认为合作事宜"不必再行探谈"②。日本再次阻止了美国插手汉冶萍公司。

30 年间，日本多次成功阻止了汉冶萍公司同美国的合作，汉冶萍公司失去了开拓更大海外市场的机会，从而逐渐依赖日本市场，最终沦为日本的原料来源地。

三　争取英国默认日本在长江流域之利权

1898 年，盛宣怀正在为汉阳铁政局与萍乡煤矿筹集资金，准备向外借款。英、比两国已在日本之前与盛宣怀展开借款谈判。英国借款条件为：借款 50 万英镑，利息 5 厘，接管汉阳铁政局管理权，技师全用英国人，营业纯利润分得十分之三，偿还期限极长。比利时郭格里尔公司条件为贷款400 万法郎，年利 7 厘，纯利润分配十分之四，企业如未获利，其亏损额该国负担十分之四，其他条件与英国大体相同。

小田切在获知这一消息后，于 12 月 18 日致电外务次官都筑："近来我国制铁所与汉阳铁政局和大冶矿山关系，日渐密切。因此，我相信此际由我国提供此项资金，将铁政局和大冶铁矿管理权掌握到我国手中，实属极为必要之事。"③ 日方并同盛宣怀拟定了一个初步合同：贷款额 200 万两，利息 5 厘，偿还期限 10 年，汉阳铁政局和大冶铁矿等的必要管理人员，由日人担任，技师之聘任解雇，由管理人员决定，但不能专用一国人员。关于纯利润分配，多少要比英、比两国条件对中国有利，即贷款人分得四分之一。

---

① 《日外务大臣广田致驻中国使馆参事官若松第六十一号密电》（1935 年 1 月 25 日），载武汉大学经济系编《旧中国汉冶萍公司与日本关系史料选辑》，第 1075 页。
② 《日外务大臣广田致驻中国使馆参事官若松第四十二号密电》（1935 年 1 月 21 日），载武汉大学经济系编《旧中国汉冶萍公司与日本关系史料选辑》，第 1075 页。
③ 《日驻上海总领事小田切致外务次官都筑第六十七号机密电·鐵政局督辦盛宣懷ヨリ銀貳百萬ヲ日本ヨリ借入方相談ノ墨樣並ニ意見具申之件》（1898 年 12 月 18 日），载日本外务省编《日本外交文书》第 31 卷第 1 册，日本国际联合协会，1954，第 653 页。

英国商人离开汉口后，比利时商人仍在积极催促盛宣怀，试图签订合同。小田切要求盛宣怀在与英、比达成协议之前，将情况告知他本人。其时他正在向日本政府陈述借款予汉阳铁政局的好处："第一，有运出我国焦煤，而回运矿石生铁之利；第二，有在中国扶植我国势力之利；第三，有东方制铁事业由我国一手掌握之利；第四，有使中日两国关系密切之利。……鉴于我国社会经济现状，如资本家自己不愿投资，则希望帝国政府予以相当援助，使其提供资金，以不失大好机会。总之，本领事认为，使汉阳铁政局成为我国制铁所之合作者，甚为有利；并确信欲尽合作者责任，全在乎供给资金。"① 但日本农商务大臣曾祢认为："若不事先对铁政局事业及大冶铁矿实况进行调查，则难以做出任何决定。"②

同时，日本政府认为："铁政局和大冶铁矿所在地，系沿长江两岸，此乃英国视为其势力范围内之土地。因此，在通商贸易方面，即使英国采取开放主义，也难免发生日本是否企图借此合同在铁政局和大冶铁矿上实行专权之误解，从而引起不满。"③ 为避免英国的不满，小田切与盛宣怀的谈判都是秘密进行的。但是日本英文报纸《神户记事报》登载了汉阳铁政局将归日本政府监督的电文，此事引起日本政府注意，日外务大臣青木要求小田切在"不引起他人注意情况下，使谈判达成协议"④。

在日本政府敦劝下，日本资本家"终无应者"⑤，日本上海正金银行又未收到总行命令，未能立即同盛宣怀展开谈判，日本同盛宣怀的谈判陷于搁置。

1902 年，日英建立同盟关系，英国甚少干预日本在汉冶萍公司的利权。直至 1914 年一战爆发后，日本欲独占在华之利权，于 12 月向北洋政

---

① 《日驻上海总领事小田切致外务次官都筑第六十七号机密电·鐵政局督辦盛宣懷ヨリ銀貳百萬ヲ日本ヨリ借入方相談ノ墨樣並ニ意見具申之件》（1898 年 12 月 18 日），载日本外务省编《日本外交文书》第 31 卷第 1 册，第 654 页。
② 《日农商务大臣曾祢复外务大臣青木第一五二四号函·漢陽鐵政局盛督辦ノ資金借入ニ付回答ノ件》（1898 年 12 月 28 日），载日本外务省编《日本外交文书》第 31 卷第 1 册，第 658 页。
③ 《日外务大臣青木致驻上海代理总领事小田切第五号机密函》（1899 年 3 月 14 日），载武汉大学经济系编《旧中国汉冶萍公司与日本关系史料选辑》，第 33~34 页。
④ 《日外务大臣青木致驻上海代理总领事小田切第五号机密函》（1899 年 3 月 14 日），载武汉大学经济系编《旧中国汉冶萍公司与日本关系史料选辑》，第 34 页。
⑤ 《日外务大臣青木致驻上海代理总领事小田切第五号机密函》（1899 年 3 月 14 日），载武汉大学经济系编《旧中国汉冶萍公司与日本关系史料选辑》，第 36 页。

府提出"二十一条"要求。其中第三号涉及汉冶萍公司，具体内容如下：

  第一款 两缔约国互相约定，俟将来相当机会，将汉冶萍公司作为两国合办事业；并允，如未经日本国政府之同意，所有属于该公司一切权利、产业，中国政府不得自行处分，亦不得使该公司任意处分。

  第二款 中国政府允准，所有属于汉冶萍公司各矿之附近矿山，如未经该公司同意，一概不准该公司以外之人开采；并允此外凡欲措办无论直接间接对该公司恐有影响之举，必须先经公司同意。①

由于汉冶萍公司地处长江流域，第二款规定的公司各矿附近矿山，必然在长江流域，这就与英国的势力范围发生冲突，1915 年 2 月 19 日，日本外务大臣加藤令驻英大使井上向《泰晤士报》主编秘密说明日方希求之内容为汉冶萍公司所属矿山，而非长江流域全部矿山。此时，中日双方曾就汉冶萍公司问题交换意见，但"因牵涉英国权利无所解决"②。北洋政府也利用此条款关涉长江利益问题，与中英条约有所抵触，主张"此项问题既关系英国在长江之利益，如不得英国之同意，绝不能轻率承认"③。4 月 15 日，英国驻日大使同日本外务省会谈"二十一条"，日方做出保证"无视贵政府正当获得之利权，自为帝国政府所不为"④。

1915 年 5 月 25 日中日双方汉冶萍公司事项换文中，条款改为："中国政府因日本国资本家与汉冶萍公司有密接之关系，如将来该公司与日本资本家商定合办时可即允准；又，不将该公司充公；又，无日本国资本家之同意，不将该公司归为国有；又，不使该公司借用日本国以外之外国资本。"⑤ 可见在英国的干涉与中国人民的反对下，日本放弃了对汉冶萍公司各矿附近之矿山的要求。

---

① 《加藤致日置益训令及对中国"二十一条"要求》(1914 年 12 月 3 日)，载湖北省档案馆编《汉冶萍公司档案史料选编》上册，中国社会科学出版社，1992，第 367 页。

② 《特约路透电》，《申报》1915 年 3 月 31 日，第 2 版。

③ 《中日交涉之京华近讯》，《申报》1915 年 4 月 1 日，第 6 版。

④ 《英驻日大使到外务省谈话要点》(1915 年 4 月 25 日)，载武汉大学经济系编《旧中国汉冶萍公司与日本关系史料选辑》，第 562 页。

⑤ 《汉冶萍事项之换文》(1915 年 5 月 25 日)，载湖北省档案馆编《汉冶萍公司档案史料选编》上册，第 372 页。

日本能够获得在长江流域的汉冶萍公司利权，得益于英日同盟的建立，且英国未将注意力放在汉冶萍公司上，日本又尽量不与英国发生冲突。

四 日本"掌握铁矿命脉"的历史影响

1913 年 12 月，汉冶萍公司与日本签订 1500 万日元大借款合同，日人认为此合同使日本"实际上掌握了铁矿的命脉"①。从此，日本切断了汉冶萍公司与其他国家之间的联系。这不仅加深了汉冶萍公司与日本的关系，日本借款附加的经济与政治条件更是深深影响了汉冶萍公司的发展轨迹。

第一，汉冶萍公司丧失了外债的选择权。在日本独占汉冶萍公司前，汉冶萍公司曾先后向德、英、法、俄等国银行借款，而在日本独占汉冶萍公司后，汉冶萍公司只能向日本借款。早在 1911 年，汉冶萍公司与日本横滨正金银行签订草合同《预借生铁价值续合同》，其中第五款规定"此借款并无抵押，但公司亦不将公司所有汉阳、大冶两处现在及将来一切产业抵押他外国借款。如将来欲将此汉、冶两处产业抵押借款，须先尽银行"②，这是日方以合同的方式获得汉冶萍公司借款权的开端。不久，辛亥革命爆发，合同未正式签字生效。

日本为在正式文本中确立借款优先权，在 1913 年 12 月汉冶萍公司与横滨正金银行《九百万扩充工程借款合同》第九款中规定："公司如欲由中国以外之银行、资本家等商借款项及其他通融资金之时，必须先尽向银行商借。如银行不能商借，公司可以另行筹措。"③ 从此，汉冶萍公司不仅丧失了借款选择权，也失去了在借款谈判中讨价还价的权利。晚清时期的借款，由于有其他国家的竞争，日本与汉冶萍公司的借款谈判往往时间很长，但进入民国后，汉冶萍公司丧失了在借款中的主动权。在无法获得中国政府资金上的支持与国内招股不顺的情况下，借外债便是其唯一选择。但是，日本在独占汉冶萍公司后，便失去了为汉冶萍公司提供借款的积极

---

① 东哲也、邓红译注《〈朝日新闻〉武汉会战报道汇编》第 3 册，武汉出版社，2012，第 211 页。

② 《汉冶萍公司向横滨正金银行预借生铁价值续合同》（1911 年 5 月 1 日），载陈旭麓等主编《盛宣怀档案资料选辑之四·汉冶萍公司》第 3 册，第 174 页。

③ 《甲合同》（1913 年 12 月 2 日），载湖北省档案馆编《汉冶萍公司档案史料选编》上册，第 350 页。

性。在关乎汉冶萍公司生死存亡的 20 世纪 20 年代，日本虽先后为汉冶萍公司提供了总计 1050 万日元的借款，但这并不足以令汉冶萍公司得到发展，只能维持着汉冶萍公司的基本运转。

第二，汉冶萍公司逐渐丧失了产品的定价权与出售数量的权力。在 1903 年盛宣怀与日本兴业银行签订 300 万日元借款合同时，在谈判过程中每年最低卖矿量尚能从 6 万吨增加到 7 万吨。1913 年汉冶萍公司与日本签订的 1500 万日元大借款的合同中规定汉冶萍公司 40 年内售与日本 1500 万吨铁矿石及 800 万吨生铁，但并未规定每年铁矿石与生铁的具体销售数量。由于一战影响，汉冶萍公司所购英、德等国机器迟迟不到，汉阳铁厂与大冶铁矿未能如期得到扩建。1916 年，汉冶萍公司大冶铁厂厂长李维格（曾任汉冶萍公司经理）东渡日本，与日方商谈每年售铁矿石与生铁的数量及价格。李维格希望能暂时少交矿石与生铁，并提高价格。而日本由于欧战影响，铁价上涨，于是第三次扩建八幡制铁所，日方希望"少购生铁，多用矿石"[1]。对于汉冶萍公司减少矿石销售的要求，制铁所长官押川直言："矿石亦要减少，殊不可能，岂欲限止敝处所出铁乎？"[2] 最终，日方并未同意减少出售矿石，只将矿石与生铁价格略为提升。

第三，汉冶萍公司管理权逐渐被日本侵夺。1899 年盛宣怀与日本签订《煤铁互售合同》，其中第六条规定："日本制铁所拣派委员二三名常驻石灰窑、铁山两处。"[3] 1900 年，日本制铁所派西泽公雄驻大冶，其职责名为经办购买矿石，实为监视大冶铁矿。在以后历次借款中，日本又积极派人进入汉冶萍公司。1913 年 12 月汉冶萍公司与日本签订 1500 万元借款合同，其附属条件有汉冶萍公司聘用日本最高顾问工程师及会计顾问。按合同规定："公司于一切营作改良修理工程及购办机器等事，应允与前款所载最高顾问工程师协议而实行"，"公司一切出入款项，应允与会计顾问协议而实行。"[4] 1925 年，汉阳铁厂停炉后，日本着手汉冶萍公司善后事宜。

---

① 《李维格致李经芳函》（1916 年 12 月 9 日），载湖北省档案馆编《汉冶萍公司档案史料选编》下册，中国社会科学出版社，1994，第 107 页。

② 《李维格致李经芳函》（1916 年 12 月 9 日），载湖北省档案馆编《汉冶萍公司档案史料选编》下册，第 108 页。

③ 《汉阳铁政局与日本制铁所互易煤铁合同》（1898 年 4 月 7 日），载陈旭麓等主编《盛宣怀档案资料选辑之四·汉冶萍公司》第 2 册，第 94 页。

④ 《别合同》（1913 年 12 月 2 日），载湖北省档案馆编《汉冶萍公司档案史料选编》上册，第 352 页。

次年4月，日本商工、大藏等省召开第一次"汉冶萍善后会议"，商工大臣片冈提出："该公司收支不能相抵的原因在于技术与经营之拙劣，今后改良方针应为技术与经理之实权委之于日方顾问。"[1] 8月，汉冶萍公司总经理盛恩颐赴日，与日本商谈借款200万日元事宜。盛恩颐在与日方会谈时，提出整理汉冶萍公司方案，其中一点是设立工务所：

> 亟宜添设一工务所，位次在经理之下，而首领各所，有视察及纠正各厂矿工程技术事务之权，所长常川驻汉就近督察，庶几工程可望改良，出货成本，可望减轻矣。一面将现有之技术课裁撤，以免冲突，而节靡费。此项所长人材，日本如能煤铁两项矿学智识高深者，则公司固所愿也。[2]

盛恩颐为能获得日本借款，竟主动提出设立工务所，并请日人担任所长，权力只在经理之下。这一提议正中片冈欲将汉冶萍公司交由日方顾问管理之下怀。1927年1月，盛恩颐与日方签订200万日元借款合同，其中《甲协定书》第五款规定："公司特设工务所，以日本方面推荐之工程师为其所长，任以各厂矿所之统制，所有工程之计划实行及关于技术上各项事务，均归所长之指挥监督而办理之。"[3] 1928年4月11日，工务所在大冶成立，掌管厂矿的开采、运输及扩充等一切工作。日本至此全面掌握了汉冶萍公司的管理权。

日本独占汉冶萍公司后，汉冶萍公司在许多方面失去了主动权，在资金和市场上过度依赖日本，并逐渐丧失了对产品的定价权，连销售数量也要同日本商量。晚清时期，日本首相伊藤博文、制铁所长官和田与中村等还亲至中国与张之洞、盛宣怀等人交涉，日本独占汉冶萍公司后，只能由公司总经理李维格、夏偕复、盛恩颐等管理人员东渡日本会谈借款事宜，

---

[1] 《汉冶萍公司善后会议要录》（1926年4月24日），《漢冶萍煤鉄公司借款關係雑件》第28卷第4册，JACAR亚洲历史资料中心（アシア歷史資料センター），Ref. B04010800400，第293页。

[2] 《九月二十九日会见要录》（1926年9月29日），《外国鉱山及鉱業關係雑件·漢冶萍煤鉄公司關係》第1卷第3册，JACAR亚洲历史资料中心（アシア歷史資料センター），Ref. B09041934100，第272页。

[3] 《甲协定书》（1927年1月27日），载湖北省档案馆编《汉冶萍公司档案史料选编》下册，第85页。

已带有乞求的意味。最终，汉冶萍公司丧失自身的独立性与管理权，逐渐沦为向日本输送制铁原料的附庸。

结　语

从日本同德、美、英三国在汉冶萍公司问题上的博弈，可以看出国家力量在背后起到的作用。德、美、英三国政府并未将汉冶萍公司作为一个重要的战略资源，仅仅将其看作商业利益。而日人将向汉冶萍公司贷款视作"为确保资源来巩固日本重工业这样一个最高目的之下所进行的投资"①。日本的贷款由日本预金部出资，利息低于其他国家，且收回贷款不是日本首要考虑的问题。而且，不管是清政府，还是后来的民国政府，都无力出资汉冶萍公司，只能任其由列强支配。盛宣怀早在1901年就认识到日本对于汉冶萍公司的威胁："东方只此两厂，彼盈此绌，理势固然，由此宝藏外溢，商机内滞"②。但面对铁厂发展所需要的巨额资金缺口，中国自身无法提供，盛宣怀不得不屡次向日本借款，日本得以在金融上控制汉冶萍公司，从而最终影响了汉冶萍公司的发展走向。

汉冶萍公司所属的工厂与矿山分布在鄂、皖、湘、赣等省，日本只要控制了汉冶萍公司，就可将势力扩张到这些地区。因此，日本积极介入汉冶萍公司，除了控制大冶铁矿这一重要资源外，其背后还有深层的政治目的，即以资本输出为手段，扩大其在东亚的势力范围。1898年日本初次尝试向汉阳铁政局借款时，日本资本家"终无应者"，可见作为后起的列强，日本是"在民间资本积累尚未达到势必进行资本输出的水平之前，强行向海外投放国家资本，企图由此获得矿山、铁路、水路等利权"③。1900年，面对义和团运动引起的列强瓜分中国的危机，日本内阁首相山县有朋主张在中国的方针为"北守南进"。在这一方针指导下，日本曾一度出兵厦门并提出在中国南方修建铁路，"把它（修建铁路）和购买大冶铁矿石的交涉过程一并加以考察时，即可看出，日本政府对中国南部的关心，其渊源

---

① 〔日〕樋口弘：《日本对华投资》，北京编译社译，商务印书馆，1959，第112页。
② 《盛宣怀致张之洞密函》（1901年2月24日），载陈旭麓等主编《盛宣怀档案资料选辑之四·汉冶萍公司》第2册，第222页。
③ 〔日〕信夫清三郎编《日本外交史》上册，天津社会科学院日本问题研究所译，商务印书馆，1980，第306页。

绝非浅显"①。1901年4月，日本汉口领事濑川在给外务大臣加藤高明的信中直言，向汉冶萍公司借款是为了日本在中国南方的势力扩张，"若从在湖南、江西两省建立扶植帝国势力之基础而言，萍乡之矿山及该地之铁路，相信亦属大有希望之抵押品"②。虽然日俄战争后日本在中国的侵略重心转向北方，但并未放松对南方的渗透。

通过日本在汉冶萍公司与诸列强之博弈，还可看出作为后起列强的日本在挑战传统列强时的策略与心态的转变。在最初阶段，由于日本国力尚弱，此时日本还比较谨小慎微，主张"应避免与英国之冲突，与德国之冲突亦务须避免。为此关于共同通融资金等问题，在不妨碍第一项目的限度内，多少还有需要斟酌之余地"③。而日人所说的第一项目是取得大冶铁矿与萍乡煤矿的采掘权与管理权。由此可见，日本在与列强博弈时，采取的策略是只要能保证其基本目的，日本就愿意妥协。因此，在晚清时期，日本往往只能通过低息借款以利诱汉冶萍公司，而不是与其他列强发生直接冲突。但随着日本国力不断增强，在1935年，其已能直接拒绝美国插手汉冶萍公司事务。

Exclusive Penetration: Another Observation on Japan's Control of the "Lifeblood" of Hanyeping Company

Guo Yunbo   Lei Ping

Abstract: Hanyeping company, known as "the first male factory in East Asia", has always been coveted by Japan. Therefore, Japan did not hesitate to play a game with other powers: gradually excluding German forces through competition for borrowing rights; Interfere with the sale of pig iron and ore by Hanyeping company to the United States and prevent the cooperation between Hanyeping company and the United States; Establish the British Japanese Alliance and strive for Britain's permission to operate in the Yangtze River Basin. Fi-

---

① 〔日〕信夫清三郎编《日本外交史》上册，天津社会科学院日本问题研究所译，第200页。

② 《汉口领事濑川浅之进致外务大臣加藤高明》（1901年4月12日），载日本外务省编《日本外交文书》第36卷第2册，第286页。

③ 《日临时兼任外务大臣桂太郎致大藏大臣曾祢第一一二号机密函》（1905年8月2日），载武汉大学经济系编《旧中国汉冶萍公司与日本关系史料选辑》，第125页。

nally, Japan succeeded in excluding other powers, which made Hanyeping company gradually dependent on Japan in finance and market, and lost its independence and independent management right. Japan's active involvement in Hanyeping company is not only to obtain iron ore resources, but also to expand its sphere of influence in China.

Keywords: Hanyeping Company; Japan; The Big Powers; Game

三民主义视阈下南京国民政府时期
化肥推广的价值抵牾[*]

吴艳青　杨乙丹[**]

　　摘　要： 化肥的施用是中国传统农业向近现代农业转型的重要标志。在频仍的战事和国际经济危机蔓延的冲击下，近代中国农业经济深陷泥沼。为稳定政局，改善财政经济状况，南京国民政府在民生主义的指导下，推行了"农村复兴"政策，大力提倡农业技术改良和推广化肥施用。但在国民经济不发达和民族工业基础薄弱的现实下，"洋化肥"几乎垄断了整个中国化肥市场，农户和政府不仅失去了自主选择使用化肥的权利，也不得不花费大量的成本用于购置"洋化肥"。在民族主义视阈下，这无疑意味着民族国家利益的损害。于是，着眼于"利农裕国"的民生主义与反"农业侵略"的民族主义、"自主选择"的民权主义的抵牾，一直伴随着南京国民政府时期化肥的引进和推广。

　　关键词： 化肥　南京国民政府　三民主义

　　我国具有浓厚的农本传统，在长期的农业生产实践中，中国古代的劳动人民至少在秦汉时期就已经拥有了使用绿肥、人畜粪便等增加农业产出的经验，并在宋代形成了"用粪犹用药"和"地力常新壮"[①] 的肥料哲学。步入近代，化学肥料因肥效显著、干净卫生等，逐渐成为农业生产领

---

　　[*]　本文为西北农林科技大学中央高校基本科研业务费人文社科项目（2452022063）阶段性研究成果。

　　[**]　吴艳青，女，1997年生，西北农林科技大学人文社会发展学院硕士研究生，研究方向为农业史；杨乙丹，男，1980年生，西北农林科技大学中国农业历史文化研究所所长，教授，博士生导师，研究方向为农业史、灾害史。

　　①　（宋）陈敷：《农书》卷上《粪田之宜篇第七》，钦定四库全书本，第9~10页。

域的宠儿。南京国民政府成立后，本着"利农裕国"的民生主义，大力提倡农业技术改良和化肥推广施用。但在"洋化肥"垄断的格局下，化肥推广施用意味着农业遭受更大程度上的外国侵略，失去了自主选择的权利，使得民生主义、民族主义和民权主义三者之间出现了矛盾。南京国民政府时期的化肥推广使用，就是在这种矛盾的境况下艰难前行的。尽管自化学肥料传入中国后，学术界对其的探讨一直不断①，但从思想史这一角度来分析该社会经济现象的成果尚属少见。尤其是化肥关系民生与民族利益，南京国民政府又以孙中山先生倡导的三民主义作为民主革命纲领，民族主义、民权主义、民生主义三者在中国现代民族国家形塑过程中产生的矛盾，在"洋化肥"的推广施用中得以暴露。鉴于此，本文以南京国民政府时期化肥应用推广体系的构建为对象，重点分析三民主义思想体系在化肥推广使用过程中产生的价值抵牾，并从侧面观照中国农业近现代转型的艰辛与纠结。

一 民生主义下化肥推广与监管体系的构建

近代西洋肥料知识的传入和化肥的推广施用是东西方文明碰撞交流的

---

① 随着化学肥料在 20 世纪初进入中国，其推广使用的地区渐次扩大，学术界为此展开了有关化学肥料与中国农业乃至民族利益、国运之关系的研究。其中，陈言在《浙江省之肥料问题》（《浙江省建设月刊》1930 年第 5 期）中，对 20 世纪 30 年代初浙江省农田施肥现状以及化肥市场的新变化进行了专门探讨；柳汝祥在《中国肥料工业问题》（《中行月刊》1931 年第 9 期）一文中，分析了我国肥料工业发展的历史机遇和现实困境；陈恩凤在《我国战时肥料问题》（《新经济》1942 年第 5 期）中，将肥料的重要性置于全面抗战的大背景下，讨论了战时肥料的困境与保障路径；《农报》站在外国资本冲击和中国农业稳定发展的高度，以"中国化学肥料问题"为题，解读了发展化学肥料的因然、应然与必然逻辑（1937 年第 2 期）。但与之同时，很多学者本着维护民族利益和发展民族工业的良好愿望，对外来肥料保持着高度的警觉，例如，《农业周报》曾明确发出"拒绝舶来化学肥料"的倡议，并专门推出署名第秋的文章《危哉！舶来化学肥料之推广》（1930 年第 13 期）。鉴于化学肥料在推动我国农业近现代转型中的独特作用和意义，以及对化肥和农药在现代农业发展中遭遇的价值审判，近年来亦有学者从多元化视角出发，重新审视民国时期的化肥问题。其中，惠富平和过慈明在《近代中国关于化肥利弊的争论》（《中国农史》2015 年第 1 期）一文中，重新审视了 20 世纪 20～30 年代社会各界对传统化学肥料和舶来化学肥料的利弊之争。随后，王玲先后在《光明日报》（2018 年 5 月 14 日第 14 版）和《中国社会经济史研究》（2020 年第 2 期）撰文，从化学肥料传入引发的利农与裕国的争论中，剖析了该现象对肥料科学的发展、化肥管理制度的构建等产生的积极效应。总体来说，民国时期对化肥的使用和推广问题的关注大多集中于化肥利弊的争论上，新中国成立后的研究逐渐转向科技史、农学史以及社会经济史等领域。

结果。化肥在农业增产中的显著功效，不仅迎合了近代农业改良思潮，也推动了南京国民政府推广施用化肥的决策进展。随着19世纪末东西方贸易的加强，骨粉等经工业加工的天然肥料传入我国东部沿海地区。《辛丑条约》签订以后，清政府被迫在更大程度上向列强开放和让渡权利，刺激着越来越多的洋商来华推销化肥。于是，近代西洋肥料知识的传入悄然过渡到实物层面。在洋商的极力宣传与推销下，化学肥料的销路逐渐被打开。而随着化学肥料知识的传入和洋商对化肥的宣传推广，国人倡导施用化肥的声音日隆，社会各界展开了长达二十余年的"化肥问题"争论，直到南京国民政府推广化肥之际，争论之声尚不绝于耳。

在对化肥的热烈争议中，尽管科学务实的理性态度占了上风，但对化肥持批判态度的一方并不全然是"无理取闹"，因为无论是化肥导致农业生产成本抬高、农民缺乏科学合理施用化肥的智识，还是化肥造假损害农民利益、长期大量进口化肥导致财政漏卮等，均是当时客观存在的民生问题，它们都违背了南京国民政府在经济建设中需要遵循的民生主义。为了在更大程度上实现农业改良和农村复兴，发挥化肥在解决民生问题上的积极作用，南京国民政府在三民主义指导下，构建了化肥推广与监管体系。

（一）农业改良与推广的强化与顶层设计

南京国民政府成立后，由于帝国主义、封建主义和官僚资本主义的长期剥削，农村凋敝，濒于破产。一时之间，救济农村、复兴农村的呼声日益高涨。国民政府在农业改良与推广系统建设方面，整饬了原有的机构，增设了新的机构，使得"农政有官，农务有学"[1]。一是改组农矿部。国民政府于1928年设立农矿部，其下分设总务、农政、林政、矿政四个司，农政和林政二司主管全国农业。1930年，农矿部与工商部合并为实业部，部内设农业、渔牧二司和林垦署。在农矿部被合并之前，各省农矿厅负责主管各省的农政事务。1930年农矿部被合并后，各省将农矿厅改为建设厅，由建设厅主管一省的农政，各县则设建设局或建设科，主管一县的农政。这种垂直的农业行政机构的重建，有助于在化肥的推广应用方面发挥国家动员的优势。

二是成立农村复兴委员会，设立农业处。为了复兴农村，南京国民政

---

[1] 《孙中山全集》第1卷，中华书局，1981，第10页。

府于 1933 年成立农村复兴委员会，聘请有关专家、银行家和社会名流为委员，会内设经济、技术、组织三个组和各种专门委员会。中央设有管理国家经济建设事宜的全国经济委员会，其下辖的农业处，由办理农村建设事业的农村建设科、办理农业技术改良的农业改良科、办理河流疏浚和荒地开发垦殖的农业工程科组成。其中，农业改良科直接领导着全国范围内化肥的推广应用工作。

三是成立中央农业推广委员会和中央农业实验所。彼时实业部、农村复兴委员会、农业处的主要职责就是改进农业技术，发展农业生产，复兴农村经济。中央农业推广委员会与中央农业实验所作为实业部的下属单位，自然也承担着复兴农村经济的重任。1929 年 12 月 25 日，中央农业推广委员会成立，负责具体的农业推广工作。此外，各省还设有实业厅或建设厅，各县则有县政府或建设局，这些机构负责实施农业推广的各项法令，同时还负责监督执行。1932 年 1 月成立的中央农业实验所是中央农业研究机构，主要负责农业实验、病虫害防治、品种选育、肥料效果试验等。1933 年起，中央农业实验所负责开展了许多农业研究工作，并取得了不错的成绩，不久便成为全国农业科研中心。

总体而言，实业部是负责化肥推广的核心部门，负责统筹全局部署，其他各机关密切配合，以保证化肥推广"落地有效"。农业机构的日益完善，为农业科技改良与推广，特别是化肥应用推广提供了组织基础。

（二）乡村基层自治组织建设

我国近代意义上的农会组织首次出现于清末，但清末民初的乱局严重制约了农会的发展。伴随着第一次国共合作的顺利展开，全国农民运动和农民协会迎来了发展机遇。尽管新成立的农会为农民争取了不少权益，但在农业技术推广和推进农业生产方面作为不多。

南京国民政府成立不久便着手农会组织的重建，希望通过对农会组织的重建和完善，使农会成为指导农业发展和领导农民参与政治的机关。为此，南京国民政府先后公布施行了《农民协会组织条例》和《农会法》。《农会法》总则明确规定，农会要发挥经济生产、社会教育和服务政治等作用，具体包括推广优良的作物品种，防治兽疫病虫害，设置示范农场，倡导化学肥料的施用，提倡农村副业，设立农民补习学校等。虽然农会的职责很多，但此时的农会更多的是负责合作和技术推广。

在化肥引入后的相当长时间内，有关化肥使用的争议颇多，主要原因是当时我国农民智识水平极为有限，不谙肥料的性质及用法，施用不得其法。农会组织的重建，有助于农民增进智识技能，一定程度上有利于化肥的应用与推广。同时，农会组织作为农村的基层自治机构，具有自我教育、自我服务的功能，一定程度上也有助于唤醒农民的权利意识。

（三）开展全国性化肥推广试验

化肥是一种新肥料，由矿物质制成，大致分为氮肥、磷肥、钾肥三大类，其性质与天然肥料迥然不同。如若配合施用"得其法"，就会收获良效；若施用失当，则会为害农作物，伤害土壤。在洋商大肆输入化肥之际，农民的识字率低下，对现代科学知识认识极为有限，尤其对化肥的成分和施用时期、方法、技术，更是知之甚少。而洋商的广告宣传却不断诱使农民偏信化肥的神奇功效，进而贸然采购施用。当时的生物学家杜其垚明确指出，对盲目信奉化肥功效的农民而言，如果施用效果良好，完全属于侥幸；如果施用之后取得相反的结果，那么就会影响中国未来的农业状况。[①]

20世纪30年代以前，我国还没有展开过大规模的化肥试验。当时只有卜内门洋行和爱理司洋行为了推销化肥进行了一些田间试验。为了指导各地科学合理地推广施用化肥，实业部于1931年通令各省建设、农矿两厅，要求"各省立、县立农事试验所，就输入人造肥料种类，与当地土质及作物情形，切实加以试验"[②]，对化肥的施用标准、配合程式和施用方法进行实地研究，广集参数材料，作为介绍农民使用化肥的依据。由于化肥种类繁多，运用时还须顾及庄稼的需要、土壤的特性、天时的变化和历年所施肥料等因素，只有将这些信息互相参照，才能决定所应施用肥料的质和量。[③]

在实业部的推动下，各地农业机关迅速开展了一系列化肥试验研究，为我国广泛施用化肥奠定了基础。关于化肥的试验研究，大致可以1931年作为分界。在1931年以前，田间试验的重点是探究化肥成分、化肥功效以

---

① 杜其垚：《人造肥料是否有益于中国农业状况之讨论》，《自然界》1927年第2卷第3期。
② 《实业部注意人造肥料》，《农业周报》1931年第79期。
③ 《中国目前对于人造肥料应有的办法》，《广东建设月刊》1934年第2卷第2期。

及农作物对氮、磷、钾的吸收情况。[1] 1931 年以后，开始采用拉丁方式或随机区组的方式开展田间肥料试验，科学施肥技术取得了长足的进步。其中，1931 年成立的中央农业实验所，为了给普通耕地进行地力测试，曾花费了六七年的时间，在全国 14 个省、68 个地区开展了第一次全国性的化肥推广试验，对肥料三要素进行测验，结果证明了我国土壤存在的共性问题：普遍缺乏氮、磷、钾，尤以氮元素最为缺乏。试验研究结果为我国合理施肥提供了科学依据。

此外，实业部中央农业实验所还积极组织研讨会，针对化肥虽"裨益农田"，但各地土壤性质不同"故效果亦异"的现象，邀集中央大学农学院、金陵大学农学院的专门教授和上海卜内门肥料公司的专家进行集中研讨，以期使化肥能够适用于各类土壤。[2] 尽管讨论存在一些争议，但与会专家对我国土壤普遍缺乏氮、磷、钾元素，科学合理施用化肥有助于农业改良和农村复兴的认识是一致的。

（四）严格化肥的进口检验与市场监管

在民国时期关于化肥的论争中，批判者的确切中了化肥推广施用中的一些现实弊端。除了化肥品种繁多、性质各异，施用不当会危害农田、影响农民收成之外，商人企图渔利而对化肥掺假作伪，也是一个普遍存在的现实问题。

通过科学手段制作出的化学肥料通常呈粉状或细颗粒状，除了少数专业人士具有辨别真伪的能力外，普通农民很难准确辨别化肥的真伪和优劣。关于早期化肥造假问题，法国合作主义经济学家季特教授曾言："要想分别化学肥料之真伪，真是一件难而又难的事。你可以把大路上的尘土扫集起来，盛入袋内，完全当做化学肥料卖掉。"[3] 正因如此，受教育程度较低的中国农民在购买化肥时，常常会遭受不良商贩的欺骗，购买施用假冒伪劣化肥。从民生主义的角度而言，若任由假冒伪劣化肥在市场泛滥，不仅不利于农业改良和复兴农村，还会使农民深受其害，进而引发新的社会问题。

[1] 郭文韬、曹隆恭主编《中国近代农业科技史》，中国农业科技出版社，1989，第 199 页。
[2] 《农业实验所研讨人造肥料》，《农业周报》1933 年第 2 卷第 50 期。
[3] 翟克：《中国农村问题之研究》，广州国立中山大学出版社，1933，第 318 页。

为消除假化肥的危害，1931 年实业部商品检验局颁布了《人造肥料检验实行细则》，要求对人造肥料进行严格检验。细则规定："凡由国外输入或在国内配合的人造肥料，一律都要向所在地的商品检验局填写报验单，报请检验，合格者才颁给证书，允许输入或销售。"① 同时，检验细则还对报验单进行了详细规定，"报验单上必须要填写肥料通俗名称（即某质肥料、某某质肥料或某某质混合肥料）、化学名词（如化学名词有困难时可用译名）及化肥最低的保证成分。即使化肥的名称商标相同，但是上报的保证成分亦不得有所差异。且通俗名称、化学名词及保证成分均要印明于包装上，并应将氮、磷、钾百分率分别填写清楚"②。

为了确保细则的切实推行，实业部给予了商品检验局较大的权力行使空间，规定商品检验局在接收到报验单后，须派专员进行采样调查，如果检验结果不足报验人所报的保证成分，责令其必须改良制造；若另含有害成分，则要禁止输入或销售。

针对市场上出现的不良肥料，实业部还制定了《人造肥料取缔规则》，防止流通渠道产生新的伪劣产品。该规则适用于国内销售的所有人造肥料，"对于不合标准的人造肥料要由省市主管农政的官署指明其种类与不适用的地域，并报请实业部核实后公布周知。对于非粘有检验局合格证的肥料，不得销售。若商品销售商有以欺诈行为取得合格证、伪造或混合他物以欺人为目的、伪造或使用他人的合格证等行为之一，应停止其营业"③。尽管没有明确出售不良肥料的惩罚标准，且很难从根本上杜绝化肥造假，但国民政府对人造肥料制定的检验和取缔制度，在很大程度上规范了化肥市场，同时也是践行民生主义的一种体现。

（五）地方政府对化肥推广和监管的因应

20 世纪二三十年代，中国天灾频仍且外侮日亟，南京国民政府不遗余力地倡导"复兴农业，提高农产"。但在南京国民政府成立之初，其统治基础薄弱，各地政府都享有较大的自主权，地方对中央政令的执行力度差异明显。具体到化肥推广和监管方面，部分开明的地方政府逐渐响应中央

---

① 《人造肥料检验规程》，《浙江省建设月刊》1931 年第 4 卷第 12 期。
② 《人造肥料检验规程》，《浙江省建设月刊》1931 年第 4 卷第 12 期。
③ 《人造肥料取缔规则》，《山西省政公报》1937 年第 22 期。

政府的决策，尤以浙江、江苏、广东最为积极。

浙江省建设厅于 1932 年最先着手管理化肥运销事宜的筹备工作，同时还派遣专人调查各县土壤和作物状况，委令浙江农林改良总场承担肥料分区试验，征集农业专家研究标准及施肥比例等。为了加强化肥管理，规范化肥运销，浙江省政府于 1932 年 12 月设立了浙江省化肥管理处，根据氮、磷、钾并重的原则，厘定三要素搭配比例表，并根据南京国民政府的要求，制定了经售商登记规则和化肥贩卖取缔规则等。①

面对进口化肥造成的国际贸易失衡和财政漏卮，有识之士强烈呼吁"吾国宜速设立自制人造肥料工厂"，避免"吾国农业生产之权……操于外人之手"②。继而，农矿部屡次筹议创办肥料制造厂，"以谋自制国货肥料，抵制外货"③。1931 年，国民政府实业部曾和英国化学工业公司及德国染料工业公司洽谈中外合办硫酸铵厂，最终因为条件不合，未能成功。1931 年以后，浙江、江苏、广东积极响应农矿部政令，开始筹备化肥制造厂。其中，地方建造的硫酸铵厂最先在江苏南京的浦口落地，即"永利公司制造厂"。④ 随后，浙江省化肥管理处设计了管理化学肥料工作方案，包括筹备磷酸肥料制造厂、设立化学肥料施用指导区和肥料供给合作社。广东省政府为挽回财政漏卮，增加财政收入和发展农业生产，也开始筹设化肥制造厂。

总体来说，经济发展水平较高的东南沿海地区得风气之先，最早接触到化学肥料，相关农业技术知识积累丰厚，地方政府施政时易于得到地方社会的积极配合，且有国民政府的政策支持，化肥推广工作走在全国前列。而内陆地区对于化肥推广的反应较为迟缓，再加上经济基础薄弱、人才匮乏和社会秩序失衡，难以构建起化肥推广和监管体系，制约了化肥的推广施用。

二　化肥推广对"三民主义"的遵循

"三民主义"是孙中山先生倡导的民主革命纲领，南京国民政府时期得到了更深层次的贯彻实施。"三民主义"是一个包含民族主义、民权主

---

① 包伯度、黄遗子：《中国管理化学肥料概况》，《福建农业》1941 年第 2 卷第 3~4 期。

② 孙宗浩：《人造肥料之研究》，《河大农学丛刊》1929 年第 1 卷第 1 期。

③ 《办肥料制造厂》，《农业周报》1930 年第 17 期。

④ 郭文韬、曹隆恭主编《中国近代农业科技史》，中国农业科技出版社，1989，第 196 页。

义、民生主义的思想体系，南京国民政府曾力图将其下沉至中国乡村，以期改变农村长期以来的落后面貌，即借助民族主义强化农民的国家观念，增强农民的民族认同感；借助民权主义唤醒农民的民主权利意识，激发农民"当家作主"的愿望；借助民生主义鼓舞广大农民对富足美好生活的憧憬和向往。

化肥推广与监管体系的构建既是南京国民政府对社会各界民生呼吁作出的回应，也是民族、民权和民生的一次国家层面的整合。作为国家政权建设的一部分，它在社会整合过程中以"三民主义"为出发点和归宿，丰富和发展了"三民主义"的时代内涵。

（一）反"农业侵略"之民族主义

收回利权，抵制外货，自清末即开始。南京国民政府作为一个民族主义政权，对此尤为重视。在化肥使用推广中，时人曾大声疾呼："帝国主义国家的商品输入是破坏农民经济的先锋，他们的势力日益壮大，以至于农民在进行农事耕作时将天然肥料替代成了化肥，这标志着自给自足的农村经济彻底崩溃。"[①] 此外，化肥的大量进口致使我国资金大量外溢，造成严重的财政漏卮，这给中国经济带来了巨大的损失。1912 年至 1932 年，我国的化肥输入量就达 28461102 担，价值白银 83389838 两。[②] 正因为如此，一些开明人士不无悲伤地指出："若我国农民每年都将如此惊人的巨款拱手送于外人，那么我国的农村经济必然会破产。如果政府当局不加限制，任由其发展，我国势必要走向亡国的道路。"[③]

借助于民族主义舆论的营造，江、浙、沪等地掀起了一场"抵制舶来化肥"的浪潮。浙江省建设厅"以近年人造肥料充斥市场，品质优劣不一，农民偏信广告，不加鉴别，率意购用，每致变坏土壤，伤害作物，关系农业前途，极为重大"为由，提倡施用自然肥料，取缔人造肥料。对于舶来品之人造肥料，一方面增加税率运费，以资限制；同时"严定标准，慎发证书，其不合格之肥料，并须广为布告，严禁行销，以免农民受愚"。与之同时，各地还祭出了进口替代的策略，呼吁"筹划创办官商合股之肥

---

① 蔡斌咸：《肥料问题之经济观》，《浙江省建设月刊》1933 年第 7 卷第 6 期。
② 马寿征：《化学肥料在中国之历史》，《浙江省建设月刊》1933 年第 7 卷第 5 期。
③ 倪克定：《整理化学肥料之我见》，《农业周报》1936 年第 5 卷第 20 期。

料厂，以作实地之提倡"，各省要"设法探采"和"出产矿肥"，以供制造肥料之用，并规定"本国人民制造优良人造肥料者，应特予奖励"。① 由此可见，抵制舶来化学肥料或反对化肥推广应用，实质是为了践行民族主义，而不是因为化肥本身。

抵制舶来化肥中的民族主义因素有着沉重的现实压力，因为化肥已经被人们看作西方"经济殖民"的手段。在许多人看来，推广化肥是帝国主义国家的变相侵略，"由于中国经济是自给自足的小农经济，并无大规模的组织，洋人的侵略野心早已蠢蠢欲动，但苦于没有投资的场所，于是改弦更张，输入大批化肥"②。于是，人们自然而然在民族和民生问题上形成了以下逻辑闭环：要救危亡，就先要解决民生问题；要解决民生问题，就先要在经济上求解放；要在经济上求解放，就要力行"不用洋货，要用国货，制造国货，仿造洋货，改良土货"的原则。非提倡国货无以救国，非制造国货无法得到经济解放。提倡使用国货，不仅仅是我国经济独立的基础，还是抵御国外经济侵略的有力武器。拒绝舶来化肥，提倡使用国产肥料，实际上是将消费文化与民族主义相结合，通过消费将个人行为与民族国家的命运联系在一起，而商品背后承担的就是创建民族国家，实现民族经济独立的理想。因此，南京国民政府在化肥使用与推广的过程中，的确强化了人们的"民族主义"情感。

（二）"利农裕国"之民生主义

南京国民政府成立于农村经济濒临破产之际，彼时农村凋敝，农业危机四伏，广大农民生活在水深火热中。随着"农村复兴"思潮的传播，复兴农村被赋予了新的时代内涵，同时也成为国家和社会解决民生问题的基本共识。为此，南京国民政府专门设立了农村复兴委员会以救济和建设农村。虽然复兴农村的方法多种多样，但是人们普遍认为只有复兴本国农业，努力生产，才能缓解国内贫困，救亡图存。

在南京国民政府推行的发展农村经济的政策中，改良和推广作物生产技术，既能得到广大农业生产者的支持与响应，也是对当时农业复兴运动的有力回应。要提高农作物产量，根本办法在于改良品种和提倡施用各种

---

① 《浙省取缔人造肥料之经过》，《农业周报》1930 年第 21 期。
② 第秋：《危哉！舶来化学肥料之推广》，《农业周报》1930 年第 13 期。

肥料，而其中解决肥料问题又是当务之急。因此，提倡并推广化肥，是农业生产的建设需要，也是解决当时民生难题的必然途径。

尽管人们对进口化肥引发的经济侵略保持着审慎的警惕态度，但化肥对于解决民生问题的积极意义，同样在人们心目中有着广泛的认可。毕业于美国威斯康星大学的著名土壤肥料学家张乃凤曾撰文指出，肥料缺乏是制约我国农业发展的重要因素，农民和农业经营者对化肥的需求高涨，化肥的价格其实要远低于天然肥料，并且施用化肥后的农业产出增加值要明显高于化肥的投入成本。解决我国农业生产难题的有效途径是提倡使用化学肥料，以增加我国的粮食产量，减少对国外粮食的进口。[①] 而无论是获得更高的农业收成，还是减少对国外农产品的依赖，均是当时民生领域不得不正视的问题。

（三）"选择自主"之民权主义

长期以来，中国农民对于国家政权与国民权利的认知非常模糊，甚至是缺失的。在长达两千多年的封建统治下，农民早已习惯了封建统治者统治"天下"的现实。至于国民的权利是什么，能否拥有权利，以及如何行使权利等，并不在他们关心和思考的范围之内。但近代以来，特别是辛亥革命以后，民权主义理论在农村的宣传，让向来不问国家大事的农民开始意识到自己作为国民的身份与权利。[②] 尤其是中国共产党在广大乡村领导的农民运动，进一步调动了农民参与政治的积极性和他们的权利认同。

相比于传统天然肥料，化肥具有诸多优点，包括养分充足、肥效显著、功效快、易于搬运、干净卫生等。更为重要的是，化肥相较于天然肥料价格更便宜。在1930年的东南沿海，每100斤硫酸铵需花费大洋10元，按氮元素含量20%计算，则每100斤硫酸铵中的氮元素含量为20斤，每斤价值大洋0.5元。在广州，作为上等人粪尿出售的自然肥料每100斤平均需花费大洋0.4元，按氮元素含量0.57%计算，则100斤人粪尿中的氮元素含量约有半斤余，每斤约价值大洋0.75元，故硫酸铵中的氮元素较人粪尿之氮元素便宜。[③] 正因如此，当时的知识分子发出了如下感叹："农民

---

① 张乃凤：《化学肥料问题论战缩影》，《农报》1944年第9卷第19~24期。
② 张燕：《近代中国伦理变迁中的主体觉醒：孙中山"三民主义"在乡村》，《南京师大学报》（社会科学版）2021年第2期。
③ 彭家元：《人造肥料是否可用》，《农声》第139期，1930。

的金钱是辛苦挣来的，谁人不想购买物美价廉的化肥呢?"① 当时化肥的养分单一、容易导致土壤板结和面源污染等问题尚未突显，且传统天然肥料具有见效慢、肥分少、消耗劳动力大和卫生问题突出等劣势。然而，这些并不意味着农民更应该选择化肥。一方面，传统天然肥料种类繁多易于堆制，制作过程中不需要掌握专门知识和进行复杂训练，施用后肥效稳定，即使过量施用也不会造成灾害性后果。另一方面，施用传统天然肥料不会遭受市场风险的冲击，尤其不需要对肥料的优劣真假进行专门的辨别。因此，在天然肥料与化学肥料之间，农民理论上可以充分展现以自我为主体的权利意识，根据自己的实际需求，进行"自主选择"，不必受制于外界的压力。

理论上，化肥推广工作顺利与否，关键取决于农民的意愿，政府应该做的是把好质量监管关和提供有效的应用技术指导服务。至于是否使用化肥，农民更多的还是需要在综合考虑自身实际情况后做出理性选择。

三 化肥推广中民生主义和民族主义、民权主义的抵牾

民国时期的化肥应用推广蕴含着复杂的社会内涵，它已不再是一项简单的农业科技改良举措，已然上升到政治、社会和经济的高度。

(一) 民国时期化肥推广的绩效与不足

20 世纪 20 年代后期，化肥在中国市场的畅销，相继诱发了劣质化肥充斥市场、不合理施用化肥导致农家经济受损、过度依赖进口化肥加剧财政漏卮等一系列问题。为了更好地推广施用化肥，消除化肥领域的弊端，南京国民政府通过组建化肥推广和监管机构，开展土壤性状、土壤分类、土壤肥力试验、肥料三要素与施肥效果等方面的调查研究，不仅推动了我国近代肥料研究和调查事业的进步，也促进了我国土壤科技的发展，并为人们合理施肥提供了科学根据。

化肥领域中出现的问题，与政府监管制度的缺失和专业知识的匮乏直接相关。时人不无痛惜地指出，"管理机关之未臻妥善，农事试验场未曾

---

① 沈学源：《中国农民与肥料问题》，《东方杂志》1935 年第 32 卷第 15 期。

完备"①，是化肥弊病迭出和为害甚巨的症结所在。南京国民政府建立后，通过组建自上而下的专门农业行政机构和决策咨询委员会，制定规范的人造肥料检验和取缔规则等制度，强化化肥的市场流通监管，规范和约束"鱼龙混杂"的化肥市场，从源头上减少了伪劣化肥的危害。在本质上，南京国民政府对化肥推广的监管是国家政权建设的重要组成部分，也是新建的国家政权对新型治理风险的调适和回应。

民国时期的化肥使用与推广还促使中国人开始自造化肥，推动了我国化学工业的诞生，为我国近代化工产业的发展奠定了基础。中国农业要获得发展必须依赖肥料，当人们惯用的天然肥料无法满足作物的生长需要和国内外市场对农产品的需求时，就必须借助于化肥。但长期大规模地进口化肥不仅诱发了严峻的民生问题，也对民族主义和民权主义带来了巨大挑战。正是基于强烈的民族自尊心和挽救民族危亡的责任感，以范旭东、侯德榜为代表的民族化工业践行者向国民政府提出了承办民族硫酸铵厂的请求。1934年，范旭东等在南京创办永利铵厂，成为民族化工产业的时代标杆。1937年2月，永利铵厂历经重重困难终于生产出了中国第一批硫酸铵产品，中国设厂自制化肥的梦想终于成真。彼时的永利铵厂已经不仅仅是一座民族化工厂，它更多地承载着国民对改善民生的希冀和实现民族独立自强梦的期待。

当然，过度强调南京国民政府在抗日战争全面爆发前在推广化肥方面的历史功绩，也不是坚持唯物史观应有的态度。一方面，"三民主义"尤其是民生主义是南京国民政府推行国家农业政策的基本指针，但"三民主义"的内涵在不断变化之中，它是个庞大但并不精巧的思想架构，普通国民很难理解其要义。并且，国民党在"九一八"事变后才真正开始加强党义宣传和约束党员行为，"三民主义"至此才逐渐被更多的国民党党员认知，大多数普通国民对其并未产生普遍的认同，因而也很难真正理解推广化肥背后交织的民族主义、民权主义和民生主义的政治理想。于是，在化肥推广过程中，出现了"上热、中温、下冷"现象，中央政府如火如荼地部署着各项推广政策，但到各省时的"热度"已经大减，只剩下"余温"，再下移到各基层机构和广大乡村时，基本上已毫无波澜。只有为数不多的有识之士站在挽救民族危亡的道义制高点，呼吁加强对化肥的市场监管和

---

① 张范村：《管理化学肥料之真谛》，《浙江省建设月刊》1933年第7卷第5期。

主动投身民族化工业建设，自觉或不自觉地呼应了"三民主义"的内在诉求。

另一方面，在化肥对农业改良和复兴农村的实效方面，抗战前国民政府的化肥推广工作既没有彻底改变农村贫困落后的状况，也未能促使农业生产走出日益凋敝的泥沼。主要原因在于彼时的化肥推广工作能够影响和辐射到的范围只是局部的，再加上大多数农民的思想较为保守，化肥推广工作对于改变传统农业所起的作用有限。根据调研和公告资料，1922～1931年，虽然平均每年进口的化肥达到37万石，但辽宁安东、河北秦皇岛、湖北沙市和汉口、湖南长沙和岳州、安徽芜湖、浙江宁波和温州、广东广州和三水以及广西梧州、南宁、北海、腾越等地城郊和农村的反馈，要么是"农民拒绝使用这样昂贵的化肥"，要么是"化学肥料的使用非常罕见"，要么是"人造肥料不曾听说过"。① 抗战前南京国民政府在民生主义方面遭遇的挫折，在化肥的推广上得到了直观的体现。

（二）民族主义与民生主义在化肥推广中的矛盾与调适

在形式上统一全国后，南京国民政府曾效仿西方，试图将传统封建帝制中国打造为东方现代民族国家，但受客观条件的限制，它难以复制西方现代民族国家的形成模式，于是"陷入了一种民族性已失、现代化未立的困境"②。

在中华民国建立后，国家主权在一定程度上仍处于帝国主义控制之下，中华民族的独立主权已然丧失。民族性的丧失急切需要重建一个"主权国家"，"三民主义"的民族主义就是要实现这一目标。然而，由于遭受日本侵略和当时世界范围内的贸易保护主义，南京国民政府的主权国家建设不仅缺乏良好的外部环境，也无法调动内部的积极配合。

在化肥的应用与推广中，南京国民政府因不甘于受国外势力的控制，采取了诸如增加关税、严加控制乃至取缔外来人造肥料等反"经济殖民化"的相关举措。但国家强盛、百姓富裕、社会稳定与国家现代化进程息息相关。南京国民政府在推动现代民族国家建设进程中，落后的境况又迫

---

① 章有义：《海关报告中的近代中国农业生产力状况》，《中国农史》1991年第2期。
② 张燕：《近代中国伦理变迁中的主体觉醒：孙中山"三民主义"在乡村》，《南京师大学报》（社会科学版）2021年第2期。

使其依赖西方先进的生产技术、政治制度乃至文化观念。换言之，民族主义目标的实现是以承受另一种被殖民化的风险为代价的。

南京国民政府在推广化肥的过程中，还面临着民族主义与民生主义不能兼顾的窘况。一方面，为了维护国家利权和经济独立，理应对进口化肥加以限制与取缔，尤其是大量的化肥进口导致财政持续窘迫，劣质化肥也在不断危害农家经济。另一方面，面对工商业发展亟须农业部门提供资金积累和传统农业生产方式无法使小农摆脱民生困境等问题，国内的农业生产发展又不得不依靠化肥，但自身却缺乏生产化肥的技术和人才，农业生产所需的化肥不得不依赖于进口。

对现代民族国家构建中农业领域的民族主义与民生主义的抵牾，"三民主义"的倡导者孙中山有着清醒的认识。早在甲午战前，孙中山就指出："夫国以民为本，民以食为天，不足食胡以养民？不养民胡以立国？"[①]直到去世前一年，他在对全党讲话中还明确指出，"吃饭问题就是顶重要的民生问题。如果吃饭问题不能够解决，民生主义便没有方法解决。所以民生主义的第一个问题，便是吃饭问题"[②]，中国之所以粮食不足，"最大的原因就是农业不进步，其次就是由于受外国经济的压迫"[③]。

为了突破农业改良和农村复兴中民族主义与民生主义的抵牾，南京国民政府权衡利弊后，仍然做出民族主义让步于民生主义的决策，提倡科学使用人造肥料，以增加农作物产量。对于国民政府来说，只有政权得以保全，才有可能"排外"；只有民生主义得到保障，国民政府才能立足于民族主义。为避免财政漏卮，反对"农业经济殖民"，对舶来人造肥料进行严加控制乃至取缔只是短期策略，要从根本上解决问题，必须鼓励国人设厂自制化肥，努力实现国产化肥的自给自足。而在民族工业自立自强之前，接受化肥领域民生与民族两种主义之间的矛盾，是必须付出的代价。

（三）民权主义在化肥使用推广中的"失语"

民族主义与民生主义本应立足于民权主义，但二者皆有压倒民权主义的理由。化学肥料较于天然肥料有着许多的优点，洋商和销售商更是极力

---

① 《孙中山全集》第1卷，中华书局，1981，第17页。
② 黄彦编注《三民主义》，广东人民出版社，2007，第236页。
③ 黄彦编注《三民主义》，广东人民出版社，2007，第238页。

推销和宣传，以至于各大洋行的肥田粉广告和图画遍及大街小巷的冲要处所①，他们甚至对化肥功效作虚假夸大的宣传，宣传化肥有"神效"，适宜于任何农作物，且任何普通肥料都不及化肥。② 更有甚者，以次充好或真伪掺杂，"每用劣质货品在市混售"③，部分洋行与销售商在进行宣传的时候，为了赢得农民们的青睐和营造良好的销售氛围，往往会选择优质的化肥作为肥料样本施用，当收获极佳的宣传效果后，销售商们纷纷改售次等化肥，牟取暴利。④ 而不明真相的农民竟大都争相购买，误购劣质品以致贻害农田。随着使用化学肥料的地区与数量迅速增长，弊害也如影随形。"苟欲收其利而防其弊，势非由政府加以管理不可"⑤，于是政府三令五申，要求各个地区对于不合法的肥田粉广告和混合肥田粉严加取缔。⑥ 虽然农民确实可能因为缺乏智识而误购劣质化肥，但政府选择采用行政命令禁止购买的方式，显然不能有效地帮助农民提升选择化肥的能力。

农民既无相当智识支撑其进行自主选择，而政府对于化学肥料营销的乱象亦缺少有效的监管，直至流弊甚多时，才对化学肥料的输入严加控制乃至加以取缔，即以劣质化学肥料危害农田为由，动用其行政权力，限制农民购买。化肥推广监管机制的设置虽然一定程度上反映了南京国民政府对于化肥乱象的"作为"，但同时也折射出在此过程中农民"以自我为主体"权利的"失语"。造成这种权利"失语"的主要原因，不仅在于农民的智识有待提升，更在于南京国民政府在提升民众智识水平和理性选择能力方面的无所作为。

总　结

农村凋敝和农业经济濒于破产是近代中国的真实状态。为了复兴农村和活跃民生，南京国民政府在"三民主义"指导下，曾积极推行了包括推广化肥在内的农业改良政策。为了规避化肥推广中出现的劣质化肥充斥市

① 《指示取缔肥田粉广告》，《浙江省建设月刊》1933年第7卷第3期。
② 《实业部训令》，《检验月刊》1932年第23～26期。
③ 《上海农产物检查所呈农矿部文》，《农矿公报》1930年第28期。
④ 刘和：《人工肥料的输入对于中国农业上之利弊》，《自然界》1927年第2卷第2期。
⑤ 铁明：《十年来之浙江土壤研究与肥料管理》，《浙江省建设月刊》1937年第10卷第11期。
⑥ 《指示取缔肥田粉广告》，《浙江省建设月刊》1933年第7卷第3期。

场、不合理施用化肥导致农家经济受损、过度依赖进口化肥加剧财政漏卮等问题，南京国民政府曾着手构建了化肥推广和监管体系，并鼓励兴办民族化工业。但化肥推广领域出现的民族主义、民权主义和民生主义的抵牾，一直伴随着南京国民政府的农业改良过程。

在"三民主义"原则之下，原本民生主义为民权主义之本，民权主义为民生主义之保障，二者又为民族主义之基础。但由于尚未完成宪政建设，又面临外敌威胁，南京国民政府遂难以将民族主义、民权主义和民生主义进行有机地融合，在具体的政策推行中，往往仅是为了当前的实际需求，时而有意突显某些内容，时而曲意淡化、回避另一些内容。具体表现在化肥推广问题上，原本化肥推广为民生之重要助力，但在化肥不能大量国产，不得不以进口为主的情况下，出于对外敌的警惕和对民族经济的保护，民族主义被有意突显，经济民族主义遂占据了上风，"抵制乃至取缔舶来化学肥料"的呼声日益高涨。但当高涨的"民族主义"热情退却，出于稳定政权、"利农裕国"的实际需要，民族主义不得不让步于民生主义，民生主义遂超越民族主义和民权主义而成为中心，是以南京国民政府在民生主义下完成了化肥推广与监管体系的构建，提倡科学使用化学肥料。近代中国窘迫的大环境给予人民的任务是努力谋求国家富强和民族独立，而不是争取个人自由和权利。谋求国家富强成为彼时南京国民政府的当务之急，只有当民生主义与民族主义都得到保障时，政府才有余力去保障农民基于个体需求的自由和权利。而事实上，在民族独立问题未能解决之际，民权主义是无法得到真正贯彻的，面对天然肥料与化学肥料两者的选择以及是否施用化学肥料，农民都不能实现真正意义上的"选择自主"。因此，"三民主义"理论的内在矛盾也难以解决。

全面抗战前，南京国民政府的化肥推广政策，其实是当时国家政权重塑社会经济生态过程中，遭遇民族主义、民权主义和民生主义内在矛盾的一个缩影。同时，在社会经济生态重塑过程中，这种基于民生的考量对民族乃至民权的挤压，使政府及其官吏在行使权力的同时，有了更多渔利的空间，客观上对政府权威造成了实际损害，对民族国家的凝聚力和民族内在团结构成了不利影响。最终，南京国民政府的化肥推广也以惨淡的效果收场。尽管如此，这一"未获成功的努力"仍然值得被重新看待，新中国成立后的农业技术变革与推广，尤其是在化肥领域采取的进口替代和生产赶超，与南京国民政府时期化肥推广中反"农业侵略"之民族主义、"利农裕国"之民生主义和"选择自主"之民权主义的价值抵牾,以及在化肥推广使用中的争鸣与探索,无不遥相呼应,在中国现代民族国家重塑和经济体系重构中,它们也发挥了相应的助推作用。

The Fertilizer Promotion under the Three People's Principles in the Period of Nanjing National Government

Wu Yanqing   Yang Yidan

Abstract: The application of chemical fertilizers is an important symbol of the transformation from traditional agriculture to modern agriculture. In the face of frequent wars and the impact of the spread of international economic crises, the modern Chinese agricultural economy was on the verge of bankruptcy. In order to stabilize the political situation and improve the financial and economic conditions, the Nanjing National Government, under the guidance of "people's livelihood", implemented the agricultural revitalization policy, and vigorously advocated the improvement of agricultural technology and the popularization and application of chemical fertilizers. However, under the reality of underdeveloped national economy and weak national industrial foundation, foreign fertilizers have almost monopolized the entire Chinese fertilizer market. Farmers and the government have not only lost the right to choose chemical fertilizers independently, but also have to spend a lot of costs on purchasing foreign fertilizers. As a result, the interests of the nation-state have been harmed. As a result, in the process of fertilizer promotion, people's livelihood, which focuses on "benefiting agriculture and the country", conflicted with nationalism against "agricultural aggression", and "independent choice" of civil rights, which affected the use and introduction of fertilizers in the period of Nanjing National Government.

Keywords: Chemical Fertilizer; Nanjing National Government; Three Principles of the People

我国近代电影业的资本困境
与融资实践（1921～1937）

彭婉颖*

摘　要： 自 1921 年开始，我国的电影业步入首个繁荣期，各地影院建设数量与观影人数达到一个新的高峰。与此同时，民族电影业也面临着资本困境。为了化解该难题，民族电影业在向西方国家学习的同时，积极展开本土化融资实践，他们不仅通过银行贷款、股权融资、专项拨款等方式扭转了资本困境，而且率先运用了分账制、众筹制等融资手段，为当今电影业的市场发展与金融投资积累了重要的历史经验。

关键词： 电影　投融资　银行贷款　联华影业

自全球新冠疫情发生以来，各国电影行业均受冲击，中国亦不例外。电影市场研究报告显示：2022 年上半年，我国内地电影总票房达 171.80 亿元，同比下降 37.68%，较 2021 年同期缩水 103.9 亿元，基本回落至 2015 年前的水平。[①] 当前，我国电影业面临着两个重要问题：一是资金短缺，二是新项目开工不足。[②] 2022 年 8 月 15 日，在北京召开的第十二届北京国际电影节"中国电影投融资峰会"上，从业者纷纷表示："电影产业的发展离不开资本的助力"，"中国电影今天正面临一个特殊时期，尤其需要金融资本的支持"。[③]

---

* 彭婉颖，河南平顶山人，郑州大学新闻与传播学院博士研究生，研究方向为电影产业与电影政策。

① 北京拓普世纪信息咨询有限公司：《2022 年上半年中国电影市场研究报告》，《中国电影市场》2022 年第 8 期。

② 郑蕊：《中国电影今天尤其需要金融资本支持》，《北京商报》2022 年 8 月 16 日，第 4 版。

③ 本报记者：《第十二届北京国际电影节"中国电影投融资峰会"举办——优质内容＋投融资，助力电影强国政策》，《中国艺术报》2022 年 8 月 19 日，第 1 版。

显然，电影业若想获得长足发展，就需要大量资本与相关政策的助力。那么在面对资本困境时，电影业又该做出怎样的努力？当前影视学界大都将解决思路聚焦在国外发达国家，通过总结他们的投融资经验而尝试寻找适合中国电影业的发展方向。实际上，在20世纪20年代，中国民族电影业也面临着资本困境，当时一些有识之士主动探索金融原理，并积极展开本土化融资实践，不仅取得了一定的成效，而且还为我国近代民族电影产业化发展奠定了基础。当前，学界对于我国近代电影业的发展状况关注较少，本文即以1921～1937年电影业所面临的资本困境作为切入视角，通过钩沉史料梳理早期电影实业家的融资方式，进而总结成功得失，以期对当代电影业提供有益的历史借鉴。

一 繁荣背后：近代电影业的初次繁荣与资本困境

1895年12月28日，法国人卢米埃尔兄弟在巴黎向市民展示了他们的新发明——电影放映机与影片《火车进站》，这一天也被学界定为世界电影诞生日。大约一年半之后，电影传入中国，并首次在上海放映，引起了民众的轰动。① 此后，电影放映活动快速发展。20世纪20年代，第一次世界大战结束后，大批国外商人和资本家进入上海，纷纷投资电影行业，伴随着上海市内影院数量的攀升，观影人次也与日俱增，民族电影业出现了第一次繁荣局面。

1922年，上海就已经建成4座影戏场、12处影戏院，同时还有影片制作公司5家，正在筹建中的影院达数十处，"沪上影戏业之发达，大有一日千里之势"②。此时加上社团租映和流动放映，一个初具规模的电影市场已经逐渐形成。③ 三年后，上海市内的电影院增长至35家左右，约占全国总数的三分之一，而影片制作公司约有130家，占全国总数的70%。④ 与之同时，上海民众的观影热情非常之高，"然上海一埠，每日观众，亦当

---

① 学界以往认为电影传入中国的时间在1896年8月11日，可参见程季华主编《中国电影发展史》（第一卷），中国电影出版社，1981，第8页。近年，又有学者不断提出质疑，认为电影真正传入中国的时间应该在1897年5月，参见黄德泉《电影初到上海考》，《电影艺术》2007年第3期。
② 《本埠影戏业之猛进观》，《申报》1922年12月9日，第18版。
③ 杨金福编著《上海电影百年图史（1905—2005）》，文汇出版社，2006。
④ 汪朝光：《早期上海电影业与上海的现代化进程》，《档案与史学》2003年第3期。

万人以上"，① 观影人数激增为电影行业带来了巨大收益。1934 年，上海本埠影院数已达 44 家，当时中国最具实力的电影公司几乎都集中在上海，票房收益甚为可观，上海已然成为无可争议的东方电影中心。特别值得指出的是，此时上海市内的影院数量超过了旧金山和巴黎，在全球影院最多的城市排名中位列第七。②

北京和天津两地的电影业同样发展迅速。北京的影院数量虽不及上海那么多，但观影群体却十分庞大，以至于影院场场爆满、座无虚席，"男女客往观者，摩肩接踵，每晚未至九时，即有人满之患，迟往则难得好座位"③。此时，观影活动不仅是民众社会生活的一部分，甚至成为国家外交往来的一种手段，1919 年，据《京报》报道："驻京美国公使馆，昨呈赠欧战电影片……二十七日晚，在集灵囿后园传演，总统率府内眷属等，前往阅看云。"④ 这种由外国公使馆主动邀请中国政界人士的观影活动，在当时十分流行，这也反映出电影观众的群体是十分广泛的，并不局限于市民大众。

天津的电影业虽起步稍晚，但发展很快，"天津为北方重镇，轮轨辐辏，商务繁盛，近年电影业亦日渐发达"，至 1925 年就先后建设大型影院十余处，包括上平安、下平安、天津电影园、三炮台、光明社、新新大戏院在内的多家影院，"每日观者甚众"，而门票收入"成绩甚佳"。⑤ 进入30 年代后，中国的电影业持续繁荣，除了上海、北京、天津之外，苏州、汉口、南京、重庆、成都等城市的电影业也得到迅速发展。1930 年，全国约有电影院 230 余家，至 1937 年，这个数字再次升至 300 家。⑥

电影业日趋兴盛的背后，也存在着诸多问题，其中比较突出的就是资本困境与人才不济。民国时期著名的金融家、翻译家蔡受百，在 20 年代曾活跃于上海金融界，担任《银行周报》编辑，并翻译了多部西方经济学著作，其中就包括耿爱德的《中国货币论》。他于 1924 年在《国闻周报》上发表过一篇评论文章《中国影戏事业之勃兴》，该文在详细梳理我国电影

① 《教部将取缔电影营业》，《益世报》1926 年 2 月 4 日，第 10 版。
② 《全世界影院最多的城市》，《电声（上海）》1934 年第 3 卷第 19 期。
③ 《平安影院盛况》，《顺天时报》1918 年 3 月 18 日，第 3 版。
④ 《本京琐闻·总统率眷看看电影》，《京报》1919 年 3 月 28 日，第 3 版。
⑤ 《天津电影之近况（一）》，《申报》1925 年 2 月 24 日，第 7 版；《天津电影业之近况（二）》，《申报》1925 年 2 月 25 日，第 7 版。
⑥ 《全世界影院统计》，《盛京时报》1937 年 2 月 14 日，第 7 版。

事业发展现状后认为：“（我国影戏业）在最近之将来，尚难与欧美并驾齐驱，其最大之缺点，为缺乏人才及资本。”① 当时上海著名的电影导演陈拙民也指出：“上海一隅，近二年来，影片公司，已有六七家，究其资本，除商务印书馆等外，多不甚充足……商务等虽资本充足，而所出之片，亦不甚高明，此人才缺乏之故耳。”②

电影业缺乏资本造成两个严重后果。其一，我国的电影市场被国外电影企业所操控，无论是开设的影院数量还是影片的制作数量，民族影业均占比较低。以 1923 年京津两地的电影业为例，“据商务部三月二十六号报告，北京、天津二处之电影事业，谓该二处所有之电影院，大半操之于两公司：一为英人培立（A. Bari）所创之中国电影公司，一为法人所创之百代公司”③；又据美国电影新闻杂志特别股报道：“在中国北京及天津之电影院，大半为英法两国人所开设，但其所用之影片，约有八成为美国制造者。”④

上海的情况亦大体如此，由于电影系外商引进，早期的上海电影放映活动基本上都被外国人控制，即便有国人参与，也都是以华商租用外商放映机器的形式存在。1925 年 9 月 30 日，《申报》曾发表一篇署名为“仲衡”的研究文章，该文统计了当时上海市内的电影院数量，其规模较大者共有 19 家，而 12 家为外商所设；国人经营的影院大约占三成，且面临着观众较少与资本缺乏的现状，“如大世界、新世界、先施、永安、诸乐园之电影，大半无可观者，即国人所创之各影戏院，所演亦多系陈旧之片，终不若卡尔登等之资本浩大、秩序井然”，正因如此，国人经营的影院无法推出吸引观众的新作品，而“欧美诸邦，每出一惊人名片，先映于海上之戏院者，舍外人创设之影戏院莫属，观众每因亟于一饱眼福，故虽以四五元之值，终不以牺牲巨大而甘落人后也，于是外国影戏院之营业，因之大报，此亦吾人所应深悼者也”⑤。国人设立的影戏院与外国所营者，差距由此可见一斑，而这种现状直接加速了民族影院与电影公司破产的步伐。

其二，电影业缺乏资本所带来的另一后果便是投资市场秩序混乱。当时电影传入我国的时间不长，民众观影的好奇心强烈，加之我国影院数量

---

① 蔡受百：《中国影戏事业之勃兴》，《国闻周报》1924 年第 1 卷第 11 期，第 20 页。
② 陈拙民：《吾国电影界杂谈》，《申报》1924 年 7 月 26 日，第 21 版。
③ 《京津电影事业之现况》，《申报》1923 年 5 月 27 日，第 19 版。
④ 《美国对于中国之电影观》，《申报》1923 年 5 月 20 日，第 17 版。
⑤ 仲衡：《上海之影戏院》，《申报》1925 年 9 月 30 日，第 17 版。

与人口比例远低于世界平均水平，[①] 因此在 20 世纪 20 年代，民众的观影需求仍是巨大且无法满足的。在此背景下，市场上涌现出不少投机分子，他们"纠合几个同志，你出三千两千，他凑一千八百"，开设小型电影公司或者影戏院，寻找非专业人员拍摄质量低劣的影片，祈求"一味赶快出片，就可赶早获利"。[②] 这种投机行为在当时十分流行。

与之同时，这些小公司由于不善经营，"当事者又溺于酒色……或忙于权利之争"，所拍摄之影片粗制滥造，很快就会丧失观众的信任，公司随之濒临破产，由此产生众多债务纠纷，"讼于法庭者有之，因争执而瓦解者亦有之"，[③] 甚至出现以成立电影公司为借口公开虚假骗股的案件。这些情况不仅影响了近代民族电影业的声誉，而且严重扰乱了电影市场的正常发展。到了 1931 年，随着白银大量外流，我国整体金融环境急剧恶化，尽管此时国民政府颁布了"禁银出口令"，但仍旧收效甚微，电影行业的"资本荒"更加突出，影院歇业、制片公司倒闭，从业人员面临失业的困境。

二　寻找出路：近代电影业的对外探索与融资实践

近代电影业在面临资本困境的同时，也开始了主动探索解决之路，其先行者系当时的一些金融家、电影实业家，当然也有兼具两种身份者，如天一影片公司的邵醉翁曾任中法振业银行行长，上海大世界影院经理黄楚九也是日夜银行的创办人，他们不仅具备丰富的金融理论知识，而且熟悉民族电影业的发展现状。他们以报刊为阵地，通过发表一系列研究文章，为民族电影业的发展找寻出路。众所周知，电影作为舶来品，尽管在 20 年代出现了我国第一次市场繁荣，但它传入的时间仍旧不长，国人对于影院建设、影片制作与发行，以及电影公司运营管理等方面的探索仍然较少，特别是其中各项环节与资本的紧密联系，更是尚属空白。于是当时人将目光转移至国外的电影产业，通过梳理、分析他们的各项数据，来为民族电影业提供借鉴。

---

① 以 1936 年的数据为例：当时全世界的影院约有 87000 余家，世界人口 18 亿 870 余万人，平均 2 万 7000 人有一家电影院，而在中国 158 万 2000 余人才合有一家电影院，参见《全世界的人口和全世界电影院比较统计》，《大言日报》1936 年 6 月 23 日，第 3 版。

② 《电影公司与交易所》，《申报》1925 年 2 月 26 日，第 12 版。

③ 《我国电影业之弊病》，《申报》1925 年 3 月 19 日，第 7 版。

最先受到关注的是美国电影业，这与美国电影业在 20 世纪初所取得的快速进步与巨大成就有着紧密联系，"今日美国之电影事业，正在全盛时代，每年出品占全世界十之九，且一片之值，动辄数十百万。回忆十余年前，其草创之状态，正与我国今日之电影事业相同，然我国尚有他山之石，可资借镜"①。自 1923 年开始，国内报刊开始不断刊登介绍美国电影业现状的文章，这些文章大都属于翻译之作，主要从美国各类经济杂志中搜集各项与电影相关的数据进行整理，这些数据主要涉及全美影院数量、座位总量、上座率、门票售价、上映卷数、投资总额、股东控股、演员薪酬、商业税缴纳、出口影片数、进口影片数，以及电影业在国民生产总值中所占的比例等内容。这些数字大都比较精确，而且更新较快，有时半年甚至一个季度，就会出现新的文章进行报道，这都为国人更加清晰地认识美国电影产业发展状况提供了有意义的参考。当然，除了美国之外，他们还关注到了俄国、法国、德国等国的影业发展情况。②

除了摘要介绍国外电影业的发展概况之外，国人还发表了一些集中讨论电影金融问题的专文，其中有两篇影响较大。这两篇文章均以美国电影金融作为研究对象，而且题目完全相同，题名《美国之电影金融》，第一篇作者不详，发表于《银行周报》1925 年第 9 卷第 24 期；另一篇署名"受百"，应是民国时期著名的金融家、翻译家蔡受百先生，该文发表于《银行周报》1926 年第 10 卷第 44 期。两篇文章都不约而同地认为：电影业的发展取决于金融界的支持力度，"前途发展端有赖于金融界之扶持也"③。那么为何电影业会如此依赖金融资本？两篇文章以美国近年电影业所面临的问题入手，指出制片成本高、前期投入大、回收周期长、失败风险高是当前电影业所面临的通病，在电影制作、发行、放映三个阶段，任何一个阶段遭遇资金不足，就会导致全盘失败。于是，如何才能解决电影业所面临的资本问题呢？文章提出了详细的解决方案，涉及银行贷款、成立股份制公司，以及建立风险预警机制等。特别值得指出的是，两篇文章还着重介绍了美国电影业中的分配公司制，其运作原理就与当今我国电影

---

① 《美国电影事业之今昔观（一）》，《申报》1925 年 4 月 12 日，第 7 版。

② 主要内容可参见《俄国最近电影事业之调查》，《明星特刊》1927 年第 25 期，第 1～3 页；《法国电影业日盛》，《民国日报》1930 年 12 月 19 日，第 10 版；《德国电影事业近况》，《大公报》1930 年 7 月 28 日，第 8 版。

③ 受百：《美国之电影金融》，《银行周报》1926 年第 10 卷第 44 期，第 10 页。

业所实行的"票房分账制"基本相同。

民族电影业在有了支撑数据和参考经验之后，遂展开自主性的融资实践，以抵御资本风险。依据现代金融学的一般认识，企业融资的渠道主要包括银行贷款、股票筹资、债券融资、海外融资等几类。实际上，通过考察可以明晰，在20世纪二三十年代，民族电影业已经或多或少地运用了上述手段进行融资，具体而言主要包括以下三种方式。

（一）银行贷款

众所周知，尽管融资方式多样，但最直接、有效的方式莫过于从银行等金融机构获得贷款。然而，当时的电影业并不是银行所青睐的投资对象，这是因为电影属于新兴行业，规模市场尚未形成，单就其收益率而言，还远不能与面粉、纺织、水泥等行业相提并论，正因为如此，电影业向银行融资就变得十分困难。在此背景下，电影业便普遍出现以影院厂址、摄影器具抵押贷款的情形。

1931年11月，明星影片公司将公司名下的30余亩土地抵押给美商汇众银行，并申请贷款48万两，贷期两年；1936年，明星影片公司革新改组，再次将枫林桥的地产和房屋、摄影机器等资产抵押给交通银行，申请贷款16万元，利息为9厘，其中10万元用于清偿之前的债务，剩余6万元用于发放演员薪酬等日常开支。[①] 当时另外一家具有重要影响的联华影业公司也有使用地产向银行抵押贷款的情况，据时任联华影业公司总经理黎民伟先生回忆："联华公司的经济不能维持各厂……我将广州东山之房产契据借与罗明佑，向汇丰银行抵押得毫洋万五元，伸算为大洋一万元，继续制作，不及一年，制有《续故都春梦》《三个摩登女性》《城市之夜》《人生》《母性之光》，俱能卖座。"[②]

电影公司将版权质押给银行并获得贷款也是当时新出现的一种融资方式。20年代初，上海就已经出现电影公司转让版权的情况，但当时并不是将版权转让给银行，而是其他公司，如商务印书馆影片部曾将自己所出之影片《荒山得金》《呆大祝寿》的放映权售卖于西班牙外商开设的雷麻斯

---

① 《明星公司向交通银行巨额借款》，《电声（上海）》1936年第5卷第25期，第604页。

② 黎民伟：《失败者之言——中国电影摇篮时代之褓姆》，《当代电影》2004年第3期，第32页。

影片公司，以解决当时公司资金不足的现状，两公司商议"惟限定若干年后，仍须归商务印书馆销行，刻下外埠租演权，仍属商务"①。这种公司之间的版权转让，特别是民族电影公司将自己的新片版权转让给国外电影公司，以解决资本困境的做法无疑是饮鸩止渴，若干年后即便收回了版权，但影片早已过时，票房收益甚微。到了30年代，电影公司开始普遍将版权质押给银行以获得贷款，明星影片公司曾在《革新宣言》中明确提及：当时的民族电影公司，"凡影片公司所见得之剧本版权，大都归之借款者，即银行或其他金融机关"②，这说明在20世纪30年代民族电影业普遍质押电影版权，以版权为核心的电影融资体系初步成型。

（二）股权融资

所谓股权融资是指企业的股东愿意让出部分企业所有权，以引进新股东的融资方式为企业增资，通过这种融资方式获得的资金，不仅企业无需还本付息，而且可以充实企业的运行资金，于是这种方式便在近代影业中迅速流行开来。

目前所见，明星影片公司、开明影片公司较早地成立了股份有限公司，并面向社会招股。明星影片公司成立之初就在《申报》刊登启事："公司总资本10万元（银元），共2万股，每股5元，发起人已认购半数，另外1万股由社会各界认购。"明星影片公司在发行股票向社会筹集资金的同时还成立了股东大会，公布了"优待股东"的条件：凡五百股以上的股东可享受各种优惠政策，如只收取成本费为其拍摄广告片、留影纪念片、喜庆纪念片、交易纪念片等。③ 开明影片公司由高孟一等人负责"招集股银八万元"，主要用于公司筹建新影院。④

当时的募股对象主要是社会大众，和今天电影行业所谓之众筹大体相似。1924年初，上海法租界内建立了一家新的普育电影公司，该公司由赣籍商人萧氏经营，成立之初就曾在上海多家报刊上发布信息，面向社会募

---

① 《天津电影院近况之沪闻》，《申报》1923年8月2日，第18版。
② 《革新宣言：中国电影界是正陷在非常的苦闷境中》，《正气报》1936年8月15日，第1版。
③ 中国电影资料馆编辑《中国无声电影》，中国电影出版社，1996，第27～29页。
④ 《咨：开明电影股份有限公司应准注册给照由》，《农商公报》1923年第10卷第4期，第21页。

股。① 同年10月，中美电影公司成立，"美亚电影传习所主人贝兰女士，近筹备电影公司，已将就绪……不日将宣布成立，开始招股"②。虽然是面向大众募股，但并不是任何民众都可以加入，参与者必须具备一定的社会声望与资金实力，如美心电影公司就明确提出要求"集股标准为十万元"③。1932年，国内规模最大的有声电影公司——联合电影公司成立，面向社会公开招股250万元，每股银5两，前来认股者众多，"大有争先恐后之势"，甚至招股当天就升到5.5两一股。④

股权融资是20世纪二三十年代电影业最流行的融资手段，可以说无论规模大或小的电影公司都使用过这种融资手段。随着社会民众的参与度越来越高，更多的资金流入电影公司，为民族影业的发展注入了新的动力。此外，民族电影公司也通过不断合并、重组的方式，联合成为股份有限公司，如1925年6月，大中华影业与百合影片公司改组为大中华百合股份公司；再如1930年8月，大中华百合公司又合并了上海影戏公司、华北电影公司成立了联华影业制片有限公司。这家公司曾广泛地向社会招股，并在全国多个大城市设立"代收股银及节略书处"，此后日益发展成为我国近代规模最大的电影公司，这其中通过股权融资等方式获得的大量资金对其发展贡献了不可忽视的力量。

（三）政府专项拨款

实际上，国家专项拨款属于国家政策性财政支持，虽然并不是电影业自主融资的一种表现，但仍旧可以获得资金支持，对于解决电影业所面临的资本难题同样具有重要意义。

就现有的史料来看，20世纪20年代还没有出现国家对于电影事业专项拨款的例子。1934年，陷入资本困境的民族电影企业家开始向南京国民政府求助，请求给予财政拨款，以挽救民族电影业之颓势。同年6月，陈立夫在南京召集全国电影界知名人士举办了一个谈话会，会上他表示："电影需要大量的资金与人力，苏俄、意大利、德国都是以国家力量扶持电影。"⑤ 三个

---

① 《普育电影公司之发起》，《申报》1924年1月20日，第17版。
② 《中美电影公司将成立》，《申报》1924年10月20日，第15版。
③ 《美心电影公司筹备会纪》，《申报》1924年11月9日，第17版。
④ 《联合电影公司招股成绩》，《申报》1932年7月21日，第15版。
⑤ 中国教育电影协会编，北京市属市管高校电影学研究创新团队整理《中国电影年鉴1934》（影印本），中国广播电视出版社，2008，第99页。

月后，南京国民政府第一次拨付了 6 万元，用于设立国立电影馆，"中央准中国电影教育会呈，拨六万元设国立电影馆"①，此举便开近代政府电影专项拨款之先河。1937 年，国民政府再次拨款 30 万元，扶持国产电影业。② 此外，教育部也多次拨付专项资金，支持各省市电影公司拍摄、放映教育影片。③

1937 年 5 月，中国教育电影协会第六届年会在南京召开，会议上有两条扶持国产电影业的提案获得通过。其中值得一提的是，时任国民党中央委员潘公展从抵御外国文化侵略的角度"建议中央以物质力量扶持电影事业"，他提出四条扶持办法，其中三条与电影业融资密切相关：一、由政府延聘专家，对国产影业的全部，彻底加以研究，从事改造。二、实施补助制度，视公司之成绩，定补助之多寡，并予以切实有效之保障。三、指定国家银行，特设"影业赁银处"，以流通影片制作者之金融，除规定赁银总额外，还实行信用借款。四、对于上条信用借款之制片者，政府或国家银行，得选干练人员，协助其进行，使之合理化。以上四条办法刊登在 1937 年 6 月 18 日的《中央日报》上，并附说明"请中央采纳原案所列办法，于最近期内施行"④。由此可见，自 1934 年以来，电影业所面临的资本困境已经受到政府重视，并逐步通过政策性拨款予以扶持。同时，政府也开始设置专门的补助制度，而且对电影业开放信用借款，这些措施无疑对于解决资本难题发挥着重要的作用。

三　近代电影业融资实践的效果考察与历史意义

由上述内容可知，虽然民族电影业在 20 世纪二三十年代面临着严重的资本困境，但也开展了积极的融资实践，这其中既包括企业自身的努力，也有政府政策的支持。那么，上述融资实践取得了怎样的效果？产生了哪些积极的历史意义呢？

毋庸置疑，电影业所做出的融资实践发挥了重要作用，在一定程度上改善了电影公司资本缺乏之困境，特别是民族电影公司，我们以当时全国

---

① 《中央拨款六万元设立国立电影馆》，《电声（上海）》1935 年第 4 卷第 28 期，第 576 页。
② 《中央拨款三十万扶持国产电影业》，《电声（上海）》1937 年第 6 卷第 32 期，第 1358 页。
③ 《教育部决定拨款补助各省市电影教育》，《公教学校》1936 年第 2 卷第 27 期，第 35 页。
④ 《教电协会呈请中央扶持国产电影事业》，《中央日报》1937 年 6 月 18 日，第 13 版。

规模较大的明星影片公司和天一影片公司为例进行说明。

　　明星影片公司是我国近代成立较早、规模较大的一家民族影业公司。20 世纪 20 年代初期，由于制片数量较少、设备陈旧等原因，未能打开市场，企业收益不高。1927 年，明星影片公司总收入 245930.33 元（银元），支出则达 264958.73 元，亏损 19028.41 元。[①] 而造成亏损的原因，除了设备陈旧导致出片数量较少之外，演员薪酬、外国技师指导费用较高也使得成本大为提升。如前所述，1931 年，明星影片公司从美商汇众银行获得了 48 万两贷款，第二年便使用此款赴美购买了新的有声设备，将原来的无声摄影机更新换代，很快明星影片公司就利用新设备制作上映了有声电影《歌女红牡丹》等影片，获得了大众欢迎，带来了较好的票房收益。资料显示：1932 年明星影片公司的总收入就提升至 55.9 万元，而 1933 年更是达到了 82.9 万元，基本扭转了公司前期亏损的状态。此后随着资本积累越来越足，明星影片公司开始拍摄一些成本较高的影片，这些影片由于参演明星多、剧情跌宕起伏且均为有声电影，票房收益良好，如 1934 年上映的家庭伦理影片《姊妹花》，拍摄时间长达八个月，由著名女影星胡蝶担任主角，仅前期投入就达 10 万余元。但是，该片自 1934 年 2 月 14 日在新光大戏院上映后，前两个月几乎场场爆满，按每天放映 2～3 场，新光每场座位数 1300 个，票价均值为 0.7 元计算，[②] 仅此一部影片的票房收入就可达 20 万余元，实现利润翻倍。

　　天一影片公司成立于 1925 年，公司成立时仅有资金 1 万元，这与当时的明星影片公司、联华影业公司相比无疑实力较弱。成立之初，公司经营状况不佳，甚至一度出现负债的现象。此后，天一影片公司通过向银行贷款，以及面向社会公开筹集资金的方式，迅速积累了资本金。值得指出的是，天一影片公司在面向社会筹集资金的时候，并未采用其他公司常见的招股、设立股东大会的形式，而是采用了"一影片一集资"的方法，即公司每筹划一部影片，会根据该影片的实际情况计算成本，同时向社会就该部影片筹集资金，按照每人出钱的多少计算比例，影片上映后根据实际收

---

①　明星影片公司的收支数据来自中国教育电影协会编辑的《中国电影年鉴 1934》，由北京市属市管高校电影学研究创新团队整理，中国广播电视出版社 2008 年影印出版。文章以下涉及明星影片公司的基本数据均出自该书。

②　当时新光大戏院的票价分为三等：0.5 元、0.7 元和 1 元，平均值为 0.73 元。参见《申报》1934 年 2 月 11 日、13 日的影片广告。

益分红，分红之后就此结束。下次如有新片计划，重新公开消息筹集资金。① 相比公开募股建立长期的股东制度，天一影片公司的这种筹资方法灵活多变，而且每拍一部影片就结算一次，既容易取得投资者的信任，又促进了资金的快速流动。由于解决了公司的资本难题，天一影片公司走向了快速发展之路。截至 1937 年，公司共制作影片 110 余部，并积极拓展了海外电影市场，30 年代陆续在南洋建立 100 多家影院，赚取了极高的利润。1936 年，天一影片公司的总经理邵醉翁在接受媒体采访时说："十年前的资本为一万元，及后渐增至十万元，再加上七八万的流动资金，连各项生财在内全部估价，约有五十万余元，公司事实上是赚钱的。"②

近代电影业的融资实践不仅解决了行业所面临的资本困境，而且产生了积极的历史意义，这主要表现在以下三个方面。

首先，采用票房分账制，降低行业投资风险。分账制是我国当前电影业普遍采用的一类投资管理办法，学界普遍认为我国分账制始于 20 世纪 90 年代中期以《红粉》为代表的一批影片。③ 实际上则不然，如前所述，蔡受百先生在《美国之电影金融》一文中率先介绍了美国电影业运用分账制取得成功的案例。此后，分账制开始被近代民族电影业引入，明星影片公司在 1926 年就"与戏院订定分账办法"，联华影业公司"自《故》《野》《恋》三片问世，改用分账制，收入比前多收二三十倍"。④ 由此可见，近代电影业在 20 世纪 20 年代就已经运用了分账制。与此同时，这种分账制就像一个杠杆，能够调节电影行业各个环节的利益分配，既降低了行业投资风险，又取得了较好的票房收益。

其次，开启了众筹资金拍摄电影的先例。众筹是当下中国电影界比较热门的一类融资方式，学界普遍认为这种面向大众的新型集资方式源自海外，并于 2011 年进入中国。⑤ 2013 年，《大鱼海棠》在 45 天里众筹总额 158 万元，参与众筹者达 3500 人，创下了当时国内电影产业众筹资金

① 《天一公司的新计划》，《影戏生活》1931 年第 1 卷第 7 期，第 7～8 页。
② 转引自周洁《上海民营电影制片企业生产经营研究（1913—1937）》，上海社会科学院博士学位论文，2018，第 142 页。
③ 林莉丽：《电影分账：内容凸显力量》，《中国电影报》2009 年 2 月 12 日，第 13 版。
④ 王晓乐、林继超：《资本之殇：近代国人对电影金融的早期认识与实践》，《当代电影》2016 年第 12 期。
⑤ 虞海峡：《众筹：电影内容运营风险管理的试金石》，《当代电影》2014 年第 8 期。

的纪录。① 最后该片取得票房 5.65 亿元，被学界普遍认为是我国众筹电影的开端和成功之例。实际上，通过上述内容我们可以知道，早在 20 世纪二三十年代，民族电影公司便开始运用公开募股的方式面向大众筹集资金，特别是天一影片公司创制了"一影片一集资"的众筹办法，可谓开启了近代电影业众筹资金的先河。

最后，积极探索政策扶持电影产业的道路。20 世纪 30 年代，民族电影业在面临资本困境时获得了国民政府的帮助，由此拉开了近代政策扶持电影业的序幕。电影作为一种商品，在萌芽与发展期，不能仅依靠市场力量对其进行把控，还需要政府的扶持与帮助。早期民族电影业对于政策扶植道路的探索，为当下的中国电影产业提供了非常宝贵的历史经验。

结　语

20 世纪二三十年代中国电影业所进行的融资实践无疑是值得肯定的，它不仅解决了民族电影业所面临的资本困境，而且为此后中国电影业的发展提供了具有重要参考价值的历史经验，特别是采用分账制、众筹的方式筹集资金，产生了深远的影响，时至今日它们仍旧是电影业常见的投资管理办法。

尽管近代电影业所取得的融资实践是值得肯定的，但是我们也应该看到它的不足之处。第一，近代电影业的融资行为属于自救性质，换言之，民族影业是为了解决行业问题而进行的一种被动学习与探索，特别是很多电影公司在解决了资本困难之后，就停止对电影金融理论的探索，因而很难形成一套较为健全的投融资理论体系，遂与同时期的西方国家逐渐拉开了距离。第二，1921 ~ 1937 年是近代中国电影业发展的一个繁荣期，在此期间，民族电影业无论是在技术、资金、人才等各方面都得到快速的发展，但是这个繁荣持续时间较为短暂，很快就因抗日战争而被迫中断。1937 年后，电影业随之走入低谷，整个行业对于金融的探索再次中断，并造成此后我国电影业长期缺乏理论依据的情况。

---

① 参见《大鱼海棠：情怀背后，影视众筹路在何方》，人民网，http://money.people.com.cn/n1/2016/0712/c42877 - 28545137. html。

The Capital Dilemma and Financing Practice of China's Modern Film Industry（1921 – 1937）

Peng Wanying

Abstract：China's film industry has entered its first boom since 1921. The number of cinema construction and the number of moviegoers in various places have reached a new peak. At the same time, the national film industry is facing the crisis of capital dilemma. In order to solve this problem, the national film industry has actively carried out localized financing practices while learning from Western countries. They not only reversed the capital dilemma through bank loans, equity financing, and national special allocations and other means, but also took the lead in using financing methods such as the ledger system and crowdfunding system, accumulating important historical experience for the market development and financial investment of today's film industry.

Keywords：Film；Investment and Financing；Bank Loans；Lianhua Film Company

中国近代银行史研究理路与方法新探

——以《侨资中南银行研究（1921—1952）》为中心的思考

陶仁人　李　玉*

摘　要：马长伟所著《侨资中南银行研究（1921—1952）》一书系统考察了近代中国一家规模较大、影响广泛的特色银行的相关专题，尤其是在钞票发行、四行联营、公司治理、企业管理、业务发展方面均有精深的分析，基本做到了银行史研究"内史"与"外史"的较好结合，经济学、历史学与管理学视野的互相兼顾，充实并发展了银行史学科的理路与方法。若能在人物分析、社会史书写方面再进一步，其学术价值将会更大。

关键词：中南银行；公司治理；黄奕住；家族企业

一　问题的提出

1921 年 5、6 月间，在上海《申报》等媒体非常密集的广告版面中，不断重复着这样一则中南银行召集创立会的公告，其内容为：

> 兹订阳历六月五日星期日（即阴历四月二十九日）午后二时在上海四川路六十六号本行筹备处三层楼开创立大会，提议章程，选举董事、监事。凡预股诸君，除照交股时所开住址分寄通知书、入会证及

---

* 陶仁人，江苏阜宁人，南京大学马克思主义学院博士研究生，研究方向为企业史；李玉，山西山阴人，南京大学中华民国史研究中心教授，研究方向为企业史。

委托书外，其有未将住址向本处声明，无从投寄者请于六月三日前持
行股据赴本处验取入会证，以凭到会与议。特此通告。

中南银行筹备处启

这封公告在当时来说，未见过分设计，显得平实、真诚，公告中特别
提醒未留下通信地址的股东可于 6 月 3 日前往特定地点办理参会手续。真
诚、周到与耐心是近代银行从业者的业务素养。

1921 年 7 月 6 日中南银行正式开幕，据《申报》报道，"来宾极夥"，
上海军政商学各界，中外各银行、商会暨南洋侨商代表均往致贺者，以及
北京、天津及长江一带的来宾，共约一千五六百人。记者描述当时的场
景："衣冠楚楚，跄跻一堂，颇极一时之盛。"另据报道，"各处之以祝词
楹联为赠者，凡一千余事；贺电百有余通。当日柜面收入存款银洋共合五
百余万元"。中南银行广泛的社会影响，从该行成立大会时的盛况也可窥
得一些端倪。《申报》的新闻评论称，"侨商组织银行此为首创，而资本之
雄厚，亦为商业银行所仅见。加之主持者皆为社会上著名人物，前途发达正
无量也"①。

后来的发展，证明《申报》记者所言大致不虚。姑且不说中南银行资
本规模在当时的民营银行界处于前列，而且成立之后即与盐业、金城、大
陆三家银行结成业务联盟，叱咤金融界；另外，单就获得纸币发行权，且
发行数额在国内的占比也可看出其在业界的地位。以 1935 年为例，中南银
行共发行纸币 4465 万元，占全国重要银行发行总额的 12.28%。②

中南银行的重要影响，还与其创办及经营人员不无关系。除了著名侨
商黄奕住及其家族之外，中南银行先后得到史量才、徐静仁、胡笔江等重
要人物的深度参与，尤其是胡笔江自该行创立伊始就担任总经理，直至
1938 年去世。1934 年起，胡笔江还被南京国民政府任命为交通银行董事
长，其社会影响与地位更加重要，对中南银行的发展也大有裨益。

然而，对于这样一家著名银行，学术界的相关研究则难以与同时期的
其他民营银行相比，例如笔者于 2022 年 8 月 8 日在中国知网进行中文篇名
检索，中国通商银行共为 50 篇，金城银行共得 60 篇，上海商业储蓄银行

---

① 《中南银行开幕志盛》，《申报》1921 年 7 月 6 日，第 14 版。
② 马长伟：《侨资中南银行研究（1921—1952）》，中华书局，2022，第 339 页。

共有 41 篇①，浙江兴业银行 37 篇，重庆聚兴诚银行 20 篇，盐业银行为 16 篇，而中南银行则仅为 13 篇。正如马长伟先生检讨指出的，学术界"对中南银行的研究是个薄弱环节，对其作为商业银行的发钞制度、联营制度、其作为现代家族型企业的治理制度、管理制度、业务制度都缺少必要的研究"②。

马长伟长期关注中南银行史，师从著名经济史学家姚会元先生攻读博士学位时，即以此为主攻专题，进行了大量的史料收集、史实考订与理论思考。现在他的阶段性研究集成著作《侨资中南银行研究（1921—1952）》由中华书局于 2022 年 7 月出版，在全面评析该行兴办历程、业务绩效、社会影响与历史遗产的同时，对于银行史的研究理路与书写范式也进行了自己的思考与探索，值得重视。兹就笔者的阅读所感，略抒几点，以期进一步探讨。

二　银行的"内史"与"外史"

中国近代银行史研究虽然起步比较早，在上海银行公会创办的《银行周报》，以及民国时期其他重要经济刊物上，即可见到相关论述。但大规模的学术研究则始于 20 世纪 80 年代。1984 年 12 月中国金融学会在宁波召开的"沿海城市旧银行史讨论"是个重要标志，此后中国银行史研究成果不断产出，易棉阳与姚会元根据历年《全国报刊索引》统计，1980 ~ 2003 年国内共发表银行史论文 384 篇，他们判断中国银行史研究是"平稳地进行的"③。他们在进行了较为详尽的学术梳理之后，认为"综观 1980 年以来的银行史研究成果，描述性的占绝大多数，分析性的只是少部分"④。两人的文章发表于 2005 年，近十余年来，银行史研究取得更多的新成果，虽然仍多"描述性"，但专业水准已大为提高。

与经济史其他专题一样，银行史研究的专业性，实际就是其业务理

---

① 未以该行的简称"上海银行"进行检索，因易与当代的上海银行产生混淆。
② 马长伟：《侨资中南银行研究（1921—1952）》，中华书局，2022，第 29 页。
③ 易棉阳、姚会元：《1980 年以来的中国近代银行史研究综述》，《近代史研究》2005 年第 3 期，第 256 ~ 257 页。
④ 易棉阳、姚会元：《1980 年以来的中国近代银行史研究综述》，《近代史研究》2005 年第 3 期，第 279 ~ 280 页。

论，即研究银行史的学者首先得具备一定的银行学理论，明白银行运行的机制、机理，不能仅仅停留于对于银行的"现象"描述，而是要能够具体分析检讨银行实务，使银行史研究实现由"外史"向"内史"的转换。

银行的"外史"，可以看成银行的外部效应，诸如从社会层面、政府层面、行业层面观察银行制度设置、机构变迁、业绩变化、社会影响、官商关系等。如果将银行史研究理路概括为"政治经济学"的话，所谓"外史"，就是偏重于政治解读与社会分析。所谓"内史"，就是用专业理论去检讨相关研究对象。也就是说，研究银行史，首先得具备相当程度的银行、金融、会计、财政与企业管理等方面的专业知识素养。

从马长伟的新著可以看出，他在中南银行的"外史"与"内史"相结合方面，进行了深入的探索与思考，从而形成了自己独特的银行史书写结构。

在"外史"方面，马长伟既梳理了近代中国银行业的制度移植及其变迁，考察了中南银行的创立过程与制度环境，也分析了中南银行的经营管理与业务绩效。也就是说，作为银行史，一般文史专业研究者所关注的研究情节与情境，在马长伟的著作中均有相应的呈现。但马长伟并未停留于此，而是专门设计了一系列经济学研究者比较关注，对银行界人士而言比较内行的议题，比如货币发行、联合经营与公司治理等，表现出他关于中国近代银行业较强的"内史"研究能力。

三 中南银行的钞票发行

虽然近代中国的货币制度比较混乱，但货币发行权主要掌握在官办银行以及几家大型商业银行之手，中小银行只有经营货币之业务，并无发行货币之权力。而作为最大侨资银行的中南银行在创办之初即获准发行钞票，奠定其在业界的地位。

以往银行史研究者对货币发行问题，并未给予足够重视。少有的一些文章也多侧重于银行发行的钞票研究，侧重文物鉴赏角度，而不是银行发行钞票的过程与影响研究。近代中国的各类金融机构多以发行各类"代金券"为谋利手段，而盘踞各地的地方权势集团也多借官办银号、银行发行纸币，聚敛财富，导致近代中国的钞票发行乱象丛生，直到国民政府实行法币改革，才形成某种意义上的全国法定货币。

由于中南银行在发行钞票方面，不仅速快、面广，而且量大，马长伟利用自己经济学与历史学专业素养皆优之长，在书中专置一章，考察中南银行的"钞票发行及其制度安排"。这一章的内容是作者在前期专题研究的基础之上形成的，体现了较为深厚的专业素养。他接续前人少量的研究，在《南洋问题研究》连续发表两篇关于中南银行钞票发行问题的专题论文，分别考察了该行钞票发行权的获得及其影响与意义，以及该行钞票的印制、防伪、领券、发行与暗记办法，均体现了相当的银行学专业理论水准。他认为中南银行所发行的钞票，由于准备金充足，制度规范，信誉良好，"是中国金融市场上最受欢迎的银行券之一"[1]。该行在钞票发行方面体现的"国际化视野、谨慎态度以及一系列制度设计，对于今天的货币发行与流通具有重要的启示与借鉴意义"[2]。特别强调，"领券制度"对当代人民币国际化、"本币互换协议"具有重要的参考价值。[3]

马长伟不仅将这些观点在书中进行了再现、整合与深化，而且新增一节，专论"中南银行钞票发行权的取消"，不仅对于该行钞票发行的总体影响进行了回顾，而且结合国民政府金融形势，对中国民营银行配合币制改革决策，调整经营方略，以利全国金融统一之举进行了肯定；同时也就中南银行发行的钞票对近代中国金融界与工商界发展的推动作用进行了评析，进一步深化了读者对于中南银行发行钞票 14 年体现的"信誉好""范围广""受众好""业务好"四大效果的认识。[4] 但文内对中南银行钞票与产业部门的业务关系分析不足。

四　中南银行主导的四行联营

在近代中国银行业界，"北四行"与"南三行"声名卓著，影响巨大，这是两个银行联合营业组织，其中的"北四行"就包含中南银行。同获得

---

① 马长伟：《侨商中南银行钞票发行权研究》，《南洋问题研究》2013 年第 2 期，第 50 页。
② 马长伟：《侨商中南银行钞票的印制及其发行制度》，《南洋问题研究》2015 年第 4 期，第 93 页。
③ 马长伟、姚会元：《民国时期纸币发行中的领券制度及其启示》，《国际金融研究》2014 年第 6 期，第 21、29 页。
④ 马长伟：《侨资中南银行研究（1921—1952）》，第 118 页。

发钞权一样，中南银行在成立后的次年（1922 年），即与 1914 年成立的盐业银行、1917 年创办的金城银行和 1919 年成立的大陆银行达成联营战略。"联营集团形成以后发展迅速，成为全国金融业第二梯队的中坚力量"①。在四行联合经营体中，中南银行的地位非常重要，这同该行具有发行钞票之权有直接关系。在北洋政府财政部备案的《四行联合准备库发券办法》第一条就写道："中南银行为慎重政府赋予发行权，及保持社会流通之信用起见，特将本行发行钞票规定十足准备之章程，联合盐业、金城、大陆各银行，设立四行准备库，公开办理，以昭核实。"该行第二届营业报告关于与其他三行设立联合准备库之缘起这样解说："本行承政府特准发行兑换券，在政府实为奖励侨商回国经营实业之盛心，在本行允宜郑重发行，厉行十足准备制度，用答社会期许之殷，而副政府嘉与之意，爰先与声誉素著之盐业、金城、大陆三银行，设立四行联合准备库，脱离营业范围，特设机关，公开办理。"② 这些都是对于中南银行在"北四行"联合营业体系中关键地位确立的客观说明。

由此也说明联营是中南银行最为重要的业务方式之一。推动四行发起联营的吴鼎昌指出："四行联合之宗旨，系为活泼金融、压轻利率起见，以期实业勃兴，而国民生计可藉以发展。"著名金融评论家徐沧水则认为此举实为"适合经济思潮之一种试验也"，是一种"创举"。③ 后来研究四行联营的学者已不在少数④，但马长伟顺着金融创新的视角进行自己的探究。他参照著名经济学家林毅夫对于行为选择理论大家曼瑟尔·奥尔森在《集体行动的逻辑》中提出的集体创新条件的重新概括，来观照中南银行主导下的四行联营制度，分析了四行联营的背景与环境、条件与基础、理

---

① 马长伟：《集聚上海：近代北四行南迁研究》，《历史教学》（下半月刊）2016 年第 11 期，第 34 页。

② 沧水：《盐业、中南、金城、大陆四银行联合营业述评》，《银行周报》第 7 卷第 47 号（总 327 号），1923 年 12 月 4 日，第 10、11 页。

③ 沧水：《盐业、中南、金城、大陆四银行联合营业述评》，《银行周报》第 7 卷第 47 号（总 327 号），1923 年 12 月 4 日，第 8 页。

④ 参见马长伟《集聚上海：近代北四行南迁研究》，《历史教学》（下半月刊）2016 年第 11 期。另见康金莉《北四行研究（1915～1937）》（冶金工业出版社，2010）、田兴荣《北四行联营研究（1921～1952）》（上海远东出版社，2015），以及黄丽珍、章亮、赵伊、黑广菊合作发表在《中国钱币》2021 年第 5 期和《华北金融》2021 年第 10 期的两篇文章——《合作与共赢——北四行准备库研究》和《民国时期北四行准备库合作基础、动机与制度安排研究》。

念与办法、业务与绩效，点明了四行的"相容性集团"与"排他性集团"特点兼具的合作属性与业务特点。[①]

作为业务方式的四行联营，不仅是立体的，而且是动态的，其运作稳定性与绩效不仅受外部条件影响，而且受合作各方之间相互关系的影响。马长伟特以专门的一节，考察四行联营中的"冲突"，以说明"北四行"之间的"竞合关系"。作者运用竞合理论分析指出，"契约条件下，'北四行'之间的竞争行为有所收敛和回避。但是竞争者因追求自身利益最大化，往往会损害到其他企业的利益，使企业付出一定的成本。'北四行'在一定的历史时期和经营空间上存在着广泛的合作，但这种合作不是绝对的。'北四行'之间竞争与冲突不断，直接影响到四行之间合作的关系，影响到四行的经济效益"[②]。有时合作各方也都知道要化解冲突，维护利益共同体，但具体行动者与行动方式则值得关注。

如同一项制度创新需要"领头雁"一样，制度的维护也需要"苦心人"。作者对于中南银行在其中的"苦心人"角色这样描述："中南银行经历了十年的'痛苦'之后，对四行联营制度进行了卓有成效的革新和安排，推动了四行联营事业的新发展。正是这些制度上的设计和创新，才得以成就了四行集团的辉煌成绩和历史地位"[③]。这样的分析，虽不无研究中常见的"本题主义"之嫌，但其学理性特色则是非常明显的。此外，该书时间跨度为1921～1952年，但是书内主要笔墨放在了中南银行1949年之前的发展状况，对1949年之后的情况介绍甚少。如，对"北四行"联营、"北四行"南迁、"北四行"的竞合关系、"北四行"的业务开展均有论述，但是对"北四行"的公私合营并无专题研究。从研究布局上看，这是个缺陷，日后可以补充。

五　中南银行的公司治理

银行是一种经营货币的企业形式，主要从事存放款、汇兑、贴现、投融资等金融资产业务。就其面对市场、从事商业竞争，以谋取经营绩效而

---

① 马长伟：《侨资中南银行研究（1921—1952）》，第148页。
② 马长伟：《侨资中南银行研究（1921—1952）》，第151页。
③ 马长伟：《侨资中南银行研究（1921—1952）》，第167页。

言，银行又是一家企业。而企业的资本结构，又决定了近代银行多为"公司"性质。在近代中国的公司群体中，银行占了非常大的比重。正如著名经济史专家张忠民先生所言："银行是近代中国公司组织发育最为充分的行业，同时也是职业经理阶层最为完善的行业。"①

中南银行的公司性从一开始就非常显著，其成立大会就进行了公司选举。当时的媒体这样报道："到场股东公同投票选举。并推李耆卿、吴蕴斋两君为检票员。结果史量才君得四万七千六十五权、吴秀生君得四万六千十四权、叶沅坪君得四万六千十一权、韩君玉君得四万六千三百四十一权、黄奕住君得三万七千六百九权、马亦篯君得四万四千九百三十一权、王敬祥君得四万七千一百六十二权。均以最多数当选为董事。徐静仁君得四万六千十二权、陶希泉君得四万五千八百八十一权。均以最多数当选为监事。选举既毕，时已五时，遂摄影散会。"② 从这个片段的报道中不难得出两个印象，其一是公司规模不小，其二是公司选举比较规范，创办人黄奕住竟然未得最高票。

黄奕住无疑是中南银行最大的股东。他最初设想"以国币一千万元，为独资银行事业，嗣以诸同人等人再四讨论，乃改为公司性质办理"③。赵德馨、马长伟曾指出，尽管黄奕住以出资最多顺利当选为董事长，但是他得到的选举股权却是最少的，这使黄奕住陷入了极为尴尬的局面，受到一次思想的震惊，也影响了黄奕住日后以家族模式经营中南银行的决策。④中南银行的董事长长期由黄奕住亲自担任，黄氏家族对于该行拥有相当大的支配权，由此决定了这是一家较为典型的家族公司。

有鉴于以往研究者往往偏重银行的业务管理，而忽视银行的公司治理，马长伟特别关注了中南银行的公司治理结构，分析了家族制与公司制的隼接、中南银行的两权关系、公司治理中的"道德风险"，检讨了"契约制"与"家族制"在中南银行的博弈，这些分析有助于增进学界关于近代具有中国特色的公司制度内在结构与运行实态的认识。

公司治理是银行管理的项目之一，而银行管理还有其他工作。马长伟

---

① 张忠民：《艰难的变迁：近代中国公司制度研究》，上海社会科学院出版社，2002，第444页。
② 《中南银行创立会纪事》，《申报》1921年6月6日，第10版。
③ 《中南银行创立会纪事》，《申报》1921年6月6日，第10版。
④ 赵德馨、马长伟：《黄奕住传》，厦门大学出版社，2019，第126页。

比较巧妙地设计了中南银行的"企业管理""业务管理"两个版块，分别
考察了中南银行的机构、人事与业务实况。虽然在人事方面，企业人事与
公司人事，难免有所交叉，但总体而言，两章内容各有侧重，边界尚属清
晰。将"企业管理"与"业务管理"进行区划，对于学界企业史研究理路
的拓展颇有启发。

六 银行社会史的书写问题

从某种意义上讲，银行是与社会联系最为广泛，也最为密切的企业类
型之一。一则因为银行的业务范围广，比较"接地气"；再则因为民众与
银行打交道多，"参与性"强。像中南银行这样的发钞银行，自然有比其
他银行更多的社会参与性。

该行的钞票发行，虽然准备充足，信誉良好，但在近代中国动荡、复
杂的社会环境中，也常遇挤兑风潮。尤其是随着该行业务网点在全国的布
设，信息不对称以及社会谣言导致的金融恐慌也不时影响该行业务。[①] 虽
然历次危机，或由该行设法应对，无由自然停歇，并未产生类似 1916 年中
国银行停兑那样的重大社会事件，但也给该行经营带来不少麻烦。

例如该行发行的钞票因信誉较好，故常被假冒。兹举 1930 年上海
《晶报》的一则报道：

> 最近本市发现一种改为中南银行之钞票，每纸概系百元。此票之
> 原质，乃已闭之某银行所发行者。该行停闭已久，流行市面之钞票并
> 未收回，兹已等于废纸，专事作伪之徒爰收集之，改造为中南票。惟
> 艺术极劣，不但纸张之大小与真南票相差奚仅累黍之分，而颜色复显
> 然不同，票上之中西文行名，更易尤拙。据专家察验，断定系将五元
> 真中南票上之行名挖下，而补贴于废票之上。此种移花接木之弱点，
> 苟加鉴别，立可暴露，因改造之不佳，鱼目遂难混珠。闻中南银行曾
> 有持此改票者希图兑现，比经行员解释真伪不同之点，仅不兑给现

---

① 《汉口中南银行挤兑，因市传沪行挤兑》，《京报》1924 年 9 月 5 日，第 7 版；《中南银行
钞票昨日下午亦突起风波，代兑者延至下午六时充量兑现》，《新中华报》1929 年 3 月 30
日，第 7 版；《杭州中南银行挤兑，旋即平息》，《南京晚报》1931 年 6 月 2 日，第 3 版。

款，挥之使去，并未盘诘票之来历，彻底根究，致此辈欺诈之心愈炽，日思以伪乱真。日昨杨树浦捕房拘获行使此票之粤人一名，解经特区地方法院判处徒刑五年，惩办不可谓不严。然其只需五元之真票，即可改造百元之票一张，一举手之劳，而获九十五元之利，故宁干犯法纪。假使停业银行能将钞票悉数收回，此种罪犯，自可减少，严格而论，停业之银行实尸其咎也。①

与此事相关者，还有一则新闻，据《新闻报》报道：

> 杨树浦路王顺兴洋货店，于前日有粤人黄忠良，将已闭山东银行一百元之钞票涂改中南银行，向该店混用，当被察破，鸣捕拘入捕房，昨晨解送特区地方法院，即据捕房律师陈述案情，略谓查被告数次过犯请究，并将改票呈察。继由中南银行代表周德华投诉是项改票，前行中亦有人来取，当经释明作废，并将真票红色一百元，与改票比较颜色不同，赝鼎者其色系深青莲花纸，与真者略大，票上所贴之"中南银行"，系用五元中南真票上挖下所贴，以故真假易于辨认云云。继由原告代表殷少山证明当时察破情形。诘之被告，供词支吾。经萬之覃推事核供，当庭判决被告黄忠良处徒刑五年，伪票没收。②

两则新闻比照参阅，就可以增加对中南银行钞票遭受社会假冒状况的了解。类似问题，中南银行可能经常遇到。就连上海巡捕房退职捕头密耳斯也因"混用中南银行伪钞"，在横滨被捕。③ 除了被动遭受社会侵害之外，还有大量的业务纠纷等，无疑也对该行经营有所影响。这些被动的社会事务，加上面向社会主动实施的各种业务行为（诸如吸纳储蓄、进行投资等），决定了社会性观照可以为银行史研究拓展更大空间。稳定市场，巩固银行信用是银行稳健经营的表现。马长伟的著作对此有一定的涉及，但尚可进一步扩充。

---

① 问天：《中南银行伪票之鉴别》，《大晶报》1930年12月21日，第2版。
② 《中南银行有人涂改伪票易于辨认——颜色不同，纸张略大，挖贴痕迹》，《新闻报》1930年12月20日，第15、16版。
③ 《巡捕房退职捕头在横滨被扣》，《京报》1936年1月23日，第3版；《密耳斯使用赝造，在横滨港被扣》，《西京日报》1936年1月23日，第3版。

七　简单的结语

毫无疑问，中南银行在近代中国经营较为成功且产生了较大影响，留下丰富的制度遗产堪供学界检讨。该行是一家富有特色的银行，首先就"特"在其"侨资"背景。马长伟的书名特冠以"侨资"二字，也系有意强调。该行甫一成立，即能获得令其他银行羡慕的发钞权，也与其侨资背景有很大关系。

但在业务发展过程中，该行又与其他银行没有根本区别，所以就其行史研究，也可窥得银行史研究的一般理路。"突出特色，彰显常态"正是马长伟此书写作之道。他较好地处理银行史的"特色"与"一般"、"内史"与"外史"的关系，使本书的史实性与学理性、综合性与专业性都得到较好的兼顾，也建构了自己的银行史书写理路。具体而言，马长伟较好地处理了"说事"与"说理"、"说银行"与"说公司"、"说管理"与"说业务"的关系，这在一定程度上得益于他长期在经济学、历史学界以及其他学科的"多栖"训练与深厚积累。历史学的实证风格、经济学的理论视野、管理学的研究方法在他的书中体现得非常明显。

当然，文无止境，对于中南银行这样著名的银行，一本20多万字的著作也仅能讨论某些专题。马长伟在书中的考察偏重于中南银行的制度性问题，包括正式制度与非正式制度、制度关系与制度运行等。这些可谓制度的本位或本体，但即使在这一层面，也不无遗漏，例如作为非正式制度重要组成部分的黄奕住思想观念的影响就很值得梳理。作为著名华侨，黄氏的"银行报国"理想与境界值得肯定。此外，黄奕住在南洋发展数十年，"还乡"之后如何很快融入以上海为中心的金融圈，自然得益于史量才、胡笔江、徐静仁等人协助，中南银行的"人际关系网"与"业务关系网"如何互相促进？再如，对银行货币业务（储户来源、放款对象）的分析，不仅可以了解银行的兴衰，而且可以洞悉近代资本与部门经济的关系，中南银行产业投资对象，放款部门有哪些？如何与实体经济对接？如何在纷繁复杂的近代中国体现社会责任？马长伟在书中有所涉及，但窥诸史实，还有很多内容值得书写。

再则，目前越来越多的开放数据库堪供爬梳，从中不难发现近代中国报刊中有大量与银行等金融机构相关的社会新闻，形成了极为丰富的银行社会史记录，对之加以合理利用，无疑可丰富银行史书写的面向。至于笔者提出的"银行社会史"研究视角是否成立，尚需请教马长伟暨各位专家。

A New Approach to Study of History of Commercial Banks in Modern China-Reflections on "Research on the Development of China and South Sea Bank（1921－1952）"

Tao Renren   Li Yu

Abstract：Ma Changwei's book "Research on the Development of China and South Sea Bank（1921 – 1952）" provides a comprehensive introduction to the study of a large-scale and widely influential bank in modern China, with the breadth of its coverage including banknote issuance, four banks of joint management, corporate governance, enterprise management and business development. One of the strengths of this book is its interdisciplinary approach to bank performance, as the writer addresses both "internal hi story" and "external history" of bank development and draws on insights from economics, history and management to enrich his analysis, providing a new approach to study of history of banks. It would attract a wider audience if it provides a detailed scholarly analysis of characters and description of social history.

Keywords：China and South Sea Bank；Corporate Governance；Huang Yizhu（Oei Ik Tjoe）；Family Business

谱写抗日根据地财税发展史的新篇章

——读《抗日根据地统一累进税制研究》

张　莉[*]

摘　要：《抗日根据地统一累进税制研究》一书运用法学思维，从统一累进税制形成的渊源着手，细致勾勒了累进统一税制的形成、发展及调适过程，系统展现了抗日根据地统一累进税制的全貌。该书史料详备，是对传统中共财税史研究的重大突破，研究视角及理论守正创新，现实意义鲜明，同时分析深入，新意迭出。该书为研究近代中国财税问题提供了新路径，可谓是一本上乘的党史、经济史的佳作。

关键词：抗日根据地　统一累进税制　中共财税史

财政是国家治理的基础和重要支柱，税收是财政的关键构成。构建科学合理的现代税收体制，是丰裕财政收入、推动治理体系不断完备和发展的前提。新民主主义革命时期，既是中国共产党领导全国人民推翻帝国主义、封建主义和官僚资本主义三座大山的重要阶段，又是其税制探索和实践的关键时期。现今很多税收制度及法令，在当时已初步完成制度设计并付诸实践。改革开放以来，中共党史中的经济、财税问题日渐受到学界关注，大量资料汇编，通史类及地区类的党史经济、财税著作相继问世。学界利用不同理论，采取多样的研究方法，或从整体，或分阶段、地区，对新民主主义革命时期的税种、税收结构、税收收支、税收征管、税收政策制定及践行、财税人员培养等问题做了比较深入的探讨。

全面抗战时期作为中共税制趋向较为完备的重要阶段，抗日根据地民

---

* 张莉，河南泌阳人，中南财经政法大学马克思主义学院讲师，中南财经政法大学理论经济学流动站博士后，主要研究方向经济社会史、中共党史。

主政权面临着一个重要问题，即在抗日战争局势的动态演进下，在敌人的重重包围中如何征税且能调适战时供给与合理负担的矛盾，并获取民众支持以为抗战提供物质支持。正是在这种特殊的历史时期，作为抗战时期最成熟的税制，统一累进税制应运而生。该税制的建立，是抗日根据地民主政权的税收法制进入新阶段的重要标志。梳理统一累进税制研究的学术史可以发现，学界相关探究主要是以整理出版资料汇编、编写通史类著作及论文形式出现。这些研究或宏大叙事而忽及细节，或微观论述某一阶段、某一地区或制度某一侧面而不够全面，因此亟待系统而完整的研究，呼唤综合性的分析和阐释。

胡荣明、赵元成两位学者及时、有效地回应了这一学术需求。他们致力于抗日根据地税制问题研究有年，初关注税收的亲属伦理，继而阐释抗日根据地税制个人与家户的二元结构。在此基础上，二人合作成功申报国家社科基金项目"抗日根据地统一累进税制研究"，并合著出版了30万字篇幅的同名专著（江西人民出版社，2022年3月），对抗日根据地统一累进税制进行了迄今为止最为全面系统的研究。该成果对推进中共党史、中国财税史研究具有巨大的作用与方法论意义，以下先对全书的主要内容进行概述。

一　框架结构与主要内容

该书运用法学思维，充分利用税收法制的基本要素，从税法史的角度切入，从五个方面对抗日根据地统一累进税制进行了系统研究。

在第一章，两位作者开宗明义，立足于"何谓统一累进税"这一核心议题，论述了抗日根据地统一累进税制的历史源流及特性。他们从近代中国财税史上非常突出的"西税东渐"谈起，条分缕析地还原了抗日根据地累进税制由"统一的累进税"到"统一累进税"的历程。同时围绕统一累进税制的"直接税"属性，通过系统比较国共两党直接税源流及实践，认为国共直接税属性具有诸税并举、分中有统与统一诸税、统中有分的差异，进一步明析了近代中国税制改良的历史进程。

在第二、第三章，两位作者采用结构分析法，在不脱离抗日根据地社会经济的背景下，立足税收法令，对抗日根据地统一累进税制的内部构造进行了全面系统的解剖。他们先是在第二章从抗日根据地国民经济体系出发，对抗日根据地统一累进税制的课税对象问题进行了细致剖析。两位作者发现，抗日根据地民主政权在税种设置过程中，通过财产税与所得税的互相配合，在促进生产、保障生活、扩大税收的原则下，采用全面列举、具体明文规定的方式，辅以施行细则，并给予限定性解释，成功地将国民经济体系中的财产（包括动产和不动产），以及生产经营收入、人力收入及租息类等收入类型，纳入统一累进税制的征收范围。这一部分内容充分展示了两位作者超强的史料解读能力与精巧的行文技巧。

在接下来的第三章，两位作者继续前行，聚焦于抗日根据地税制的另外三种结构共性及制度内涵。一是从地权与税制的角度，对抗日根据地税制进行了结构性分析。两位作者从何以征税、征什么税、向谁征税、征多少税四个层面，剖析了抗日根据地农业税制的演进及其内部构造，揭示了抗日根据地地权的分配体系、土地的经营方式等土地制度与根据地农业税的互动关系。二是从对纳税人的选择出发，发现抗日根据地民主政权不约而同地选择将"个人"与"家户"一并作为纳税人，基于这种"个人与家户相结合"的选择，抗日根据地的不同税制形成了一种"以个人为计算单位、以家户为征收单位"的二元结构共性。三是从空间因素对税制结构与税收秩序的建构作用出发，发现抗日根据地民主政权为妥善处理纳税人之居住地、财产收入所在地以及纳税责任地等之间存在的空间分隔问题，吸收现代西方财税原理，借鉴中国传统税制经验并根据边区现实情况，逐步形成了一套比较完善和成熟的属人属地原则，建构了一套较为合理的税收空间秩序。

上述分析抓住了税制构造的核心要素，对进一步辨明抗日根据地税制在中国税制发展进程中所具有的独特历史地位有着非常重要的价值。但两位作者并未止步于此，而是在对税制文本进行充分的结构性分析之后，继续讨论了统一累进税的税收征管问题。他们在第四章探讨了抗日根据地税收征管中的信息不对称与税收遵从问题。他们发现，针对税收征管中常见且难以解决的偷漏税等问题，抗日根据地民主政权从信息与税收的关系着手，通过调查评议及完善罚则等方式，使得财产认证体系日渐周密，税收征收方法由摊派变为合理负担。在征纳关系上，抗日根据地民主政权一改其他政府的"警察—小偷"模式，创造了"领导—群众"模式的新征纳关系，突出宣传动员的作用，多方面多层次地向民众阐释纳税与抗日战争、与自身长远利益的关系，唤起民众的爱国心、纳税意识与义务感，税收遵从度明显提升。

在第五章，两位作者细致梳理了 1941～1942 年晋察冀抗日根据地推行统一累进税的机制问题。他们发现，晋察冀抗日根据地党政机关把推行统一累进税作为重要任务，各级党组织经由推行过程中的领导、报纸宣传及吸收群众组织积极参与等形式积极推进，民主政权通过边区行政委员会、行政主任公署（行署）与专员公署及县政权等不同层级的行政机关着力推进。党政机制是晋察冀抗日根据地新税统一累进税得以顺利推行的基本保证。

纵观全书五章内容，两位作者在第一章首先解决"统一累进税"的概念界定问题，广、狭两义的预设使得全书伸缩有度而不脱离主题，比如第二、三、四章综论具有"统一累进税"精神的税制，即广义的"统一累进税"；或专论狭义的"统一累进税"，第五章即是单独对晋察冀抗日根据地所施行税制的探究。在具体的论述过程中，两位作者做到了静态的文本分析与动态的历史分析相结合，在内容上则不仅涉及统一累进税制的制度文本层面，也涵括了统一累进税制的实践层面。在此基础上，两位作者得出了一个令人信服的结论，即作为新税和良税，抗日根据地累进税的推行不仅推动了税制进步，更是对稳定财政收入、支持抗战、安定民生、调动群众抗战和生产积极性发挥了重大作用。

二　主要特点及创新之处

两位作者在前人研究的基础上，搜罗了丰富翔实的资料，以文本分析为主，采用多种理论、多元方法，对抗日根据地的累进税制进行了系统且综合的分析，为读者了解抗日根据地的税收法制提供了清晰而独特的历史场景，弥补了学界这方面研究的欠缺，其特点及创新之处非常鲜明。

一是史料详备。"一分材料出一分货，十分材料出十分货"，广泛的史料搜罗是进行深入研究的重要前提。该书史料运用广泛，如已编辑出版的《新中国农业税史料丛编》《陕甘宁革命根据地史料选辑》《中国新民主主义革命时期根据地法制文献选编》《晋绥边区财政经济史资料选编》《川陕革命根据地工商税收史料选编》《抗日战争时期晋冀鲁豫边区财政经济史资料选编》等资料汇编，民国时期和当今大量专著如《中国直接税史实》《所得税暂行条例释义》《中国革命根据地工商税收史长编》《十六世纪明代中国之财政与税收》等，及民国期刊报纸《东方杂志》《共产党人》《红色中华》《国闻周报》《解放》，尤其是对《晋察冀日报》中统一累进税资料的系统搜集弥补了前人的不足。正是在前期史料准备扎实和详备的基础上，作者才得以条分缕析，尽可能真实地再现抗日根据地统一累进税制创行历程与内部构造。

二是对传统中共财税史研究的重要突破。在学党史、做党史的倡导下，及中共党史党建成为一级学科的新形势下，学界进一步掀起了党史研究热。在众多党史研究作品中，该书在充分吸纳前人研究成果的基础上，注意与既往研究对话，特点鲜明，主要突破了以下几点。

其一，打破既往政策史、制度史、思想史研究中的"政策—效果""动员—革命"的先验论证模式，从统一累进税制形成的渊源着手，细致勾勒统一累进税制的形成、发展及调适过程。

其二，突破了既往对新民主主义时期中共直接税问题的探究。民国时期，直接税以营业税、遗产税、印花税等为主，既往研究多以国民政府的直接税税制及其实践为主，纵然有关于中共直接税性质税收的论述，也多从其制度、政策、稽征等问题着手，对其直接税属性的关注较少。该书的出版，加强了对当时中共直接税问题的探讨，为学界研究中共的直接税提供了参考借鉴。

其三，突破了既往中共税收法制的探究。在中共党史党建的研究议题中，对财税问题的探讨相对比较薄弱，即便有关于法制问题的研究，也多侧重于更大范围的经济法制或者法制建设中涉及的部分财政、税收问题，或是与税收息息相关的工商业法规问题，而缺乏专门性的税收法制研究。该书正弥补了这一缺憾，采用新革命史的研究思路，紧密围绕税法构成要件，以单一税制成书，采用宏大视角对中共领导的民主政权的阶段性税制进行深挖，极大地拓展了对中共局部执政状态下财税问题的探究，更让读者清晰地认识到当时中共税制的运行实态。由于抗日根据地以农村地区为主，该书又从侧面反映了中共农村治理的面貌。

其四，比较对象多样。就抗日根据地之间的比较来说，作者根据各根据地之间纳税对象不同等情况，探析各根据地累进税制的差异，如作者通过25项土地分类和征税情况的详细表格的展示（第55页），系统考察了晋察冀、晋冀鲁豫、晋绥、陕甘宁四个抗日根据地的土地分类及财产征免情况；作者还通过21项不同细目的详备表格呈现了晋察冀、晋冀鲁豫、晋绥、陕甘宁四个抗日根据地"出放"财产及其财产征免情况（第71～72页）。通过表格，作者把多项内容直观展现给读者，让读者更能明晰各抗日根据地的征税差异。就国共两党税制比较来讲，作者通过国共直接税模式的起源到发展历程的比较，弥补了学界的欠缺。同时还将根据地累进税制与明清传统税制乃至近现代西方税制进行了比较，展现了作者宽阔的历史视野。也就是说，作者既关注纵向税制延展，又注意横向的多维比较，既关注税收法制本身，又跳出制度之外，可见作者视野之开阔。

三是研究视角及理论守正创新，具有鲜明的现实意义。在研究视角上，作者既发扬制度史的优势，采用宏观视角，跳出了单纯的统一累进税制的研究范畴，从长时段系统且整体地剖析抗日根据地统一累进税制的生成过程；又引入社会史、新文化史的方法，从微观视角剖析前人不甚关注、笼统论述的税制结构共性等问题。作者还利用分类等多元视角，多方面、多层次呈现了抗日根据地统一累进税制的不同面向，增加了论著的深度和广度。在理论运用上，作者结合经济学、法学、历史学等学科理论进行跨学科研究。如采用"理性经济人"理论，对累进税制的制度运行脉络等问题进行了探析，增加了研究的深度。同时，作者在研究中处处体现"人"的作用，这也是税制史研究的重大进步。

在现实意义上，在抗日根据地统一累进税制演进过程中，中国共产党人的群众路线、自我革命、不断斗争、守正创新、具体问题具体分析等路线、方针、精神均有直接体现。统一累进税制在之后得以不断演进和发展，诚如作者书中所言，一些解放区仍沿用统一累进税的税制精神，但是更多地区是采用累进的税制精神，不再只征一种税，而是把公粮和工商税收分类稽征，还有的地区只进行一定程度的统一，地区内税制相同且统一归上级税收部门管辖，而摒弃了累进原则，如东北行政委员会关于1948年度公粮征收问题的命令中有"不得平均均摊或累进征收"一语。随着解放区范围的扩大，统一累进税制精神从农村发展到城市，当今中国税制仍多处体现着对统一累进税制的继承、发展和创新，如今与人人息息相关的所得税就坚持了收入累进且同时兼顾家庭的原则。所以，从抗日根据地的统一累进税制中汲取有效经验，是新时代构建中国式现代财税体制的应有之义。

四是论著分析深入，新意迭出。该书利用多元视角，采用多重理论，坚持大历史观和微观视野相结合，论述新意频出。如作者在认识到"统一累进税"是中国共产党一贯主张的税收制度的基础上，进而认识到"统一累进税"由土地革命战争时期的"阶级"属性转向抗日根据地时期的"统一战线"属性（第25页）。又如作者指出，当今中国税制研究，"应该将视野推展，深刻体认近代以来直接税体系建设在中国发展的因缘际会"（第51页）。在分析制度的基础上，作者认为"为弥补列举可能出现的漏洞，矫正可能出现的不确定性，抗日根据地在课税对象的设置上，建构了一种内在的、理性的互动与支撑"（第121页）。又指出抗日根据地税制的属人属地原则对税收空间秩序的建构涉及多种因素，"是现代西方财政原理、中国传统税制经验以及抗日根据地社会现实共同作用与影响的结果"（第183页）。另外，作者在分析抗日根据地统一累进税制的征收思维模式上，得出了"为了克服'警察与小偷'思维模式所可能产生的过于强迫命令的方法，抗日根据地民主政权认识到在信任纳税人的基础上，通过宣传动员的方式在说服税收遵从上更加有效"的结论（第234页）。最后，作者归纳出抗日根据累进税的创行过程是，"多样性与统一性、继承性与创新性、现实性与理想性的结合"（第295页）。诸如此类，提炼归纳到位，观点颇有新意。

此外，作者在论著附录部分编写了晋察冀边区统一累进税大事记及稀见晋察冀抗日根据地累进税相关解释，这两个部分极其耗费功夫，但却为学人了解统一累进税制的定义和时间脉络及进行相关研究提供了重要参考。

三 缺憾与展望

综上所述，《抗日根据地统一累进税制研究》确实可以说是党史税制问题研究的一部力作，当然，虽然两位作者花费了很大功夫与心力，但或许是由于知识结构、时间精力等方面问题，该书难免存在一些缺憾。

其一，背景描写过少。虽然作者在绪言中就交代过不对论述背景做过多铺陈，但其结果也导致一些读者无法深刻体会统一累进税制产生的复杂背景，从而难以认识到当时抗日根据地运行所面临的巨大困难，难以理解抗日战争局势动态演进下的税制改革与战时供给、根据地政府财政汲取能力之间的复杂关系，从而无法全面凸显中国共产党在艰苦卓绝的战争环境下所展现的制度创制能力。

其二，抗日根据地的选择过于典型、过于注重结构共性。由于各抗日根据地都有鲜明而独特的地域特性，晋察冀抗日根据地的统一累进税制能多大程度上代表当时所有抗日根据地存在的共性，就非常值得商榷。尤其是陕甘宁边区统一累进税制的执行，在某种程度上可以说更能直观体现当时中共中央的意图和税制践行方向，作者对其反而着墨不多。

其三，未能完全展现税收实践与税制实效。税收征管中如救国公粮质量如何保证、称重单位确定、如何缴纳等问题在书中体现不多。在战时环境下，战时供给与合理负担如何两全，在此税制体系下，人民实际负担率和生活如何？这是直接反映抗日根据地统一累进税制是当时最科学合理、最成熟的税收制度的明证，但是作者避开了计量问题，意味着上述问题无法得到阐释。同时，虽然抗日根据地统一累进税制的推行是为了供给战时财政，但是每年税收收入及供给战争数额在书中并未呈现，读者无法直观感受到抗日根据地统一累进税制对抗日战争的效用。

此外，该书还存在多采用官方文献，未利用档案馆原始文献，同时缺少民间文献、其他政权文献的交互验证，对年谱、日记、回忆录、地方志、文史资料等的使用也有待加强等问题。

税收是关系国计民生的重大问题，税制是税收实践的前提，深入研究税制更能从源头上理解税收问题。《抗日根据地统一累进税制研究》一书虽有一些缺憾，但瑕不掩瑜，全书以税制为核心，突破既往研究局限，增拓了研究主题，扩宽了研究视域，谱写了抗日根据地财税史的新篇章，为研究近代中国财税问题提供了新的研究思路、视角和方法，是一本上乘的党史、经济史佳作。

The New Chapter in the History of Finance and Taxation Development in Anti-Japanese Base Areas: A review on "The Study of Unified Progressive Tax System in Anti-Japanese Base Areas"

Zhang Li

Abstract: A Study on the Unified Progressive Tax System in the anti-Japanese Base Areas uses legal thinking, starting from the origin of the unified progressive tax system, carefully Outlines the formation, development and adjustment process of the unified progressive tax system in the anti-Japanese base areas, and systematically shows the overall picture of the unified progressive tax system. With detailed historical materials, the book is a major breakthrough in the traditional study of the history of finance and taxation of the Communist Party of China. The research perspective and theory are upright and innovative, with distinct practical significance, in-depth analysis and innovative ideas. The book provides a new way to study the fiscal and tax issues of the modern Communist Party of China. It can be said that it is a fine work of the party history, tax history and economic history.

Keywords: Anti-Japanese Base Area; Uniform Progressive Tax System; History of Finance and Taxation

中国派生性银两制度的两种形态[*]

——银币称量银两制度和银币价值换算银两制度

宫下忠雄著　孙艳华译[**]

摘　要： 中国的银两制度纷繁复杂，由固有的银锭秤量银两制度衍生出诸多形态的派生性银两制度。其中，主要的两种形态为银币秤量银两制度和银币价值换算银两制度。前者进而可分为银锭秤量银两单位银币秤量制度与银币秤量银两单位银币秤量制度，后者可细分为银锭秤量银两单位银币价值换算制度和银币秤量银两单位银币价值换算制度。通过考证可发现，银币秤量银两单位下的银币秤量制度及价值换算制度是华南地区的福建及两广三省特有的银两制度。从广州中英商人之间处理银币的方式中可勾勒出该地银两制度的变迁轨迹：银锭秤量银两单位银币秤量制→银币秤量银两单位银币定价换算个数支付制→银币秤量银两单位银币秤量制。此外，从福州、厦门、汕头的事例中不难推测：尽管道光十年通过了公议，但厦门的华商仍然坚持银两本位，并未采用元单位。因为在前资本主义性中国社会中拥有强大势力的商人公会是坚决维护秤量主义的。

关键词： 银币秤量银两制度　银币价值换算银两制度　派生性银两制度

一　固有的银两制度和派生性银两制度

研究中国的银两制度时，有必要将原本的或固有的银两制度与派生性

──────────

＊　原文载于《国民经济杂志》84（4）：1–13，1951年10月。

＊＊　宫下忠雄（1909～1990），男，经济学博士，研究中国经济的日本学者，历任东亚同文书院教授、神户大学经济学部教授、神户大学名誉教授、近畿大学商经学部教授等职；孙艳华，淮阴师范学院外国语学院教授，博士，研究领域为日本文学。

银两制度加以区别。自古以来，中国就有称量银块作为货币进行授受的习惯。通常作为称量货币的银块被铸成各种一定的形状。就近代而言，这种银块被统称为元宝、银锭、纹银、银两等。此外，没有被铸成一定形状或是散碎的银子，也通过称量作为货币授受。这些在前资本主义性中国社会中作为称量货币进行授受的银块，此前统称为"银锭"，将以"两"为主要基准称量单位称量这种银锭作为货币进行授受的制度称为银锭称量银两制度，其被视为原本的银两制度或者固有的银两制度。

银锭称量银两制度由三个要素构成：第一，银锭的存在；第二，称量过程；第三，银锭称量银两单位。所谓银锭称量银两单位，是指由银锭的品位和重量构成的"两"这一称量价值单位。换言之，"两"具有称量单位和称量价值单位的双重含义。就该制度而言，"银两"一词经常被用于统称各种银锭称量银两单位，同时也被用于指代所称的银锭。

综观近代中国出现的银两制度，可以发现有虽不具备以上三个要素，但仍被视为"银两制度"的若干形态，甚至有以上三个条件尽失，但仍被认为是银两制度的。如果仅将银锭称量银两制度规定为银两制度的话，虽然可以避免问题复杂化，但会导致近代中国大部分银两现象被排除在研究对象之外。如果将所有被称为银两制度的都纳入分析对象，问题虽然会变得复杂，但我们会从中发现：所有银两现象的共同要素，在某种意义上说只有以银为基础的"两"这一货币单位。这个货币单位正是近代中国银两的普遍概念，银两制度是采用此货币单位的货币制度及信用制度。

如此把握银两制度就会囊括各种形态的银两制度。其中，原本在前资本主义性中国社会中形成、发展而来的银两制度形态是银块的称量货币制度，即所谓的银锭称量银两制度。可将银锭称量银两制度以外的其他形态的银两制度视为派生性银两制度。

如此理解银两制度，将近代中国的所有银两制度纳入研究对象，银两制度的形态分析将成为重要课题。本文旨在分析两种主要的派生性银两制度形态，即银币称量银两制度和银币价值换算制度。

上述两种银两制度都是采用"两"这一称量价值单位，但是作为结算货币（money of account），实际用于货币授受的已非银锭，而是银币，这是促使上述两种制度成为派生性银两制度的契机之一。

二 银币称量银两制度的意义和类型

所谓银币称量银两制度是以银币为称量对象，在参考其成色的基础上，以"两"这一称量价值单位进行称量授受的制度。

银币称量银两制度是一个派生性的银两制度。"两"这一称量价值单位的称量对象原本仅限于银锭，这是固有的银两制度的特征。但在此制度下，具有一定品位和重量的银币本来应该基于面额戳记按个数支付，却被赋予金属条块货币的地位，成为称量对象。

在固有的银两制度——银锭称量银两制度中，"银两"这一名称同时指代称量价值单位和银锭。但是，在银币称量银两制度下，已无人将银币称为银两，此制度下的银两仅指称量价值单位的"两"。

根据称量价值单位的性质，银币称量银两制度可分为：1. 银锭称量银两单位银币称量制度；2. 银币称量银两单位银币称量制度两种类型。

（一）第一种类型——银锭称量银两单位银币称量制度

此制度是将银锭称量银两制度下的银两的平色作为称量价值单位，依据其银两单位称量银币进行授受的制度。许多情况下，银两与银币品位不同，后者将会以前者为标准被换算。银锭称量银两制度运行之际，其原本的称量对象——银锭匮乏时，银币便被采用。此时，银锭称量银两制度和银锭称量银两单位银币称量制度并存。但是，如果后来银锭消失殆尽，便会只剩下银锭称量银两单位银币称量制度。18世纪末，在广州中外商人之间的贸易活动中，银锭称量银两制度已经消亡。但在该地政府收支、海关税缴纳时仍然延续该制度。此外，该制度并非华南特有的制度。如在上海，被公会认定为不可等价流通的银币就是在银锭称量银两制度的外围以称量进行授受的。

（二）第二种类型——银币称量银两单位银币称量制度

此制度用一定的平去称量实际流通于市场的银币，以其重量直接作为银币的银两价值额。这种情况下，"两"这一称量价值单位由所使用的平和银币所具备的成色构成。因此将这种称量价值单位称为银币称量银两单位。此类银两制度几乎为两广及福建三省专属。

上述三省所见的银币称量银两单位银币称量制度，根据称量对象——银币的性质可做如下分类：

（1）完形特定银币的称量制度。其中一例是清末以降在广州实行的银两单位重毫称量制。1890年，中国近代造币厂的嚆矢——广州造币厂发行大小银元。但由于滥造银币，不仅大元和毫子之间的十进制价值关系被破坏，甚至毫子（法定品位820）也被分为重毫和轻毫。所谓重毫是具有或接近法定重量的毫子，其他为轻毫。轻毫一般用于零散交易，为避免称量之繁琐，故采用个数支付制；重毫用于批发交易，银号及商人认为重毫便于用称量制进行授受，故采用此方式。因此，轻毫和重毫也被称为数毫和兑毫。

（2）烂板（破损银元）的称量制度。该制度可进一步分为称量特定烂板的制度和统一称量各种烂板的制度。前者如19世纪初以降在广州实行的破损西班牙银元称量制，以及清末民国初年在广东省大部分地区及广西省所见到的破损大元的称量制。后者有福州的台新议平番银，即福州两。在福州，破损银元被称为番银、棒番、棒银等，在20世纪10年代，这些破损银元至少有十余种。直至1928年，福州的钱庄及华商还使用名为"台新议平"的平称量番银用于授受，以台新议平番银为本位。

（3）完形银币与烂板混合的称量制度。汕头的直平银即为此例。20世纪10年代，在汕头流通的银币至少有十余种，其中，若干种外国银币中的破损币与完整币相混杂。直至1925年，汕头的银庄及华商使用名为"直平"的平称量、授受此类杂银，以直平银为其本位。

三　银元单位银币称量制度的意义和类型

在与两广及福建三省的银币称量银两单位银币称量制度密切相关的制度中，有一种应命名为银元（银圆）单位银币称量制度。这里所谓的银元单位银币称量制度系指，先用一定的平称量1枚（或1000枚）银币，基于所得重量定义相当于1元（或1000元）银币的"两"基准重量，授受银币时，以规定的银元对银币的重量比，将实际称量银币所得的"两"基准重量换算为银元价值额的制度。前述"'两'基准重量"当然要参考银币的品位，因此，确切地说应该是"'两'基准价值额"。

银元单位银币称量制度与前项所述银币称量银两单位银币称量制度，

是从不同视角——银元单位和银两单位对市场流通银币的称量制这一同一现象的捕捉。因此，与银币称量银两单位银币称量制度的分类相对应，银元单位银币称量制度也可分为如下三种。

（1）完形特定银币的称量制度。如前所述，19世纪末以降，广州批发商实行的重毫称量制度已采用银两单位。此外，也使用银毫（毫子）元单位。后者将重毫1000元的重量规定为九九七平720两。在授受银币时，将称量的重量按照该比率换算成银元。

（2）烂板的称量制度。该制度可进一步分为称量特定烂板的制度和统一称量各种烂板的制度。关于前者，姑举两例：一个是19世纪初以降广州外商采用的西班牙银元单位破损西班牙银元称量制（西班牙银元1银元＝破损银元司码平717两或718两），另一个是从清末到民国初年在广东和广西两地实行的大元单位破损大元称量制（大元1000元＝破损大元九九七平720两）。后者之例，可见福州汇丰银行采用的福州元（福州元1000元＝番银七一七洋平717两）及该地钱庄和华商使用的台伏元（台伏元1元＝番银7钱）。福州元使用到1929年6月末，台伏元与台新议平番银一直延续至1928年7月。

（3）完形银币与烂板混合的称量制度。构成汕头七兑凭票基础的银元单位杂银称量制（七兑凭票1000元＝杂银700两）属于此类。至1925年5月末，该制度与直平银一同被汕头的银庄及商家所沿用。如上所述，银元单位银币称量制度与银币称量银两单位银币称量制度有着密切的关系。但该制度本身不属于银两制度的范畴，因为其货币单位没有采用"两"。但是，仔细观察汕头的七兑凭票及福州的台伏元后，可以得出如下结论：银元单位银币称量制度属于两地华商经济界采用的银两制度的附属存在，是其有机的组成部分。阐明如下：汕头的七兑凭票是汕头银庄发行的纸币化票据，采用的货币单位是"元"，规定七兑凭票1元相当于直平银7钱。在汕头，该凭票用于批发、零售以及雇员薪金、仓储费、保险费等的支付，成为现实中重要的支付手段。概言之，在汕头的一定范围内实行"元"单位。但是，有一个有趣的现象：银庄自不待言，汕头的一般华商在大宗交易及记账时所使用的单位并不是"元"，而是直平七兑银这一银两单位，他们将七兑凭票的"元"单位收支换算成银两。七兑凭票原本就是为消除直平七兑银制度下银币称量带给经济界的不便，增强银庄的资力而发行的，属于直平七兑银制度运营时的辅助手段。

福州的台伏元本来也是当地钱庄发行的纸币化票据，后银行也发行了该种纸币。该制度采用元单位，规定台伏元1元相当于台新议平番银7钱。兑换汕头的英洋、龙洋及其他银元、小洋、铜元时，台伏元的"元"单位成为货币的基准。同时，台伏元的"元"单位也被用作大小商品的价格单位。但是，发行台伏元的银庄记账时采用台新议平番银基准单位，另外，华商间的交易及记账单位也以台新议平番银为基准。概言之，这里的货币单位关系与汕头的直平银和七兑凭票的关系相似。较七兑凭票而言，台伏元作为价格单位更进一步，但从福州的前资本主义性中国社会来看，它们的基本货币单位依然是台新议平番银这一银两单位，台伏元的"元"单位归根结底仍是从属性存在。因为台伏元原本就是为了消除台新议平番银制度下银币称量的不便，节省现银，增强钱庄经营财力而发行的。

最后银元单位银币称量制度下的银元单位是称量价值单位，系称量银币得到的价值单位，所以确切地说应该叫作"银币称量银元单位"。但是，银元单位银币称量制度下的银元单位明显具有上述性质，且冠以"银币称量银元单位"这样长的名称并无益处，仅"银元单位"四字足矣。银币称量银元单位银币称量制则不同，有必要与银锭称量银两单位银币称量制加以区别，所以需要在"银币称量制"前加上"银币称量银元单位"。

四 银币价值换算银两制度的意义和类型

所谓银币价值换算银两制度，是指在以一定的银两平色为基准的称量价值单位和银币之间设定比价，依据比价换算银币的银两价值额，并以个数授受银币的制度。

实行银币价值换算银两制度的前提是已经或同时实现了银币流通的发展和实行个数支付制。

通过称量来授受银币原本也是一种价值换算，应该称之为"称量价值换算"。我们来思考一下银锭称量银两单位银币称量制度的情形。在此制度下，依据银锭称量银两单位，将基于银币自身的平色和银币称量得出的银两价值额换算成银锭称量银两单位的银两价值额。此时的"价值换算"是"称量价值换算"以外的价值换算。此价值换算中，并未自始至终贯穿称量制的原理，而是导入了以个数支付的银币的名目价值这一决定比价的重要因素。因此，确切地说应该称之为"非称量价值换算"。

与银币称量银两制度相比，银币价值换算银两制度是更具派生性的银两制度。固有的银两制度，即银锭称量银两制度，由银锭的存在、银锭的称量、银锭称量银两单位构成。在银币称量银两制度下，第一个要素丢失，第三个要素也有所改变（如银币称量银两单位银币称量制度），但尚具备第二个要素——称量。然而，在银币价值换算银两制度下，除设定称量价值单位的情形外，第二个要素也不存在了。

根据银两单位的性质，银币价值换算银两制度可分为：1. 银锭称量银两单位银币价值换算制；2. 银币称量银两单位银币价值换算制度两种类型。

（一）银锭称量银两单位银币价值换算制度

该制度中的银两单位是银锭称量银两制度下的银两单位，在该单位与银币之间设定比价，通过价值换算授受银币。

根据价值换算率是否固定，该制度又可分为以下两类。

（1）非定价换算制度

非定价换算制度中具有代表性的是市价换算制度。例如，上海及其他货币市场的洋厘就是指银元相对于当地通用的银锭称量银两单位的市场行情。这些地区虽实行银锭称量银两制度，但在这一固有银两制度的外围，人们基于洋厘授受银币。上海实行银锭称量银两制度，但绝非商人每次交易时都授受银锭。在上海早已出现银锭供给不足的现象，这促使上海钱庄很早便开始发行庄票，不久还创设了票据交换制度。于是，上海大部分商业交易都依靠庄票及其他票据来进行。银锭的授受几乎完全用于清算同业间票据结算的差额。并且，在同业间实行一种短期拆借交易制度，尽可能避免现银的授受，即票据转账银两制度。在此制度的外围，最早是墨西哥银元，其后是龙洋，这些特定银币的个数支付制得到发展。钱庄授受顾客的这种银币时，加收若干手续费，并基于洋厘折合成银两单位后记账。除钱庄以外，以上海规元为本位的企业授受银币时，大体上都采用银锭称量银两单位银币市价换算制。另外，如前所述，不能以个数支付的银币实行银锭称量银两单位银币称量制。关于银两制度形态的分析更加凸显出上海规元制度是若干形态的银两制度的复合体这一事实。

另外，银锭称量银两单位相对于银元的市场行情，在中国内地经济活动不活跃的城市并未确立，而是由大商人或公会定期调整。关平银对银元的比价，既有依据市价的，也有使用前月平均值的地区。

（2）定价换算制度

从清末到民国时期，作为废两改元的前提性举措，或为取得与废两改元同样的效果，政府或公会在原有的银锭称量银两单位和银元之间设定固定比价。如关平银，由地方执行该制度。

如前所述，在两广及福建三省以外的地区也实行了银锭称量银两单位银币价值换算制度。

（二）银币称量银两单位银币价值换算制度

该制度下的银两单位是以银币自身的品位为前提、通过称量得到的银两单位。在该单位与银币之间设定比价，通过价值换算进行授受。此类银两制度几乎为两广及福建三省专属。

该制度有以下两种亚型：

（1）非定价换算制度

市价换算制度属于该制度，如厦门的厦市平银单位龙洋市价换算制。20世纪10年代以降，在厦门被称为龙洋的不仅有日本银元，也包括与日本银元等价流通、实行个数支付制的若干外国银币。厦门的钱庄首先以厦市平（亦称小秤）称量龙洋，将得出的银两单位，即厦市平银作为本位。授受龙洋时，依据的是这个银两单位与龙洋之间的市价。详言之，他们将厦市平银单位与龙洋之间的基准比价定为称量龙洋得出的比价，即厦市平银728两=龙洋1000元，再根据厦市平银及龙洋的市场供需关系确定当时的行情。这个行情由钱庄公会决定。钱庄公会公定厦市平银对龙洋行情时有时难免专横，招致商人不满，所以在一段时间内曾将市价固定在龙洋1000元=厦市平银730两，即采用了银币称量银两单位银币定价换算制。但是，钱庄不肯放弃行情变动带来的利益，不久便废弃了固定制。在厦门，该制度实行到1920~1921年。

（2）定价换算制度

该制度下，将由特定的平称量1枚银币得出的两基准重量（如司码平7钱2分）直接定为银两价值额，在此前提下以个数支付制授受银币，并依据前述固定比率以两为基准表示其价值额。以1枚银币的两基准重量直接作为银币的银两价值时，其前提是称量价值单位由特定的平和银币具有的成色构成。因此，将该制度称为银币称量银两单位银币定价换算制度。

1799 年以降，在华英商人之间授受完整的佛头银（西班牙银币）时实行该制度。其后，在广州授受完形大元时也采取了该制度。

五　银币称量银两单位的历史探源

通过如上分析已经很明确，银币称量银两单位下的银币称量制度及价值换算制度是华南地区的福建及两广三省特有的银两制度。那么，为何该制度仅在这些地域发展，而未扩大至中国其他地区呢？对于这个问题，姑且可解答为：华南的银币流通导致了民间银锭称量银两制度的崩溃。银币流通掩埋了曾经的银锭称量银两制度，它取而代之并建立起自己的王国。18 世纪 70 年代以降，西班牙银元品位重量的可靠性及其流通的扩大，让民众建立起对该外国银币的信任，原本 90 品位的西班牙银元（佛头银、卡洛斯银元）被赋予远高于市场上通用的 92 品位银锭的名目价值，实行了个数支付制。但此时，银币称量银两单位（曾被称为银币的"自身银两本位"）形成，19 世纪初以后出现的破损西班牙银元称量制也继承了这一银两单位。综观广州贸易时代的史实，至少广东、广西两省的银币称量银两单位与前述广州的货币情况具有历史关联性，沿袭了其惯例。

据伊能嘉矩氏考证，台湾实行外国银币的元单位称量制的事例，早在雍正年间（1722—1735）便有记载。在当地，相对于两、钱、分、厘的称量价值单位，很早便确立了以元为基准的十退位的银币单位——元、角、瓣、尖、分、厘、毫等。另外，该地盛行伪造货币和削剪银币是在道光年间（1821—1850）。百濑弘氏主张，乾隆（1736—1795）后期福建确立了西班牙银元的货币单位"元"。《〈道〉光厦门志》卷十五之"风俗条"记载，在厦门，银肆为牟利巧妙地削取（挖凿）番钱，致使番钱破烂不堪。于是，道光十年（1830）各行商通过公议确定番银厦秤 7 钱 2 分为 1 元，将之前实行的个数支付制改为称量制。从广州中英商人之间处理银币的方式中可勾勒出该地银两制度的变迁轨迹：银锭称量银两单位银币称量制→银币称量银两单位银币定价换算个数支付制→银币称量银两单位银币称量制。在台湾和厦门是否也呈现如上轨迹尚待研究，但是这种方式为研究这些地区提供了明确的方针。另外，从前述的福州、厦门、汕头的事例中不难推测：尽管道光十年通过了公议，厦门的华商仍然坚持银两本位，并未采用元单位，因为在前资本主义性中国社会中，有势力的商人公会是坚决维称量量主义的。

Two Forms of The Chinese Derived Silver Tael System The System of Silver Coins Based On Weight And The System of Silver Coins Based On Value Conversion

Tadao Miyashita   Translated by Sun Yanhua

Abstract：The silver tael system in China is diverse and complex, with various derivative forms stemming from the intrinsic system of weighing silver ingots. Among them, the two main forms are the system of silver coins based on weight and the system of silver coins based on value conversion. The former can be further divided into the system of silver coins based on weight units of silver tael and the system of silver coins based on weight units of silver coins. The latter can be subdivided into the system of silver coins based on weight units of silver tael and value conversion and the system of silver coins based on weight units of silver coins and value conversion. Through research, it is discovered that the system of silver coins based on weight units and the system of value conversion under the units of silver coins are unique to the provinces of Fujian and Guangdong in South China. The trajectory of this regional tael system can be traced through the handling of silver coins between Cantonese and British merchants in Guangzhou： the system of silver coins based on weight units of silver tael → the system of silver coins based on weight units of silver coins with fixed pricing and conversion → the system of silver coins based on weight units of silver coins. Furthermore, from the examples of Fuzhou, Xiamen, and Shantou, it can be inferred that despite the official adoption of the decimal system in the tenth year of the Daoguang reign, the merchants in Xiamen still adhered to the silver tael system and did not adopt the yuan unit. This is because the merchant guilds, which held significant power in pre-capitalist Chinese society, staunchly upheld the system of weighing.

Keywords：System of Silver Coins Based on Weight Units；System of Silver Coins Based on Value Conversion；Derivative Silver Tael System

稿　约

2022 年，中国经济史学会会刊砥砺前行！自本年开始，中国经济史学会会刊《中国经济史评论》将由每年的两辑改为四辑。《中国经济史评论》由中国经济史学会、河北师范大学历史文化学院、《河北师范大学学报》编辑部共同主办。会刊主要刊登中国古代经济史、中国近代经济史、中国现代经济史以及世界经济史等方面的研究文章，同时也会兼顾书评、综述等方面的佳作！

虽然经历了 9 年的积累和沉淀，但前路仍然坎坷，仍然需要您的呵护和惠爱！虽栉风沐雨，我们希望您能与我们一路同行，无问西东。我们深知，推动中国经济史学研究的发展是当代学人的一份沉甸甸的责任。没有经济史学的研究，就没有对中国社会经济发展道路的深刻认识；没有经济史学的研究，我们就不能从全球视野和历史视野中认识和把握中国的特质和方位；没有经济史学的研究，我们也不能为中国特色社会主义政治经济学体系的构建贡献力量；没有经济史学的研究，我们更不能为构建中国特色的学术话语体系添砖加瓦。我们欢迎您的真知灼见，不论您是谁，大佬、大腕、大咖、年轻的学者、博士生、硕士生，我们都敞开怀抱！

具体事项告知如下：

1. 本刊主要发表经济史研究方面的学术论文。同时兼顾学术述评等。注重学术性、理论性、专业性和知识性。

2. 稿件文字、标点、年代、数字等书写方式及注释格式请参照《中国经济史评论》2022 年第 1 辑。来稿请采用脚注、每页分别编序。来稿请附 300 字以内的中、英文摘要，以及 3～5 个中、英文关键词。为方便我们工作，文稿请尽量采用单倍行距，正文宋体五号字，摘要、关键词、大段引文楷体五号字，注释宋体小五号字。

3. 本刊取舍稿件以学术水平为准，请作者来稿时务必附姓名、学历学位、单位、职务职称、主要研究方向、地址、邮编、电话、电子邮箱等。本刊尊重作者版权，除不符合国家出版管理规定的内容外，一般不对来稿进行删改，仅做必要的技术性和文字性修改。无论来稿采用与否，稿件一律不退，烦请自留底稿。

4. 来稿篇幅不限，本刊欢迎长论文。

5. 本刊采用电子投稿，投稿信箱为 zgjjspl@ 126. com。

我们常年征稿，期待您惠赐大作！

《中国经济史评论》编辑部

2022 年 1 月 14 日

图书在版编目（CIP）数据

中国经济史评论. 2023 年. 第 1 辑：总第 19 辑／魏明孔，戴建兵主编；隋福民执行主编. -- 北京：社会科学文献出版社，2023.5

（中国经济史学会会刊）

ISBN 978 - 7 - 5228 - 1802 - 3

Ⅰ.①中…　Ⅱ.①魏…②戴…③隋…　Ⅲ.①中国经济史 - 文集　Ⅳ.①F129 - 53

中国国家版本馆 CIP 数据核字（2023）第 085948 号

中国经济史学会会刊

中国经济史评论　2023 年第 1 辑（总第 19 辑）

主　　编／魏明孔　戴建兵

执行主编／隋福民

出 版 人／王利民

组稿编辑／周　丽

责任编辑／李　淼

责任印制／王京美

出　　版／社会科学文献出版社·城市和绿色发展分社（010）59367143
地址：北京市北三环中路甲 29 号院华龙大厦　邮编：100029
网址：www. ssap. com. cn

发　　行／社会科学文献出版社（010）59367028

印　　装／三河市龙林印务有限公司

规　　格／开　本：787mm × 1092mm　1/16
印　张：14.5　字　数：243 千字

版　　次／2023 年 5 月第 1 版　2023 年 5 月第 1 次印刷

书　　号／ISBN 978 - 7 - 5228 - 1802 - 3

定　　价／98.00 元

读者服务电话：4008918866